국경 없는 과학기술자들

Scientists and Engineers Without Borders

국경 없는 과학기술자들
적정기술과 지속가능한 세상

초판 1쇄 발행 2013년 11월 20일
　　　11쇄 발행 2025년 5월 30일

기획 국경없는과학기술자회
글 이경선

펴낸이 고영은 박미숙 | 펴낸곳 뜨인돌출판(주)
출판등록 1994.10.11.(제406-251002011000185호)
주소 10881 경기도 파주시 회동길 337-9
홈페이지 www.ddstone.com | 블로그 blog.naver.com/ddstone1994
페이스북 www.facebook.com/ddstone1994
대표전화 02-337-5252 | 팩스 031-947-5868

ⓒ 2013 이경선

ISBN 978-89-5807-487-8　03330

국경 없는 과학기술자들

적정기술과 지속가능한 세상

국경없는과학기술자회 기획
이경선 글

뜨인돌

| 일러두기 |

1. 이 책에 실린 사진들은 글쓴이와 인터뷰했던 분들이 제공해 주셨으며, 일부 자료사진들은 공유가 가능한 외국 사이트에서 가져왔습니다.
2. 표지 이미지는 저작권자가 확인되는 대로 사후 승인 절차를 거칠 예정입니다.
3. 단체 사진(해외봉사단 등)의 경우, 대표자로부터는 사용 허가를 받았지만 개개인들의 허가를 따로 받지는 못했습니다. 지면을 통해 양해를 구합니다.

"…나는 기술 발전에 새로운 방향을 제공할 수 있다고 확신한다.
그 방향은 기술을 인간의 실질적인 욕구에 맞게 재편하는 것이며,
이는 또한 인간의 실제 크기에 맞추는 것이기도 하다.
인간은 작은 존재이므로, 작은 것이 아름답다."

—에른스트 프리드리히 슈마허

| 차례 |

발간사 책을 내며 유영제 10
머리말 새로운 길, 새로운 꿈 이경선 12

여는 글
적정기술의 철학, 적정기술의 의미 홍성욱, 이주영 19
적정기술과 시대정신 장수영 32

제1장 | 물 Water |
땀을 뿌려 물을 얻다

비雨 해피! 서울대학교 한무영 교수와 빗물봉사단 '비활' 45
독 없는 물을 위하여 단국대학교 독고석 교수와 그린엔텍(주) 박순호 소장 59
한 우물만 파는 NGO 팀앤팀 인터내셔널 74
작전명 아쿠아AQUA MIT '프로젝트 아쿠아' 팀 90
안데스 맑은 물을 낮은 곳까지 고려대학교 최의소 명예교수 107

제2장 | 에너지 및 주거 Energy & Habitation |
빛과 온기를 선물하다

히말라야 오지에 선물한 빛 서울대학교 안성훈 교수와 '네팔솔라봉사단' 123
에너지 빈곤층에게 따뜻한 겨울을 카이스트 소셜 벤처 '섬광' 143
꿈꾸는 기업, 에너지팜 (주)에너지팜 김대규 대표 157
인간을 위한 흙건축 한동대학교 친환경건축학회 '에코한울' 179
도전! 연기 없는 집 (주)효성 & 기아대책 대학생 봉사단 '효성 블루챌린지' 195
태양광에서 아궁이까지 (주)LG전자 '친환경 적정기술 연구회' 211

제3장 | 산업 및 지역개발 Industry & Local Development |
스스로 일어서게 하다

미나마타 병을 막아라! 인도네시아 반둥공과대학 이형우 박사 231
아프리카에 농업혁명을 삼지대학교 이호용 교수 246
그들에게 지도가 있다면 한국기술교육대학교 GEP 2기 266
'죽은 심장'에 불어넣는 생명 굿네이버스 차드 지부 박근선 지부장 276

제4장 | 교육 Education |
미래로 가는 길을 가르치다

그들의 이야기로부터 시작하는 ICT 서울대학교 이중식 교수와 '샤디아' 팀 293
디자인, 그들의 삶으로부터 '케이스틱 프로젝트' 팀 311
공학교육과 적정기술의 행복한 만남 한동대학교, 부산대학교, 연세대학교 327
적정기술과 청소년 과학 교육 적정기술 교사연구회 352

토크콘서트 | 21세기형 적정기술을 이야기하다
대한민국 적정기술의 오늘과 내일 진행 및 정리 신선경 364

부록
적정기술 관련 도서 / 적정기술 관련 국내 단체 380

| 발간사 |

책을 내며

유영제

서울대학교 화학생물공학부 교수, (사)국경없는과학기술사회 회장(2009~2013.7),
현 중앙공무원교육원 원장

  오래전 동남아시아의 한 시골을 방문할 기회가 있었다. 그곳에는 피부병 환자가 유난히 많았는데, 치료비가 너무 비싸 병원에 갈 수 없는 이들이 대부분이었다. 우리나라에서 간 청년봉사자가 연고를 발라 주니 피부가 금세 깨끗해졌고, 덕분에 그들과 쉽게 친구가 되었다고 한다.
  안내해 주던 봉사단원에게 물었다. "왜 피부병에 걸리지요?"
  그는 물이 더러워서 그렇다고 했다. 개천에 가축 분뇨 등 온갖 오물들이 흘러들어가고 상수도 시설은 안 되어 있으니, 더러운 물에 몸을 씻고 일상생활에도 그 물을 사용할 수밖에 없다는 것이었다. 그렇다면 물을 깨끗하게 정수해야 할 텐데.
  귀국하여 친구들과 그 이야기를 나누다가 새로운 사실을 알게 되었다. 물 때문에 고통 받는 가난한 나라 사람들을 위해 정수기를 보급하거나 펌프를 설치해 주거나 우물을 파 주는 분들이 있다는 것이었다. 그래서 2009년 가을에 그분들과 함께 '물water 심포지엄'을 열었다. 앞으로도 여러 분야에서 경험을 나누고 힘을 합하면 더 효율적으로 더 많은 일을 할 수 있겠다는 생각에, 그해 12월 〈국경없는과학기술자회SEWB〉를 만들었다.

우리 주위에는 어려운 이웃을 위해 봉사하고 재능을 기부하는 이들이 많다. 지구촌의 어려운 이들을 위해 뭔가 하고 싶어하는 젊은이들도 갈수록 늘고 있다.

생각해 보면 우리 민족의 몸속엔 늘 따뜻한 피가 흐르고 있었다. 일제강점기 때 나라를 되찾기 위해서는 배워야 한다고 믿었던 분들의 문맹퇴치 노력들, 그리고 1960~70년대 대학생과 청년들의 농촌 봉사활동과 도시 야학활동 등등. 원조를 받던 나라에서 주는 나라로 발전한 지금은 지구촌 구석구석을 찾아다니는 수많은 젊은이들과 봉사단원들이 있다.

봉사는 따뜻한 마음이 기본이지만 마음만 갖고는 가난한 나라의 이웃들을 잘살게 해 줄 수 없다. 그들이 자립할 수 있는 기반을 마련하도록 도와주어야 하는데, 그러려면 과학기술이 절대적으로 필요하다.

물론 과학기술이 만능은 아니다. 그러나 많은 것들을 할 수 있다. 깨끗한 물을 공급할 수 있고, 어두운 밤을 밝혀 줄 수 있고, 추운 집을 따뜻하게 해 줄 수 있다. 물, 에너지, 주거, 보건의료, 지역개발, 교육 등의 발전에 기여함으로써 삶의 질을 높일 수 있다. 그 모든 활동들이 응축된 개념이 바로 적정기술appropriate technology이다.

〈국경없는과학기술자회〉에서는 적정기술과 관련된 경험과 지혜를 나누기 위해 그동안의 활동을 한 권의 책으로 정리하였다. 이제 세상에 그 모습을 내보인다. 지난 1년간 자료를 모으고 인터뷰를 하고 원고를 쓰느라 수고한 이경선 씨에게 감사드린다.

작은 노력들이 모여 더 밝고 더 따뜻한 지구촌이 되기를 기대한다.

| 머리말 |

새로운 길, 새로운 꿈

    고등학교 시절, 교실 뒤편을 가득 채우고 있던 〈우리의 꿈〉 란에 적힌 저의 꿈은 '과학자'였습니다. 그 밑에는 "과학의 발전을 통해 세계평화와 인류복지에 기여하겠다"는 야무진 글귀가 적혀 있었습니다. 이 순진한 꿈이 저의 '과학하는 마음'의 시작이었지만, 입시와 학점과 취직에 얽매인 일상 속엔 그 꿈이 깃들 자리가 없었습니다. 내가 왜 과학을 시작했는지에 대한 고민은 어느새 흔적도 없이 사라져 버렸습니다.

    껍데기만 남은 꿈을 따라 과학자, 아니 공학자의 세계에 들어왔고 과학기술의 놀라운 발전을 목격했지만 그건 왠지 제 것이 아닌 것 같았습니다. 무작정 더 새롭고 더 빠르고 더 좋은 기술을 만들어 내는 과정에서 파괴되는 자연과 사라지는 자원이 신경 쓰였고, 더워지는 지구가 걱정되었고, 무분별하게 버려지는 폐기물과 그로 인해 피해를 입는 사람들이 마음에 걸렸습니다. 같은 시대에 살고 있는 90%의 사람들이 과학기술로부터 최소한의 혜택조차 못 받고 있다는 불편한 진실을 깨달았고, 과연 과학기술의 발전이 인류 전체를 위한 것인지 아니면 소수의 행복을 위한 것인지 근본적인 의문이 들었습니다.

그러던 어느 날 적정기술을 알게 되었습니다. 과학기술이 하나의 방향으로만 난폭하게 질주하고 있다고 생각하던 제게, 적정기술은 지속가능한 또 다른 길이 있다는 사실을 일깨워 주었습니다.

흔히 적정기술은 '그 사회의 문화와 환경에 적정한 기술'로 표현됩니다. 하지만 적정기술을 그렇게 하나의 문장으로 정의할 수 있을까요? 진정한 적정기술의 정의가 무엇인지에 대한 고민이 이 책의 출발점이었습니다.

이미 여러 책이나 매체를 통해 적정기술이 국내에 소개되고 있는 마당에 원론적인 얘기들을 다시 들추고 싶지는 않았습니다. 그보다는 바로 지금, 여기, 우리나라에서 적정기술의 개발과 보급을 위해 노력하는 과학기술자들을 만나 그들의 생각을 전하고, 나아가야 할 방향을 함께 모색해 보고 싶었습니다.

이를 위해 부산으로, 포항으로, 부천으로, 서울로 전국 곳곳을 돌아다니며 많은 분들을 만났습니다. 은퇴하신 명예교수님에서부터 고등학생까지, 멀리 아프리카에 주재하는 활동가부터 한국에서 대학생들의 공학봉사를 진두지휘하시는 분까지, 학교와 기업과 NGO를 넘나들며 국경 없는 과학기술자들의 이야기를 들었습니다.

그분들을 만나면서 저는 한동안 잊고 있었던 '과학하는 마음'을 다시 떠올렸습니다. '세계평화와 인류복지'를 위한 과학기술은 단지 이상理想으로만 존재하는 것인 줄 알았는데, 그분들은 자신의 지식과 경험을 바탕으로 좀 더 나은 지구를 만들기 위해 애쓰고 있었습니다. 바쁜 시간을 쪼개어 인터뷰 시간을 내 주셨지만, 막상 인터뷰를 시작하면 현장의 생생한 목소리를 전하기 위해 열정 가득한 목소리로 시간 가는 줄 모르고 이야기를 들려주셨습니다. 또 소중한 자료들도 기꺼이 제공해 주셨습니다.

현대 과학기술이 거대한 불火이라면, 제게는 그 불빛이 언제나 아득히 멀게만 느껴졌습니다. 하지만 국경 없는 과학기술자들은 그 속에서 작은 불씨를 캐내어 다른 이들과 나눔으로써 새로운 불꽃을 일으키는 방법을 알고 계셨고, 실천하고 계셨습니다. 동기가 무엇이든 방법이 어떻든 지역이 어디든, 자신의 지식과 경험을 지구의 이웃들과 나누려는 마음만은 모두 같았습니다.

다만, 그 마음을 표현하고 실천하는 방법은 조금씩 달랐습니다. 그것은 적정기술을 바라보는 시각의 차이로, 제품 개발 및 보급 방식의 차이로 나타났습니다. 바로 이 대목에서 저는 그동안 고민했던 '적정기술의 정의'에 대한 힌트를 조금이나마 얻을 수 있었습니다.

만약 적정기술은 꼭 현지에서 나는 재료만 사용해야 하느냐고 묻는다면 제가 만난 누군가는 그렇다고 하겠지만, 또 누군가는 "원산지가 그곳이 아니더라도 현지 재료들보다 싸고 편리하게 오래 사용할 수 있다면 그것도 적정기술"이라고 말할 것입니다. 적정기술이 꼭 개발도상국에만 필요한 것이냐고 묻는다면 누군가는 그렇다고 할 것이고, 또 누군가는 "국내의 소외계층에게도 필요하며, 지속가능한 과학기술이라는 관점에서 보면 선진국에도 필요하다"고 얘기할 것입니다. 적정기술은 전문지식을 가진 전문가들만 할 수 있냐고 묻는다면 누군가는 그렇다고 할 것이고, 또 누군가는 "누구나 다 할 수 있다"고 대답할 것입니다. 저는 이처럼 국경 없는 과학기술자들이 갖고 있는 적정기술에 대한 다양한 스펙트럼을 책 속에 담으려고 노력하였습니다.

그분들의 마음속에 각자의 가치관, 경험, 지식을 바탕으로 한 적정기술의 정의가 있고 그에 따라 실천하고 있듯이, 이 책을 읽는 독자들 또한 적정기술에 대한 자신만의 정의를 만들어 가기 바랍니다. 분명한 건, 시작이 결코 멀리 있지 않다는 사실입니다. 책에 나오는 분들이 우리 주변의 친구와 선후배와 선생님이시듯, 적정기술은 생각보다 훨씬 가까운 곳에서 우릴 기다리고 있을지 모릅니다.

적정기술은 현대 과학기술이 미처 돌아보지 못한 부분들에 눈길을 주고 있지만 아직까지 완전하거나 유일한 대안으로 자리매김되지는 못했습니다. 적정기술에 대한 비판적인 시각도 엄연히 존재합니다. 아프리카 아이들의 놀이와 수자원 확보가 동시에 가능하다며 한때 지구촌 적정기술의 아이콘으로 각광받았던 '플레이 펌프Play Pump'는 현지 상황을 외면한 설계로 인해 금세 한계를 드러냈고, 지금은 대부분 고장 난 채 버려져 있습니다. 좋은 마음으로 제공해 주는 제품들이 결과적으로는 현지인 스스로 발전해 나갈 기회를 없애 버린다는 우려도 들립니다. 현지의 문화와 관습을 무시한 채 선진국의 기술을 일방적으로 제공하는 것은 신新제국주의에 불과하다는 날선 비판도 존재합니다.

적정기술에 관심을 가진 사람들은 이런 비판에도 귀를 기울일 필요가 있습니다. 선의로 시작한 일이 자칫 누군가에게 독이 될 수도 있음을 이해하고, 적정기술의 올바른 발전 방향에 대해 끊임없이 고민해야 합니다. 이 책에 담긴 이야기들이 그 과정에서 작지만 단단한 씨앗이 되어 주기를 희망합니다.

이 책이 나오기까지 많은 분들의 도움이 있었습니다. 우선 인터뷰 요청에 흔쾌히 응해 주신 과학기술자 분들께 감사드립니다. 또한 집필의 아이디어를 주신 〈국경없는과학기술자회〉 유영제 전前 회장님께 감사드립니다. 중간에 글이 막힐 때마다 격려해 주신 윤제용 신임 회장님, 독고석 사무총장님, 성숙경 간사님과 기획부터 마무리까지 함께해 주신 신선경 교수님께도 감사드립니다.

마지막으로, 언제나 새로운 도전에 뛰어들 수 있도록 사랑과 격려를 아끼지 않는 저의 가족에게 사랑과 감사의 마음을 전합니다.

　과학기술자가 되겠다는 오랜 꿈을 접고 먼 길을 떠나면서, 새롭게 꾸기 시작한 꿈이 있습니다. 과학기술이 인간과 자연을 위해 좀 더 유용하게 쓰일 수 있도록 과학기술과 사회를 연결하는 사람이 되는 것입니다. 그 첫걸음이 될 이 책이 여러분에게도 적정기술이라는 새로운 꿈을 나눠 주면 좋겠습니다.

2013년 가을
이경선

여는 글

적정기술의 철학, 적정기술의 의미

홍성욱 (서울대학교 생명과학부 교수, 과학기술학)
이주영 (서울대학교 과학사 및 과학철학 협동과정, 석사과정)

적정기술의 기원과 흐름

21세기를 사는 우리에게 가장 절박하게 필요한 기술은 무엇일까? 핵융합 기술? 수명연장 기술? 마인드 컨트롤 기술? 스마트 자동차 기술? 나노 로봇 기술? 아마도 이 질문에 대한 답은 사람에 따라, 필요에 따라 제각각일 것이다.

현대 공학자들의 눈부신 성과는 21세기의 원동력 중 하나이며 지금 이 순간에도 세계 곳곳에서는 일반인들의 상상을 뛰어넘는 새롭고 창조적인 기술의 발전이 이루어지고 있다. 일상생활에서부터 전문적인 작업에 이르기까지 기술은 무시할 수 없는 사회의 기반으로 작동하고 있으며, 인간의 편리와 필요를 만족스럽게 충족시켜 주는 것처럼 보인다.

반면에 기술로 인한 부작용도 만만치 않다. 기술은 자연재해에 맞먹는, 아니 어떤 경우에는 그보다 더 심각한 위험의 원천이 된다. 자연재해를 막기 위해 도입한 기술이 새로운 재앙을 가지고 오는 경우도 드물지 않다. 그렇다면 이처럼 사회 전반에 깊숙이 침투해 있는 기술에 대해 우리가 가져야 할 새로운 태도와 접근은 무엇일까?

20세기까지 기술은 인류가 자연을 비롯한 외부 대상을 이해하고 정복하는 수단이었다. 기술은 그것의 손이 닿는 세상의 모든 존재를 인간에게 유용한 대상으로 바꾸는, 미다스Midas의 손 같은 것이었다. 그 과정은 효율로, 그 결과는 대량생산으로 특징지어졌다.

그러나 기술의 결과가 항상 인간을 위한 것은 아니었다. 자동화 기술과 컴퓨터 기술은 인간을 직장에서 쫓아내기도 했고, 정보혁명을 불러온 IT 기술은 개인의 프라이버시를 침해했으며, 해충을 박멸하기 위해 만든 살충제의 화학성분은 인간의 몸에 축적되어 심각한 질병을 일으켰다. 기후변화 역시 산업혁명이 시작된 이래 기술이 야기한 가장 심각한 문제들 중 하나다. 기술의 개발과 발전에 엄격한 제한을 가하거나 지금의 발전 속도를 현저하게 줄이지 않는 한, 이 문제들에 대처할 뾰족한 방안은 적어도 현재로선 존재하지 않는다.

기술 문제에 대한 대처는 작은 공동체에서 글로벌한 차원의 국제협약에 이르기까지 다양한 층위에서, 다양한 방식으로 이루어져야 한다. 이를 위한 중요한 조건은 기술에 대한 우리의 상식적 관념을 바꾸는 것이다. 기술의 발전이 자동적으로 우리 삶의 풍요와 안녕을 가져올 것이라는 낙관론을 20세기의 유물로 던져 버리고, 기술에 대해 더 성찰적이고 더 현실적이며 더 사려 깊은 인식을 만들어 공유해야 하는 것이다. 기술의 발전은 우리에게 주는 것이 있지만 그만큼 앗아가는 것도 있고, 새로운 가능성을 열어 주지만 동시에 닫아 버리기도 하며, 예측한 결과를 낳지만 때로는 엉뚱한 결과를 낳기도 한다는 것을 분명히 인식할 필요가 있다.

이런 격변의 시대에 우리가 주목해야 할 기술적 태도는 '적정기술 appropriate technology' 운동에서 찾아볼 수 있다. 적정기술의 원조는 인도의 사상가이자 정치가였던 마하트마 간디다. 그는 영국이 인도에 이식한 대량생산 기술들이 인도의 빈곤을 해결하기는커녕 인도인들을 기술의 특혜를 받는 사람들과 그렇지 못하고 실업 상태에 머무르는 대다수 민중으로 나누고, 이러한 구분 속에서 빈곤을 영속화한다고 비판했다. "세계 빈곤의 해결은 대량생산mass production 기술이 아니라 대중에 의한 생산production by the masses에 의해서만 가능하다"는 유명한 문구는 그의 철학을 한눈에 드러낸다. 그는 '차르카Charkha' 라는 손물레를 직접 돌려서 실을 자아 옷을 해 입는 운동을 펼쳤는데, 이는 제국의 첨단기술이 아닌 손쉬운 인도의 전통 기술에 근거해서 대중이 직접 생산에 참여하는 적정기술운동을 상징하는 것이었다.

간디는 월든 호숫가에서 2년간 채식을 하면서 자연과 교감했던 미국의 사상가 헨리 데이빗 소로Henry David Thoreau의 무소유의 삶의 철학으로부터 큰 영향을 받았다. 간디의 운동은 인도를 넘어 전 세계에 영향

적정기술의 원조로 꼽히는 마하트마 간디와
인도의 손물레 차르카

을 끼쳤는데, 그의 영향을 받아서 적정기술 운동을 펼친 사람이 바로 독일 출신의 영국 경제학자 슈마허Ernst Friedrich Schumacher였다.

슈마허는 케인즈가 존경하던 주류 경제학자였고, 케인즈와 함께 오랫동안 영국 재무성을 위해 일했다. 그러다 1955년에 UN사절단의 일원으로 버마(현 미얀마)를 방문했고, 당시 버마 수상이던 우 누U Nu의 자문을 맡아서 버마의 경제 상황을 공부했다. 이 과정에서 간디를 알게 됐으며 제3세계의 빈곤 문제를 다시 보게 되었다. 그는 자신이 알고 있는 서양의 경제학이 제3세계의 빈곤 문제에 관심도 없고 이를 해결할 수도 없다고 결론지었다. 빈곤 문제는 경제의 문제가 아니라 결국은 인간의 문제이며, 보편적인 해법이 아니라 특정한 환경 속에서 특정한 시공간에 맞는 특수한 해결책을 찾아야 하는 것이었기 때문이다.

그가 제3세계를 위해 찾은 해법은 '중간기술intermediate technology'이었다. 1965년, 그는 영국에서 마음이 맞는 사람들과 함께 〈중간기술개발모임ITDG, Intermediate Technology Development Group〉을 만들어 중간기술운동을 펼치기 시작했다. 중간기술은 지역사회의 기술과 물질적 자원 그리고 자금을 활용하며, 지역의 역사나 문화와 양립 가능하면서 그 지역의 바람과 필요를 충족하는 기술을 의미했다.

슈마허는 1973년에 출간된 『작은 것이 아름답다』에서도 중간기술의 중요성을 강조했는데, 이 책은 오일쇼크와 맞물리면서 전 세계적으로

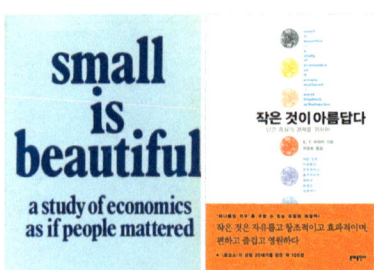

'중간기술'을 제창한 E.F.슈마허의 『작은 것이 아름답다』(1973) 초판 표지와 한국어판

엄청난 반향을 불러일으켰다. 당시 중간기술운동에 참여하던 사람들은 중간기술이라는 표현이 첨단기술이 아닌 어정쩡한 2류 기술 같은 뉘앙스를 준다는 이유에서 이 개념 대신 새로운 개념을 사용하기 시작했는데, 그것이 바로 '적정기술'이었다.

적정기술은 일자리를 창출하며, 지역의 재원을 사용하고, 재생 가능한 에너지원을 이용하며, 값싸고, 조작이 간단하며, 기존의 인프라와 부합하면서 자원의 낭비를 지양하는 기술이다. 적정기술은 기술을 우위에 두지 않고 기술을 사용하는 인간을 우위에 둔다. 이는 기술과 지역의 환경적, 문화적, 역사적 요소들 사이에 균형 혹은 적합도fitness를 추구한다는 의미이다.

대량생산과 자동화 기술이 실업과 인간소외를 낳는다는 비판이 고조되던 1960~70년대에 적정기술운동은 전 세계를 휩쓸었다. 미국에서는 정부 조직 내에 적정기술센터가 만들어졌고, 간디의 영향을 직접 받은 인도에서도 다양한 적정기술 조직이 만들어졌으며, 중국은 문화혁명 시기에 국가 정책으로 도시에는 자본집중적인 대규모 공장을 세우지만 농촌에는 적정기술에 근거한 소규모 공업을 발전시킨다는 취지의 '두 발로 걷기 운동Walking on Two Legs, 兩條腿走路'을 펼쳤다. 적정기술운동이 최고조였을 때에는 전 세계에 이를 담당하는 조직이 1천 개가 넘을 정도였다.

그러나 1970년대 후반에 정점에 이르렀던 적정기술운동은 이후 급속하게 쇠퇴했다. 여러 가지 비판들이 등장했는데, 적정기술이 제3세계의 빈곤을 극복하는 대안이 될 수 없으며 실제로 해 보면 비용이 많이 들기 때문에 매우 비효율적이라는 게 비판의 요지였다.

역설적으로 적정기술은 선진국이 제3세계 국가들을 빈곤한 상태로 유지하기 위해서 만든 제국주의적 음모에 불과하다는 비판도 등장했다. 경제학자들은 대규모 공업시설을 갖춤으로써 빈곤에서 탈출한 한국과 대만 같은 신흥공업국가의 사례가 적정기술의 개념적 오류를 잘 보여준다고 주장했다. 이러한 비판 속에서 적정기술은 결국 주류 엔지니어 사회에 침투하는 데 실패했다. 적정기술운동 조직은 와해되거나 이름과 목표를 바꾸어서 근근이 그 명맥을 이어 나갔다.

적정기술의 이념은 1980년대에 조금 다른 형태로 표출되었는데, 우리는 그것을 "지속가능한 개발Sustainable Development"이라는 슬로건에서 찾아볼 수 있다. 〈환경과 개발에 관한 세계위원회WCED〉가 1987년에 『우리의 미래Our Common Future』라는 책에서 주창한 '지속가능한 개발'은 산업혁명 이후에 유지되던 기하급수적인 발전 양상을 일차함수적인linear 개발로 바꾸는 것으로, 환경보호와 경제성장이 양립 가능할 뿐 아니라 상호의존적인 관계로 재설정되었다. 또 발전만이 아니라 평등, 가난, 권력의 문제가 중요하게 고려되었다.

1992년 브라질의 리우 데 자네이루에서 열린 지구정상회담은 지속가능한 개발을 기본 원칙으로 한 '리우 선언Rio declaration on Environment and Development'을 채택했는데, 여기에서도 제3세계의 빈곤 문제에 대한 선진국의 책임이 강조되었다. 전 지구적 차원의 이산화탄소 감축을 의결한 1997년의 '교토 의정서Kyoto Protocol'는 "선진국은 개발도상국의 환경보호와 경제개발을 위해서 적정기술을 이전해야 한다"는 점을 명시하고 있는데, 이는 지속가능한 개발의 틀 속에서 적정기술이 결국 '지속가능한 기술sustainable technology'의 한 가지 형태로 받아들여졌음을 보여준다.

지속가능한 기술이라는 개념 속에 근근이 명맥을 유지하던 적정기술이 2000년 이후에 다시 부활해서 제2의 르네상스를 맞고 있는 데에는 '디자인 혁명'이 중요한 역할을 했다. 1960~70년대 적정기술운동

폴 폴락이 2007년에 시작한 〈소외된 90%를 위한 디자인展〉. 사진 속 제품은 오염된 물을 정수해 주는 '라이프 스트로Life Straw'

은 "누구를 위해 적정한 기술인가" 또는 "무엇에 적정한 기술인가"라는 문제에 천착했지만 "어떻게"라는 문제에는 상대적으로 주의를 덜 기울였다.

1981년에 IDE(International Development Enterprises)를 설립한 폴 폴락 Paul Polak은 "어떻게"라는 문제를 해결하는 데 디자이너가 중요한 역할을 할 수 있다고 생각했고, 2007년에 〈소외된 90%를 위한 디자인展 Design for the Other 90%〉을 시작했다. 이 전시는 소형화와 저렴한 가격을 지향하며 개발된 '소외된 계층을 위한 기술'이 새로운 고객층을 만들고 확장하려는 기업의 목표와 모순되지 않는다는 점을 보여주면서, 적정기술이 NGO뿐만 아니라 기업을 위해서도 새로운 활로를 제공해 준다는 점을 강조했다.

마틴 피셔Martin Fisher와 닉 문Nick Moon의 '킥스타트KickStart'*는 폴락의 주장이 실제로도 실현 가능함을 '머니메이커Money Maker'**를 통해 입증했다. 이들은 제3세계 사람들을 빨리, 효과적으로, 지속적으로 가난에서 탈출시키는 것을 목표로 잠재성 있는 소규모 비즈니스를 발굴

---

* 1991년에 '어프로텍ApproTec'이라는 이름으로 설립된 비영리 사회적기업. 최근에 '킥스타트'로 이름이 바뀌었다.

** 모터펌프를 살 수 없는 가난한 아프리카 농민들의 소득 증대를 위해 개발된 간이 펌프. 모터 대신 두 발로 밟아서 작동시킨다. 킥스타트는 이 제품을 무상보급하지 않고 현지 기업을 통해 20만 개 가까이 판매하며 성공적인 비즈니스 모델을 창조했다.

킥스타트에서 아프리카 농민들을 위해 개발한 간이 펌프 '머니메이커'

하고 신기술-비즈니스 묶음을 개발하여, 지역의 소규모 사업자에게 신기술을 판매하는 사업의 중개자 역할을 하고 있다.

적정기술은 선진국의 공학교육과 연계되면서 큰 반향을 불러일으키고 있다. MIT에서 개설한 D-Lab 수업에서는 교수가 학생들을 데리고 제3세계 국가를 방문해 현지에서 필요한 기술을 함께 제작하는 실습을 진행하고 있는데, 현재 MIT에서 가장 인기 있는 수업 중 하나로 꼽힌다. 국내에서 적정기술운동을 하고 있는 〈나눔과기술〉 같은 조직은 한동대학교, 한밭대학교와 연계해서 공과대학 학생들을 대상으로 적정기술 디자인 경진대회를 개최하는데 이 역시 학생들의 많은 호응을 얻고 있다. 이러한 프로그램은 서울대학교를 비롯한 수도권 대학에도 확산될 전망이다.

21세기 적정기술은 꼭 제3세계만을 위한 것일 필요는 없다. 예컨대 기후변화 위기에 지혜롭게 대처하려면 선진국도 친환경적이고, 에너지 사용이 최소화되고, 설비와 사용이 쉬운 기술을 필수적으로 개발해야 하기 때문이다.

제3세계를 위해서 개발한 적정기술이 선진국에서 다시 사용되는 경우도 있다. 고디사Godisa Technologies에서 만든 태양전지 충전기는 제3

세계에 저가로 보급된 보청기의 배터리를 충전하기 위해 개발되었지만, 사용이 간편하면서도 반영구적이라는 특성 때문에 남아메리카와 중앙아메리카를 넘어 미국, 캐나다, 유럽 등지에도 공급되고 있다. OLPC라는 NGO에서 아프리

미국 NGO인 〈어린이 한 명당 한 대의 랩톱을 One Labtop Per Child, OLPC〉에서 아프리카에 보급한 노트북

카 학생들을 위해 제작, 공급했던 100달러짜리 노트북은 지금 우리가 널리 사용하는 넷북이나 태블릿PC의 기원으로 꼽히며, 프리플레이 에너지Freeplay Energy에서 만든 태양에너지 전등은 다른 에너지원이 불필요하다는 이유에서 선진국에서는 레저용으로, 일본에서는 재난 대비용으로 많이 사용되고 있다.

꼭 이런 구체적 기술이 아니더라도 요즘은 기술을 개발하는 많은 기업가와 엔지니어들이 이 제품은 환경에 어떤 영향을 미치는가, 이 기술은 지속가능한가, 이 기술을 누가 사용하며 누가 유지·보수하는가라는 문제를 생각하는데, 이런 태도는 다름 아닌 적정기술운동에서 비롯된 것이다.

기술과 인간 ; 기술의 사회적 구성

'진보의 세기'를 기념한 1933년 시카고 박람회의 모토는 "과학은 발견하고, 산업은 응용하며, 인간은 순응한다Science Finds, Industry Applies, Man Conforms"는 것이었다. 기술 진보에 대한 굳건한 믿음, 그리고 기술에 인간을 맞췄을 때 인간과 사회의 발전이 가능하리라는 낙

관적이고 유토피아적인 생각이 여실히 드러나는 표현이다.

이렇게 기술을 중심에 두고 인간을 거기에 맞추려는 기술을 기술철학자 루이스 멈포드Lewis Mumford는 '독재적 기술'이라고 불렀다. 그리고 그에 반대되는 개념으로 '민주적 기술'을 제창했다. 독재적 기술이 권력의 집중과 기술의 엘리트화를 지향하는 기술이라면, 민주적 기술은 권력의 분산과 기술의 민주화를 도모하는 기술이라고 할 수 있다.

기술이 가치중립적인 산물이 아니라 사회적 특성을 반영해서 구성되며, 이렇게 구성된 기술이 다시 사회를 형성한다는 생각은 과학과 기술에 대한 인문사회학적 학제 간 연구를 추구하는 과학기술학STS, Science and Technology Studies의 핵심과도 맞닿아 있다. 과학과 기술을 사회적 맥락 속에서 이해하고자 하는 과학기술학은 과학과 기술이 특정한 환경에서 어떻게 발전하고 작동하며 사회와 영향을 주고받는지 분석한다. 특히 과학기술학의 한 조류로서 기술이 구체적인 사회 속에서 어떻게 발전해 나가는지를 알아보고자 하는 '기술의 사회적 구성론SCOT, Social Construction of Technology'은 적정기술과 직접적으로 상응한다고 할 수 있다.

기술사회학자인 트레버 핀치Trevor J. Pinch와 위비 바이커Wiebe E. Bijker는 1987년에 「자전거의 변천 과정에 대한 사회구성주의적 해석」이라는 글을 통해, 해리 콜린스Harry Collins*의 '상대주의의 경험적 프로그램EPOR'의 세 가지 단계**를 기술의 영역에 적용시키는 '기술의 사회적 구성론'을 주창했다. 이들에 따르면 세상에 자전거가 맨 처음 등장했을 때에는 자전거와 관련된 다양한 논쟁이 있었다. 지금은 자전거의 바퀴로 공기 타이어가 널리 쓰이지만 1890년대까지만 해도 사람들은 그것에 대해 부정적인 생각을 갖고 있었다.*** 진동을 줄여 안정성을 확보해 주긴 하지만 자전거의 미관을 망친다는 이유에서였다. 그러나 공기 타이어가 경주용 자전거에 사용되고 매우 빠른 속도로 달릴 수 있음이 '증명'되자 사정이 완전히 달라졌다. 안정성을 부여한다는 기존의 의미 대신 속도를 높인다는 새로운 의미가 공기 타이어에 부여되었고, 모든 논쟁은 종결되었다.

마지막으로 핀치와 바이커는 자전거에 대한 논쟁이 남성과 여성, 노인, 사이클리스트 등 다양한 사회집단들 사이에서 사회적이고 정치적인 의미를 부여받았음을 설명했다. 이처럼 기술의 사회적 구성론은 다양한 사건 및 집단들과의 관계 속에서 비로소 하나의 인공물이 구체적인 모습을 획득한다고 주장한다.

적정기술자들 역시 특정 기술을 개발함에 있어 과연 그 기술을 위한 재료를 현지에서 구할 수 있는가, 사용자들이 그 기술을 이해하고 있는가, 기술에 문제가 생겼을 때 사용자들이 고치고 관리할 수 있는가, 환경의 변화에 따라 기술도 쉽게 변할 수 있는가 등을 질문한다. 이 질문들은 "누구에게, 무엇에, 그리고 어떻게 적정한 기술인가"라는 문제를 다루게 되고, 결국 적정기술은 특정한 사회와의 관계 속에서 그 적정성을 부여받는다.

과학기술학의 관점에서 적정기술을 사례로 다룬 대표적인 예시로는 마리앤 드 라트Marianne de Laet와 애니머리 몰Annemarie Mol의 '짐바브웨 부쉬 펌프'에 대한 연구가 있다. 이 펌프가 적정기술로 인정받을 수 있었던 이유는 바로 펌프가 지닌 유동성 때문이었다는 게 그들의 주장

---

* 세계적인 지식사회학자로서 1990년대 과학자들과 인문사회학자들 사이의 치열한 논쟁인 '과학 전쟁'에서 인문사회학 진영을 대표했던 인물. 과학 지식이 과학계의 내적 질서에 따라 생산되는 '순수한 지식'이 아니라 사회와의 관계 속에서 그때그때 새롭게 구성되는 '구성적 지식'이라고 주장했다.
** EPOR은 과학지식이 과학자들 간의 사회적 협상 결과에 의해 결정된다는 '과학지식의 사회적 구성성'을 드러내기 위한 것이며, 다음과 같은 3단계로 이루어진다. (1) 동일한 실험 결과가 다르게 해석될 수 있는 '해석적 유연성' 입증 (2) 합의에 의해 논쟁이 종결되는 메커니즘 분석 (3) 종결 메커니즘과 거시적인 사회문화적 구조와의 관계 규명. 보다 넓은 사회구조와 연결.
*** 1790년에 프랑스에서 최초로 고안된 자전거엔 나무 바퀴가 달려 있었다. 고무 타이어는 1886년에 처음 등장했다.

이다.

짐바브웨 부쉬 펌프는 1933년에 처음 개발된 것으로, 지금까지도 변형이 거듭되며 널리 쓰이고 있다. 가장 최신의 형태인 B형 펌프는 피터 모건Peter Morgan 박사에 의해 만들어졌는데, 물이 나오는 머리 부분과 펌프를 지지하는 부분 그리고 레버로 간단하게 구성되어 있지만 지하 100m에서까지 물을 끌어올릴 수 있는 엄청난 힘을 가졌다.

드 라트와 몰에 따르면 부쉬 펌프는 크게 '정체성'과 '성과에 대한 평가'라는 두 가지 측면에서 유동성을 가지고 있다. 특히, 펌프 역할 구획의 모호한 경계가 이 펌프에 유동성을 부여한다. 단순하게 생각하면 펌프는 하나의 인공물에 불과하지만, 제대로 물을 퍼 올리기 위해서 펌프는 하나의 수력 시스템이 되어야 한다. 또한 이 펌프를 사용하면 현저하게 대장균을 줄이는 효과도 얻을 수 있다. 즉, 부쉬 펌프는 물을 끌어올리는 도구일 뿐만 아니라 기술적인 역학체제로도 작용하고, 심지어는 건강을 증진시키는 역할까지 맡고 있다는 것이다.

한편, 펌프를 설치하려면 사회적 집단이 펌프와 하나 되어 일을 해야만 한다. 펌프를 사용하기 위해서는 우물이 필요한데 그건 한두 사람의 힘으로는 팔 수 없고, 마을 사람들이 힘을 합쳐서 파야 하기 때문이다. 나아가 짐바브웨 정부는 부쉬 펌프가 굉장히 성공적으로 작동하고 있음을 파악하고 아예 이 펌프를 국가적인 수도 기간시설과 연결시키기로 결정했다. 결국 부쉬 펌프는 식수를 공급하고 건강에 도움을 주는 기구를 넘어 마을들을 움직이고, 심지어는 짐바브웨라는 나라를 형성하는 데 기여하는 기반시설로서 '짐바브웨' 부쉬 펌프라는 정체성까지 얻게 된 것이다. 짐바브웨의 부쉬 펌프는 이렇듯 다양한 정체성 하에서, 그 기술을 사용하고자 하는 사람들의 목적에 알맞은 역할을 그때그때 담당하며 성공적인 적정기술로 작동하고 있다.

부쉬 펌프로 대표되는 적정기술은 누가 그 기술을 사용하는지에 따라 정체성과 평가가 새롭게 구성된다. 인간과 사회 그리고 주변의 환경에 따라 기술이 구성되는 모습을 적정기술을 통해 확인할 수 있다는 것이다.

이러한 적정기술의 함의는 제3세계의 기술을 넘어 모든 기술에 적용될 수 있다. 이 글의 첫머리에서도 강조했듯이,

1933년에 발명되어 계속 진화하며 짐바브웨를 상징하는 적정기술로 탈바꿈한 '짐바브웨 부쉬 펌프'

21세기의 인류는 거대기술이 지닌 불확실성과 항상 바람직하지만은 않은 기술의 영향 속에서 살아가고 있다. 기술이 사회적으로 구성된다는 사실은 기술 발전 과정에서 인간의 역할을 한층 더 부각시킨다. 기술에 대한 바람직한 접근은 인간을 향한 깊은 고찰에서부터 시작된다.

적정기술의 정신과 실천은 이제 인간이 기술에 맞추는 것이 아니라 기술이 인간에 맞춰야 한다는 사실을 보여주고 있다. 기술중심주의가 아닌 인간중심주의! 인간과 환경 모두를 위한 기술! 바로 이것이 21세기의 적정기술, 나아가 21세기의 기술이 되어야 하는 것이다.

그러므로 지난 세기의 낡은 슬로건은 이렇게 바뀌어야 한다.

"인간이 제안하고, 과학은 탐구하며, 기술은 순응한다."
(People Propose, Science Studies, Technology Conforms.)

과학기술과 시대정신
―적정기술에 대한 몇 가지 단상

장수영
포항공과대학교 산업공학과 교수, (사)나눔과기술 공동대표

독야청청

　독야청청獨也靑靑! 어지러운 세상을 떠나 있어 홀로 외로워도 빛을 발하는 것이 선비의 멋이라는 말인데, 그런 전통적 가르침 때문이었을까? 과학을 공부할 때 난 "단지 진리를 찾을 뿐", 인간 세상의 어지러움은 과학자가 걸어야 할 길과는 크게 상관이 없다고 생각했다. 세상에 좀 더 유익을 끼치는 일을 하고 싶어 공학자의 길로 들어섰을 때에도 난 "단지 좋은 방법을 찾을 뿐", 그 방법을 어떤 가치를 위해 사용할지 고민하는 일은 철학자나 사회과학자의 몫이라 생각했다. 요컨대, 과학기술은 가치중립적이라고 믿었던 것이다.
　물론 그런 생각도 일리는 있다. 예를 들어, 총은 사람을 죽이는 수단

이기도 하지만 살리는 수단도 될 수 있다. 사람이 사람을 죽이거나 살리는 것이지, 화약의 화학적 원리나 탄환의 물리적 운동법칙이 어찌 사람을 죽이거나 살릴 수 있겠는가?

그러나 좀 진부하긴 해도 "강력한 능력엔 무거운 책임이 따른다"는 것 역시 진실이다. 손가락 하나의 간단한 움직임으로 사람이나 동물의 목숨에 치명적인 피해를 입힐 수 있는 총기를 가진 사람에게는 그렇지 않은 사람에게 요구되는 책임보다 훨씬 큰 책임이 요구되는 게 당연하다.

21세기를 사는 인류의 손엔 강력한 과학기술이 들려 있다. 그렇기에 오늘날 인류의 어깨 위에는 현대 과학기술의 강력함만큼이나 무거운 책임 또한 지워져 있다. 우리는 우리가 만들고 선택한 과학기술에 대해 책임을 져야 한다. "나는 단지 과학적 진리를, 혹은 공학적 방법론을 연구할 뿐 가치의 문제는 과학기술인과는 무관하다"는 생각은 두말할 것도 없이 오류다.

보이지 않는 손

내가 하는 연구가 어떤 의미를 갖는지, 어떤 가치가 있는지 생각하는 것은 중요한 일이다. 하지만 개별 과학기술의 산물이 가지는 가치를 논하는 것은 결코 쉬운 일이 아니다. 그것이 어떻게 응용될지, 그리고 어떤 결과를 가져올지를 정확하게 예측하는 건 불가능하기 때문이다.

과학적 발견에서부터 응용과 산업화를 통해 일상생활에 사용되는 제품이 만들어지기까지 오랜 세월이 지나야 했던 시절에는 그나마 그런 논의를 해 볼 시간이라도 있었다. 하지만 오늘날에는 어떤 기능을 가진 제품이 어떤 가격에 만들어지면 잘 팔릴 수 있는지를 생각하는 제품설계가 가장 먼저 이루어지고, 그 설계를 구현하기 위한 기초과학 및 응용 연구, 생산 및 유통 방안에 대한 기획이 동시에 이루어진다.

"나는 단지 과학적 진리를, 혹은 공학적 방법론을 연구할 뿐 가치의 문제는 과학기술인의 몫이 아니다"라고 말하는 것이 무책임한 이유는 바로 여기에 있다. 아주 드문 예를 제외하면, 연구비가 걸린 거의 모든 RFP(Request For Proposal)는 시장에서 얻고자 하는 경제적 가치를 겨냥하여 만들어지고 있는 것이 오늘날의 지배적 흐름임을 부인할 수 없기 때문이다. 그렇다면, 시장에서 얻을 수 있는 경제적 가치는 과연 누가 정하는가?

시장에서의 가격은 '보이지 않는 손'이 정해야 한다는 건 자유시장주의의 근간이 되는 신념이다. 그 손은 현대 과학기술의 산물에 '가격'이라는 평가를 내림으로써, 어떤 과학기술이 연구되고 개발되어야 하는지 결정하는 판관의 역할도 맡고 있다. 오늘날 과학기술이 우리 삶에 미치는 영향력이 그 어느 때보다 크다는 점을 감안하면, '보이지 않는 손'은 이제 우리의 삶까지 손수 만들고 있는 셈이다.

얼핏 듣기에 '보이지 않는 손'은 전능한 신의 손처럼 여겨진다. 그 손이 만들어 내는 결과들은 모두 필연일 것 같은 생각이 들기도 한다. 하지만 '보이지 않는 손'의 실체가 무엇인지 곰곰이 생각해 보면, 그건 바로 구매력을 행사하는 내 손을 포함한 불특정 다수 구매자들의 수많은 손들에 지나지 않음을 쉽게 알 수 있다. 그러므로 '보이지 않는 손'

'보이지 않는 손'은 구매력을 행사하는 불특정 다수의 손일 뿐이다.

이 이끌어 가는 우리 삶의 방향이 혹여 잘못되었을 경우, 그 책임은 '보이지 않는 손'의 실체인 수많은 손들의 주인들에게 물어야 할 것이다.

하지만 바로 여기서 우리는 "특정할 수 없는 다수에게 책임을 묻는 것은 불가능하다"라는, 즉 '많은 손의 문제'라는 윤리학 문제에 봉착하게 된다. 결국 현대 과학기술의 지대한 영향 아래 사는 우리는, 책임을 물을 수 없는 '보이지 않는 손'이라는 운전자가 모는 차를 타고, 그 운전자가 정하는 길이 필연이라도 되는 듯 묵묵히, 그 차가 움직이는 방향으로 여행을 하고 있는 셈이다.

울타리 속의 호랑이

'보이지 않는 손'이 정해 준 시장가격에 과학기술의 산물이 거래된다는 것은 사실 매우 중요한 두 가지 긍정적인 기능을 수행한다. 하나는 그 산물을 만든 사람이 금전적인 보상을 받아 지속적으로 개선을 위해 노력할 수 있도록 동기를 부여하는 기능이고, 다른 하나는 그 산물을 구매한 사람이 자기가 지불한 가격만큼 그걸 소중하게 여기고 관리하도록 하는 기능이다. 시장가격은 생산자와 소비자 간에 놓인 일종의 장애물과 같은 것인데, 그 장애물이 유용한 순기능을 수행하고 있는 셈이다.

하지만 반드시 짚고 넘어가야 할 게 하나 있다. 이런 순기능은 장애물을 뛰어넘을 만한 구매력을 가진 사람들이 있을 때에만 가능하다는 사실이다.

전 세계 인구의 60%인 40억 명은 절대빈곤 가운데 태어난다. 인류의 다수를 차지하는 이 가난한 사람들에게 시장가격이라는 울타리는 도저히 극복할 수 없는 장벽과도 같다. 이 장벽으로 인해 그들은 과학기술

과학기술로부터 소외된 채 '시장가격'이라는 울타리 너머에 살고 있는 사람들

로부터 소외되고, 과학기술이 주도하는 인류 역사 흐름의 변방으로 내몰린다. 그들이 가지고 태어난 모든 창조적 가능성들은 싹도 틔워 보지 못한 채 시들어 버린다. 빈곤한 곳에서 태어났다는 불공평한 이유 하나 때문에.

더욱 아쉬운 것은, 과학기술인들의 창조성 또한 시장가격이라는 장애물 뒤에 갇히게 된다는 점이다. 시장가격은 시장에서 거래되는 모든 과학기술의 산물들을 구매력 있는 소수의 향유물로 만든다. 최신 첨단기술 제품은 이전 제품들보다 더 높은 가격을 달고 더 높은 장애물 뒤에 놓이게 된다. 값나가는 과학기술일수록 더 넘기 어려운 울타리 안에 갇힌 호랑이 신세를 면치 못하게 되는 것이다.

시대정신

시대정신의 요구는 결국 관철되지만 그 요구가 처음 들려올 때엔 비현실적이고 비합리적인 궤변으로 여겨졌을 것이다. 야만과 힘의 지배를 법과 정의의 통치로 바꿔야 한다는 요구, 모든 백성을, 노예를, 그리고 여성을 해방하라는 요구가 처음 들려올 때 사람들은 대부분 당혹스

러웠을 것이고 일부는 분노마저 느꼈으리라.

"생산력의 근간이 되는 흑인 노예들에게 백인과 동일한 권리를 부여하고도 어떻게 미국의 경제가 유지될 수 있단 말인가?"

"여자에게 남자와 동일한 권리를 허락하고도 전통과 가족의 가치가 어떻게 유지될 수 있단 말인가?"

이렇듯 처음 들을 때에 비합리적으로 들릴 수밖에 없었을 시대정신의 요구들은 결국 관철되었고, 이제 모든 인류의 상식이 되어 있다.

오늘날 시대정신에 귀 기울이는 사람들이 거의 매일 듣게 되는 얘기들은 지속가능한 개발, 녹색 성장, 경제민주화, 상생 발전, 사회적기업, 기업의 사회적 책임 등이다. 너무나 자주 들어서 익숙해진 표현들이지만, 알고 보면 그 속엔 예외 없이 모순이 담겨 있다. 일종의 옥시모론 Oxymoron(모순 어법)이다.

돌이켜 보면, 개발과 성장이라는 흐름의 무분별함 때문에 '녹색' 또는 '지속가능성'이라는 이슈가 제기되었다. 승자 독식의 시장지상주의 경제체제는 "모든 인간의 존엄성은 출발점에 상관없이 동등하다"는 민주주의 이념에 온전히 부합될 수 없었다. 사회주의자들이 말하는 '사회적 가치'는 자유경쟁 시장경제에서 기업의 이념이 될 수 없다.

그럼에도 오늘날 시대정신은 '녹색-성장', '지속-개발', '경제-민주화', '사회적-기업'처럼 양립이 불가능해 보이는 개념들이 결합된 옥시모론을 화두처럼 던지고 있다. 아직은 언어적 결합으로만 존재하는 이 화두들을 실제 현실 속의 결합으로 바꾸는 것이 오늘날 우리에게 주어진 시대적 과제다.

거래되는 모든 것에 '보이지 않는 손'이 정해 주는 가격이라는 울타리를 치는 것만이 유일한 삶의 방식인 세상에서, 구매력 없는 자들을 위해 공짜로 혹은 매우 낮은 가격에 제공할 수 있는 과학기술을 생각하는 건 비현실적이고 허망한 생각처럼 들린다. 역사 속 시대정신들이 모

적정기술이라는 시대정신에 의해 탄생한 제품들.
왼쪽부터 아프리카의 펌프, 태양열 보청기, 팟인팟 쿨러Pot-in-Pot cooler

두 그러했듯이.

하지만 역사 속의 인류가 그랬듯 우리 또한 이 비현실적 생각을 현실로 바꾸는 방법을 알고 있다. 널리 공유되어 보다 많은 사람들에게 유익을 끼치고, 어느 누구의 창조성도 가난하다는 이유로 무시되거나 꺾이지 않게 하는 과학기술. 그것의 이름은 적정기술이다.

작은 것이 아름답다

슈마허는 모두가 '큰 것'을 요구하던 시대를 살면서 '작은 것'의 아름다움을 주장했다. 그는 "작은 것은 자유롭고 창조적이고 효과적이며, 편하고 즐겁고 영원하다"고 말한다. 그의 주장은 매혹적이었지만, 그가 살던 시대엔 그 주장을 따라 사는 삶이 그리 현실성 있어 보이지 않았다.

슈마허가 활동하던 시대는 제2차 세계대전의 기억이 생생하게 남아 있던 시기였고, 전쟁으로 파괴된 경제체제 속에서 채워지지 못한 배고픔과 심한 갈증이 세상을 사로잡고 있던 시기였다. 그런 배고픔과 갈증을 '작은 것'이 채워 줄 거라고 믿는 사람은 많지 않았다. 대량생산과 대량소비에 기초한 '소비가 미덕인 시대'가 이제 막 시작되던 때에 작은 것을 지향하는 삶은 세상을 떠나라는 것이요, 물질을 거부하라는 것으로 이해되었던 것이다. 오히려 이제 막 시작된 자유경쟁 시장경제만이 모두를 행복하게 할 유일한 대안 같아 보였으리라. 바로 그런 시기에 슈마허는 "이만하면 되었다"라는 주장을 펼쳤던 것이다.

슈마허를 짧게 요약하는 게 가능할진 모르겠지만, 오늘날 중요한 흐름으로 발전된 그의 주장들을 나열해 보는 건 가능할 수도 있겠다. 자연자원을 개발활동의 결과물이나 소득으로 여기지 말고 처음부터 한계 지워진 자산으로 인식해야 한다는 그만의 독특한 경제학적 입장은 지구온난화를 경계하는 환경운동의 근간이 되었고, 국제구호 및 개발지원 활동에서 개개인의 교육과 소규모 마을공동체의 자율이 중요하다는 그의 주장은 오늘날 국제개발사업에서 가장 중요한 원리가 되고 있다.

또한 그는 사회적기업이라 일컬어지는 기업의 모형을 제안했고, 기업의 사회적 책임CSR이 선택사항이 아닌 기업 본연의 임무라고 주장했으며, 오늘날 적정기술이라 불리는 중간기술운동의 이념을 제공하였다.

생각해 보면 슈마허는 시대정신의 소리를 너무 일찍 들었던 게 아닌가 싶다. 하지만 당대보다 후대에 더욱 빛나는 인물이 어디 슈마허뿐일까. 적정기술이라는 그의 지혜는 사회적기업, 기업의 사회적 책임, 지속가능한 개발, 녹색 성장 같은 새로운 시대적 화두들과 함께 21세기 인류의 삶 속에서 부활하고 있다.

좋은 기술

적정기술은 좋은 기술이다. 하지만 높은 시장가격의 장애물 너머에 있는 기술이 아니다. 구매력이 없는 다수를 위한 기술이기 때문이다. 가난한 이들도 스스로의 힘으로, 혹은 그라민 은행Grameen Bank*이 해주는 것 같은 소액 신용대출의 도움으로 충분히 넘을 수 있는 낮은 울타리 안에 놓인 기술이다.

적정기술은 사람들의 주권을 인정하는 기술이다. 사용하는 사람의 삶을 향상시키지만 그들의 삶을 구속하지는 않는 자유로운 기술이다. 사용자 스스로 사용의 개시와 중단을 결정할 수 있고, 쉽게 이해하고 개선하고 발전시킬 수 있는 기술이다. 알 수 없는 블랙박스와 같은 기술이 아니라 설명과 교육이 함께 제공되는 쉬운 기술이다.

적정기술은 지속가능한 기술이다. 가난한 사람에게 무료로 제공되는 구호품은 그 물건의 수명과 함께 소멸된다. 하지만 적정기술은 사용자들이 그 기술로부터 소득을 얻을 수 있고, 그 기술에 담긴 가치의 일부를 세상에 되돌려줄 수 있는 기술이다. 따라서 사회적기업을 통해 지속적으로 제공되고 발전될 수 있으며, 어디에서든 작은 규모로 쉽게 복제할 수 있는 비즈니스 모델과 함께 제공되는 기술이다.

적정기술은 맥락을 생각하는 기술이다. 오직 경제적 가치 하나만을 생각하는 자유경쟁 시장의 풍토 속에서 발전하는 현대기술과 달리 사회, 정치, 경제, 문화적인 맥락과 생태계의 건강까지 모두 고려하는 융합적인 사회혁신 기술이며, 멀리 바라보는 친환경기술이다.

적정기술은 기술의 원형이 회복된 기술이다. 기술은 원래 '적정'해

---

*무하마드 유누스가 1983년에 설립한 방글라데시의 은행. 빈민들에게 무담보 소액 대출을 제공함으로써 빈곤 퇴치에 기여해 왔다. 그라민 은행과 유누스 총재는 2006년 노벨평화상을 공동으로 수상했다.

물 긷는 수고를 덜어 주기 위해 개발된 큐드럼Q-Drum은 대표적인 적정기술 제품들 중 하나다.

야 한다. 그럼에도 적정이라는 수식어를 동어반복처럼 결합한 적정기술은, 시장만능주의가 만연한 현대 기술현상 속에서 잃어버린 기술의 적정성을 회복하려는 노력의 결과로 정의된 기술이다.

하지만, 이런 적정기술이 과연 가능할까? 최근 확산되고 있는 적정기술에 대한 관심 속에서 늘 받게 되는 질문이고, 나 자신도 끊임없이 던지고 있는 질문이다. 솔직히 말하면 지금까지의 나의 결론은 "매우 가능성이 낮음"이다.

그러면 왜 적정기술을 이야기하는가? 그것은 시대정신의 요구이고 가치 있는 일이기 때문이라는 것이 나의 대답이다. 만일 우리가 가능성이 높은 것만을 택하려 한다면, 진정 소중한 가치는 절대 얻을 수 없을 것이다.

생각해 보면, 목숨을 버릴 만한 가치들 중 쉽게 이루어지는 것은 없다. 국가에 대한 신실한 충성이 그랬고, 영원히 변치 않는 우정과 사랑이 모두 그렇다. 불가능해 보이는 것일수록 그만큼 더 소중한 것일지도 모른다.

적정기술은 아직은 질문이다. 하지만 혼신을 다해 대답하려고 노력해 볼 만한 충분한 가치가 있는 질문이다.

| 제1장 | 물

Water

땀을 뿌려 물을 얻다

비雨 해피!

서울대학교 한무영 교수와 빗물봉사단 '비활'
솔로몬 군도, 인도네시아, 베트남 | 빗물 탱크 설치

남태평양의 작은 섬나라 솔로몬 군도. 전체 면적은 우리나라의 1/3 정도이며 1천여 개의 섬들로 이루어져 있다. 푸른 바다로 둘러싸인 아름다운 곳이지만 주민들의 삶은 그리 아름답지만은 않다. 이 나라는 유엔이 지정한 최빈국 Least Developed Countries 중 한 곳으로 국민의 80%가 기초사회보장 서비스로부터 소외되어 있고, GNP의 40%를 원조에 의존하고 있어 국제사회의 지원이 절실하게 필요한 곳이다.

'물'은 이곳 국민들이 생존을 위해 최우선적으로 해결해야 하는 절실한 문제다. 강물도 있고 지하수와 빗물도 활용이 가능하지만 수자원의 효율적 관리는 전혀 이루어지지 않는다. 이번 달엔 식수가 부족하다가 다음 달엔 홍수로 피해를 입는 지역도 있고, 산호섬 중엔 빗물조차 구할 수 없는 곳들도 많다.

서울대 빗물연구소 소장인 '빗물박사' 한무영 교수가 2012년 1월에 솔로몬 군도를 찾아간 건 문제 해결 방법을 주민들과 함께 고민해 보기 위해서였다. 그가 보기에 솔로몬 군도엔 물이 없는 게 아니었다. 연간 강우량이 적게는 1천5백mm에서 많게는 5천mm에 이르니, 물은 넘쳐 나지만 활용하는 방법을 모르는 것이었다.

현지에 도착한 한 교수는 정부 관계자들과 협의해 빗물탱크를 설치할 곳을 두 군데 선정했다. 한 곳은 수도 호니아라 외곽에 위치한 '파트모스 공동체'였다. 강과 바다가 만나는 삼각주 위에서 50여 가구 250여 주민들이 고기를 잡으며 살고 있었다.

그곳엔 전기도, 포장된 도로도, 물도 없었다. 사람들은 더러운 강물을 식수와 생활용수로 쓰고 있었고, 우물은 오염된 채 방치되어 있었다. 병에 담긴 생수는 구경하기도 힘들지만 설령 보인다 해도 살 수도 없었다. 하루 수입이 겨우 10솔로몬달러(1솔로몬 달러=174원) 남짓인 사람들에게 하루 2달러의 물값은 너무나 벅찬 금액이었다.

그는 마을에 약 4톤 규모의 빗물탱크를 설치하기로 했다. 하지만 시간이 문제였다. 일정상 단 이틀 동안에 설치를 모두 마쳐야 했다. 마을 주민들의 적극적인 참여가 반드시 필요한 상황이었다.

한 교수는 주민들을 만나 이야기했다. 이 탱크를 완성해서 빗물을 활용하려면 당신들의 힘이 꼭 필요하다고! 다행히 주민들 모두가 팔을 걷어붙였다. 깨끗한 물을 사용하게 해 준다는데 고기 며칠 못 잡는 건 전혀 문제가 안 된다면서.

빗물탱크는 주민들에게 낯선 물건은 아니었다. 몇몇 잘사는 집에서는 이미 뉴질랜드 회사의 빗물탱크를 사용하고 있었다. 한 교수는 그것을 벤치마킹하여 훨씬 싸고 좋은 탱크를 마련해 주기로 했다.

그가 설계를 하고 필요한 자재를 구하는 동안, 주민들은 마을 한복판에 탱크를 설치할 장소를 정하고 터를 닦았다. 그가 탱크를 설치하는

솔로몬 군도 주민들과 함께 ⓒ한무영

동안 그들은 탱크 위에 스프레이로 물고기, 꽃, 배 같은 그림을 그렸다. 설치가 끝난 뒤엔 탱크 유지와 관리, 보수 방법에 대한 주민 교육이 진행되었다.

그날 마을에서는 성대한 잔치가 열렸다. 닭을 잡고, 과일을 준비하고, 주민들은 너나없이 즐겁게 춤을 추었다. 한 교수는 주민들에게 이렇게 말했다.

"빗물은 무료이고, 가장 깨끗한 물입니다. 마음껏 쓰세요. 빗물탱크를 만드는 동안 당신들은 '할 수 있다'는 걸 보여줬어요. 그리고 빗물탱크를 설치하는 법도 함께 배웠지요. 빗물을 사용할 때마다 돈을 내고 그 돈을 모으면, 나중엔 스스로 빗물탱크를 설치할 수 있어요."

빗물탱크를 설치하기 전엔 1리터의 물을 사려면 5달러를 내야 했다. 하지만 이젠 절반도 안 되는 2달러를 내고 빗물을 이용할 수 있고, 그 돈으로 또 다른 빗물탱크를 설치할 수도 있게 된 것이다.

축제가 끝날 무렵, 한 교수는 주민들에게 물었다.

"아주머니 행복하세요? 아저씨 행복하세요? 아가야 행복하니?"

그들은 모두 웃으면서 행복하다고 말했다. 빗물 덕분에 행복해지는 모습을 보며 한 교수는 "나도 행복하다"라고 말했다. 바로 이게 한무영 교수가 추구하는, 빗물로 인해 모두가 행복해지는 '비雨 해피'이다.

빗물, 오래된 지혜

한무영 교수는 빗물을 '세상에서 가장 배부른 물', '세상에서 가장 재미있는 물'이라고 말한다. 누구나 공짜로 얻을 수 있고, 재료비나 운반비도 들지 않으며, 모든 사람의 갈증을 풀어 주고, 곡식을 살찌우고, 풍요롭고 행복하게 살 수 있게 해 주는 빗물이야말로 세상에서 가장 배부른 물이라는 것이다. 한편으론 홍수나 가뭄의 원인이 되고 이로 인해 사람들의 갈등을 불러일으키는 양면성을 가지고 있지만, 인간의 노력과 관리로 충분히 조절할 수 있는 세상에서 가장 재미있는 물이기도 하다.

빗물의 비밀을 깨친 그는 빗물을 통해 좀 더 나은 세상을 만들려고 노력하고 있다. 그중 하나가 바로 빗물봉사활동이다.

그가 해외에서 빗물봉사활동을 시작하게 된 계기는 2007년에 인도네시아 반다아체 지역으로 봉사를 떠나면서부터였다. '쓰나미 피해로 고통 받는 그곳 주민들을 내가 갖고 있는 지식으로 조금이나마 도와줄 수 있지 않을까' 하는 마음으로 인도네시아로 향했고, 그것을 시작으로 지금은 베트남에서도 활동을 이어가고 있다.

빗물을 이용하는 건 옛날부터 내려온 인류의 지혜라고 한 교수는 말한다. 누구나 알고 있지만 시대의 변화에 따라 잊혔을 뿐이라는 게 그의 설명이다.

"인류는 아주 오래전부터 빗물을 이용해 왔습니다. 1~2백 년 전까지도 빗물을 받아서 식수와 생활용수로 이용했는데, 세월이 변하고 생활수준이 높아지니까 빗물을 이용하는 게 상대적으로 낮은 수준의 기술로 보이게 된 겁니다. 시골 마을에도 펌프가 들어오고 상하수도가 깔리니까 빗물 같은 건 구식이라고 생각하게 된 거죠.
하지만 개발도상국 사람들도 빗물이 최고로 좋다는 건 알고 있습니다. 남의 신세 안 지고, 남의 것 안 빼앗고, 공짜로 얻을 수 있고, 무엇보다 깨끗한 것이 빗물입니다. 이런 생각은 모두들 갖고 있지만 기술이 따라가질 못하니까 빗물을 제대로 이용하지 못해요. 내가 할 수 있는 일은 빗물을 좀 더 잘 활용할 수 있는 방법을 알려 주는 것입니다."

그가 말하는 '기술' 은 그렇게 복잡하거나 어려운 건 아니다.

"지금도 많은 지역에서 빗물을 사용하고 있지만 빗물을 모으고 저장하는 데 어려움을 많이 겪습니다. 가령 모기가 생기는 경우가 있어요. 그럴 땐 어떻게 해결하느냐? 아, 뚜껑을 닫자! 이런 단순한 아이디어를 내는 것입니다. 탱크가 지저분해서 빗물이 오염되는 경우에는 탱크를 바꿔 주면 됩니다. 찌꺼기가 떠오른다면 필터를 하나 두고, 소독이 문제일 땐 소독 장치를 붙이고, 이런 식으로 기술의 진보를 이용해서 문제를 조금씩 해결하는 겁니다.
지금까지 유엔을 비롯한 선진국에선 우물, 펌프, 상수도, 댐을 이용해서 개발도상국의 물 문제를 해결하려 했어요. 하지만 에너지도 많이 들고 비용도 많이 들고 유지 관리도 어렵다 보니 대부분은 실패로 끝나고 말았죠. 결국 주민들은 아무 발전 없이 살아가고 있습니다.
이젠 적은 돈을 들여서 큰 효과를 낼 수 있는 방법을 찾아야 하고, 그러려면 '빗물' 이라는 전통적 콘셉트를 기술 개발을 통해 개선해 나가는 편이 가장 적합합니다."

그는 이런 철학을 바탕으로 빗물봉사단 '비활'을 꾸려 인도네시아와 베트남으로 떠났다. 활동은 매년 거르지 않고 이어졌고, 2012년 2월에는 23명으로 구성된 6기 비활 팀이 베트남 하노이 인근 킴방 지역을 방문했다.

비활 단원들의 빗물 토크

솔로몬 군도와 달리 동남아시아의 가장 큰 문제는 대부분의 우물이 비소로 인해 오염되어 있다는 점이다. 안전한 식수를 얻을 수 있는 유일한 방법은 빗물을 이용하는 것이었다.

박미라(6기 부팀장) "킴방은 밭이 많은 전형적인 시골 마을이에요. 하노이에서 약 7km 떨어져 있는데, 상수도는 아예 없고 우물물에서는 비소가 많이 검출되는 지역이죠. 주민들은 5백여 명인데 대부분 농업에 종사하고 있어요."

비활 봉사단이 현지에 도착했을 때 제일 먼저 하는 일은 상황을 정확히 파악하는 것이다. 물을 어떻게 사용하고 있는지, 어느 집에 시설이 필요한지를 집집마다 돌아다니면서 직접 확인한다.

김용환(6기 팀장) "도착하면 일단 조사부터 합니다. 눈으로만 보는 게 아니라 설문지도 돌려서 수입이 어느 정도인지, 물 상태는 어떤지, 어떤 물을 쓰는지를 꼼꼼하게 확인해요. 이 마을에선 대부분 빗물과 지하수를 씁니다. 빗물을 받아서 쓰기도 하고, 펌프를 이용해서 지하수를 퍼 올리기도 하죠. 빗물을 사용하는 집은 그나마 형편이 좀 괜찮은 집이고 가난한 집들은 다 지하수를 쓰는데, 지하수는 한눈에 봐도 더럽고 무엇보다 비소가 함유되어 있는 물이에요."

현지 조사를 바탕으로 봉사단은 빗물탱크를 설치할 집 4곳을 선정했다.

박미라 "빗물을 이용하지 않는 집, 그리고 수입이 거의 0원일 정도로 가난한 집을 주로 선정했어요. 한 집은 아이들이 있는 유치원, 또 한 집은 아이가 있는 평범한 가정집이었죠. 아무래도 아이들이 어른들보다 오염된 물에 취약하니까, 아이가 있는 집을 우선적으로 골랐어요. 나머지 둘은 수입이 거의 없는 집이었어요. 한 집은 베트남전쟁 참선 후 DDT 후유증을 앓고 있는 할아버지의 집이었고, 한 집은 노부모를 모시고 사는 아주머니 집이었는데 그분은 팔이 부러진 상태였어요."

김용환 "집이라고는 해도 사실 멀쩡한 건물이 별로 없었어요. 실내엔 방도 따로 없고 그냥 평상 같은 것만 있는데, 거기서 잠도 자고 하루 종일

비소에 오염된 더러운 우물 ⓒ비활

앉아 있기도 하고 그런 식이에요. 여기저기 허물어진 곳도 많아서 저희가 직접 메꿔 주고 시멘트도 칠해 줬어요."

집이 선정된 후에는 본격적으로 빗물탱크 설치 작업에 나섰다. 봉사단은 특히 '초기 빗물 제거'에 중점을 두었다. 지붕의 먼지를 쓸고 내려오는 첫 빗물은 버리고 깨끗한 빗물만 모으도록 설계하는 것이었다.

박미라 "빗물 이용시설 설치는 기본적으로 빗물이 가장 깨끗하다는 전제에서 시작하는 거예요. 빗물이 땅에 떨어지면 오염물질과 섞여 더러워지지만 바로 받으면 괜찮거든요. 깨끗한 빗물을 받기 위해 지붕에서 집수를 하고, 모인 빗물은 거터gutter(반원형 홈통)와 파이프를 거쳐 저장조로 가게 돼요. 그 과정에서 섞이는 불순물은 침전시키고, 먼지 섞인 초기 빗물은 버리는 식으로 깨끗함을 유지하지요."

김용환 "초기 빗물 제거 시스템의 원리는 간단해요. 빗물탱크 밖에 작은 통 하나를 연결해서, 빗물이 일단 그 통을 먼저 채우도록 설계했죠. 그러

지붕 먼지가 섞인 초기 빗물이 작은 물통을 채운 뒤에 깨끗한 빗물만 탱크로 넘어간다. ⓒ비활

면 먼지 섞인 초기 빗물은 통에 남고, 그 뒤에 내려오는 깨끗한 빗물만 탱크로 넘어가게 되거든요."

설계를 마친 학생들은 못질을 하고, 거터를 달고, 파이프를 연결하며 빗물탱크를 설치했다. 탱크 바로 옆 벽에 페인트를 칠하고 예쁜 꽃을 그리는 것도 잊지 않았다.

박미라 "벽화 그리기는 5기 때부터 시작했어요. 팀원들 중에 미대생이 한 명 있었는데, 우연히 어느 집 물탱크에 연꽃을 그려 줬는데 마을에 난리가 난 거예요. 너도 나도 서로 그려 달라고 해서 그 학생이 제일 인기가 많았대요. 그때 다들 '아, 기술적이고 공학적인 측면뿐 아니라 사회적인 것도 고려해야 되는구나' 했고, 그래서 이번에는 본격적으로 다 같이 그렸어요. 집집마다 틈새가 갈라진 벽들이 많았는데, 미장하고 페인트칠도 하니까 다들 너무 좋아하시더라고요."

김용환 "특히 참전용사 할아버지 댁에서 정말 좋아하셨어요. 해 놓고 보

파이프 설치 작업과 벽화 그리기에 열중하는 단원들 ⓒ비활

니까 제가 보기엔 약간 '유아틱' 했는데, 괜찮으냐고 물어봤더니 웃으면서 더 그려 달라고 하셨어요."

몇몇 단원들은 팀을 꾸려서 2011년 5기가 방문하여 빗물탱크를 설치했던 쿠케, 라이샤 마을을 찾아갔다.

박미라 "보수팀의 일원으로 5기가 빗물탱크를 설치했던 마을을 찾아갔어요. 그런데 막상 가 보니까 작년 팀이 잘해서 그런지 보수할 게 없었고, 몇몇 집들은 나름대로 개량까지 해서 쓰고 있었어요. 어떤 집은 지붕이 넓어서 집수면도 아주 넓었는데 그에 비해 저장조가 너무 작은 거예요. 빗물을 많이 못 모으는 게 안타까웠는지, 바로 옆에 콘크리트로 저장조를 또 하나 세웠더라고요.
저는 작년 멤버가 아니었기 때문에 그곳이 처음이었어요. 그런데도 주민들은 저를 엄청 반가워하고 고마워하셨어요. 그때 기분이 정말 좋았고, 저희가 이번에 만든 시설도 잘 유지돼서 내년에 가는 팀도 저랑 똑같은 감정을 느끼면 좋겠다고 생각했어요."

작년 프로젝트 지역을 한 번 더 방문하는 건 꼭 보수 때문만은 아니다. 주민들이 사용을 잘하고 있는지 확인하고, 개선할 점들을 찾아 올해 프로젝트에 반영하기 위해서이기도 하다. 비활이 지금까지 유지될 수 있었던 건 이런 과정을 통해 진화와 발전을 거듭해 왔기 때문이다.

김용환 "저는 4기(2010년) 때도 참가했었어요. 당시엔 플라스틱으로 만든, 평소엔 납작하고 물이 채워지면 풍선처럼 부풀어 오르는 튜브 방식의 저장조를 사용했지요. 그런데 3기가 설치했던 지역에 보수를 하러 갔더니 절반 이상의 집들이 제대로 안 쓰고 있더라고요. 설치했던 흔적만

2010년까지 알루미늄 탱크 대신 사용했던
플라스틱 튜브 ⓒ비활

남아 있고 본체는 온데간데없는 집도 있었어요.
사실 플라스틱 탱크는 사용하기 어려운 점이 많았어요. 일단 겉모습이 탱크처럼 보이지 않고, 약간 허름해 보이기도 하고, 쭈그려 앉아서 물을 받아야 하니까 사용하기 불편하지요. 그리고 플라스틱이다 보니까 물에서 약간 냄새가 났어요. 제가 사용해 보니 그게 제일 맘에 걸리더라고요. 게다가 튜브가 고정되어 있지 않고 유동적이라, 꿀렁꿀렁 움직일 때마다 밑에 가라앉았던 입자들이 다 떠올라서 물이 다시 오염되기도 했어요."

박미라 "5기부터는 알루미늄 탱크를 사용했어요. 이번에 보니까 알루미늄 탱크는 일단 외모부터 사람들에게 환영을 받는 것 같았어요. 도시 지역에서는 집집마다 알루미늄 탱크를 쓰거든요. 그야말로 대세죠.
5기와 비교해서 개선된 점은, 탱크에 물이 얼마나 차 있는지 한눈에 알 수 있도록 수위계를 달았다는 점이에요. 따로 제품을 사용한 건 아니고요. 탱크에 구멍을 뚫고 호스를 연결해서 탱크 내부의 물높이를 밖에서도 똑같이 볼 수 있도록 만들었어요."

제한된 시간에 제한된 자재를 가지고 열악한 환경 속에서 누군가를

주민들의 따뜻함은 비활 팀의 가장 큰 힘이다(왼쪽), 함께 벽화를 그리는 현지 아이들(오른쪽).
ⓒ비활

위해 땀 흘린다는 건 결코 쉬운 일이 아니다. 그런데도 비활 팀을 신명 나게 움직일 수 있도록 해 준 건 마을 사람들의 따뜻함이었다.

박미라 "팔 부러진 아주머니 집에선 작업을 시작하기도 전부터 고맙다는 말을 몇 번이나 되풀이하셨어요. 새참처럼 옥수수며 과일이며 바리바리 싸다 주시는 분들도 계셨고요. 유치원에서 벽화를 그릴 때는 마을의 학생들이랑 같이 했는데 너무 즐거웠어요."

김용환 "처음엔 우리끼리 다 할 수 있을 것 같았지만, 주민들의 도움이 없으면 작업이 훨씬 힘들었을 거예요. 허물어진 벽을 수리하느라 끙끙대고 있을 때 지나가던 미장이 아저씨가 한번 쓱 해 주시니까 금방 해결되었고, 거터를 고정시킬 수 있는 아이디어도 마을 주민들이 직접 냈어요. 처음에는 마을 사람들과 서먹서먹했는데, 맨날 지나다니면서 인사하고 그러니까 그쪽에서도 마음을 열더라고요. 작업 장소들끼리 거리가 멀어서 이동이 힘들었는데 오토바이 타고 가시다가 태워 주겠다고 하시고,

자전거 빌려 주시고……. 어떤 부탁이든 거절하는 법 없이 빌려 달라고 하면 다 빌려 주셨어요."

마을 사람들의 도움으로 빗물탱크를 설치하면서 학생들이 느낀 건 함께 만들어 가는 것의 소중함이었다.

김용환 "봉사활동을 가기 전까지만 해도, 우린 그들에게 뭔가를 해 주는 사람이고 마을 사람들은 봉사를 받는 사람이라고 생각했어요. 하지만 막상 현지에서 어려움에 부딪쳤을 때 해결책을 제시해 주는 건 다름 아닌 그들이었죠. 그렇게 함께 만들어 가면서, 내가 그냥 '경험'이라고 생각했던 게 그들에겐 '생활'일 수도 있다는 걸 깨달았어요.
사실 학생 신분으로 봉사활동을 갈 때는 책임감이 그리 크지 않아요. 우린 학생이니까, 실험하고 경험하는 거니까 얼마든지 실패가 용납될 거라고 생각하죠. 하지만 주민들은 그곳에 살고 있고, 삶의 질과 직결된 문제이고, 심지어는 생명까지 달려 있기 때문에 결코 가볍게 생각해서는 안 돼요."

주민들과 함께 만들어 나간다는 것! 뭔가 베풀어 준다는 식의 시혜적인 입장에서 벗어나 그들의 삶을 존중해야 한다는 것은 한무영 교수가 빗물봉사활동에서 가장 강조하는 점이기도 하다.

"사실 초창기엔 실패도 많이 했습니다. 처음에 인도네시아에 설치해 준 시설은 한 달도 못 가서 다 망가졌어요. 창피했지요. 실패한 원인을 생각해 보니까, 내가 너무 겸손하지 못했어요. 그 사람들은 못사니까 아무거나 줘도 괜찮겠지, 내 돈 가지고 가서 쓰는 일이니까 뭘 해도 괜찮겠지, 라고 생각했거든요. 기술을 건네줄 때는 눈높이를 맞추고 두 손으로 공

소박하지만 아름답게, 비 해피! ⓒ비활

손하게 주어야 하는데 한 손으로 휙 던져 준 셈이나 다름없지요. 지금은 최대한 정중하게, 현지 주민들을 존중하면서, 그들 스스로 방법을 찾고 문제를 해결해 나갈 수 있도록 도와주려 노력합니다. 학생들에게도 이 점을 늘 강조하고 있어요."

여럿이 꾸는 꿈은 언젠가는 현실이 된다. 지난 몇 년간의 경험을 통해 한 교수와 비활 팀은 자신들이 꿈꾸는 세상으로 가는 방법을 조금씩 깨치고 있다. 모두가 '비 해피'한 아름다운 세상! 그것은 기술만으로는 결코 이루어지지 않는다. 중요한 건 서로 존중하는 것, 그리하여 함께 나아가는 것이다.

참고문헌
한무영, 강창래, 『빗물과 당신』, 알마, 2011
SOPAC Water, Sanitation and Hygiene, http://www.pacificwater.org/pages.cfm/country-information/solomon-islands.html, [2012. 9.30]

독 없는 물을 위하여

단국대학교 독고석 교수와 그린앤텍(주) 박순호 소장
몽골 동고비 지역 | 비소 제거 시스템

사극에서 흔히 등장하는 사약賜藥의 주 성분은 비소As다. 적은 양으로도 메스꺼움, 구토, 설사를 일으키고 많이 복용하면 심장박동 이상, 혈관 손상, 통증, 암 등을 일으켜 죽음에 이르게 하는 물질로서, 오래전부터 동서양을 막론하고 독약으로 널리 사용되었다.

그렇게 위험한 독극물이 매일 마시는 물에 들어 있다면? 말도 안 되는 얘기 같지만 그렇지 않다. 인도, 방글라데시, 몽골, 내몽골(중국) 등에서 수많은 사람들이 평생 그런 물을 마시며 산다. 세계보건기구WHO에서 음용수의 비소 농도 상한선을 0.01mg/L로 제한하고 있지만, 전 세계에서 약 5천7백만 명이 기준치 이상의 비소를 매일 마시고 있다고 한다.

비소로 인한 수질오염은 인간의 잘못에 의한 재앙은 아니다. 본래부터 땅 밑에 존재하던 비소가 지하수에 섞여 나오는 경우가 대부분이기 때문이다. 오래전 마그마에서 방출된 가스에 섞여 있던 비소가 식은 후 지각으로 스며들면서 광범위한 비소층이 생성되었고, 그런 지역에서 우물을 파거나 지하수를 끌어올리다 보면 수맥 주위의 암반이 무너져 비소가 용출될 수 있다고 한다.

물맛이나 냄새, 색깔 등을 통해 금방 드러나는 여느 수질오염과 달리, 비소 오염은 겉으로 봐서는 전혀 알 수 없다. 그러다 보니 수많은 사람들이 자기도 모르게 매일 미량의 독극물을 마시고 있는 것이다.

물속에 섞여 있는 비소는 산화와 여과 과정을 거쳐 철 산화물과 함께 침전시키면 쉽게 제거가 가능하다. 미국이나 유럽의 지하수에서도 비소가 검출되지만 정수 시설에 필터가 설치되어 있기 때문에 안심하고 마실 수 있다. 그러나 개발도상국에선 정수 시설이 갖춰진 몇몇 대도시를 제외한 대부분의 지역이 비소에 무방비로 노출되어 있는 실정이다.

최근 그들에게 값싸고 간편한 정수 시설을 공급하기 위한 노력이 활발하게 진행 중이다. 국경을 뛰어넘는 그 활동에 대한민국 과학기술자들도 함께하고 있다. 몽골을 비롯한 여러 지역에서 비소 제거를 위해

몽골 현지에서.
왼쪽에서 두 번째가 독고석 교수,
오른쪽 끝이 박순호 소장 ⓒ독고석

애쓰고 있는 단국대학교 토목공학과 독고석 교수와 그린앤텍(주) 기술연구소 박순호 소장이 그 주인공들이다.

두 개의 키워드 ; 현장 그리고 전문성

적정기술자로서 독고석 교수가 제일 중요하게 생각하는 건 전문성이다. '함께 나누는 따뜻한 기술'이라는 적정기술의 기본 정신은 전문적 능력에 의해 뒷받침될 때 비로소 실현 가능하다는 게 그의 믿음이다.

"적정기술이 쉽고 단순해서 누구나 개발할 수 있는 것이라고 흔히 생각하지만, 전문지식 없이는 오히려 더 큰 문제를 일으킬 수 있어요. 특히 비소 오염 같은 경우, 겉으로는 위험이 전혀 드러나질 않지요. 현장에서 비소가 섞인 물을 보면 그 물은 못 먹을 물이 아니에요. 깨끗해 보이는 물을 정수해서 마시는 사람이 오히려 이상한 사람이지요. 그 속에 비소가 포함되어 있다는 것을 알아내고 해결책을 제시할 수 있는 건 오직 전

취수 중인 현지인. 눈으로 봐서는 오염을 알 수 없다. ⓒ박순호

문가들뿐입니다.
전문적인 분석과 연구 없이 무작정 도와주겠다고 시작했다가 문제를 일으킨 경우도 많아요. 얼마 전까지 널리 실시되었던 '개발도상국에 우물 파 주기' 프로젝트만 해도 그렇습니다. 전문지식 없이 접근하는 바람에 오히려 사람들에게 비소가 함유된 우물물을 공급하는 어이없는 결과를 낳고 말았어요."

얼마 전 "2010년 한국의 봉사단체들이 캄보디아의 시골 마을에 파준 우물에서 비소가 검출되어 우물이 '생명의 우물'이 아닌 '죽음의 우물'로 변하고 있다"는 뉴스가 보도된 바 있다. 비소 함유량을 줄이려면 지하 70m 이상 암반을 뚫고 물을 끌어내야 하는데 가시적 성과에만 집착하여 50m도 안 되는 얕은 우물을 팠고, 그 결과 식수로는 부적절한 물을 공급하게 되었던 것이다.

비슷한 일이 1980년대 방글라데시에서도 있었다. 1970년대부터 원조사업으로 소규모 관정을 개발하다가 지하수를 오염시키는 바람에 수천만 명이 기준치 이상의 비소에 노출되어 심각한 사회문제가 된 적이 있다. 똑같은 사건이 30년 뒤 우리나라의 봉사단체에 의해 반복되었으니, 비소와 씨름 중인 독고석 교수가 혀를 차는 것도 무리가 아닌 셈이다.

그가 특히 관심을 가지고 있는 곳은 몽골의 동고비Dornogovi 지역. 동서 길이 1천6백km에 면적이 130만km²에 이르는 드넓은 고비사막의 동쪽이다. '고비'는 몽골어로 '풀이 잘 자라지 않는 거친 땅'을 뜻하며, 이름 그대로 거대한 암석사막을 이루고 있다.

사막 지역인 동고비엔 당연히 물이 부족하다. 더 큰 문제는, 그나마 있는 물도 비소에 심각하게 오염되어 있다는 점이다.

고비사막의 동쪽, 동고비의 황량한 풍경 ⓒSEWB

"고비사막의 1년 강수량은 중앙부가 25~50mm, 북부에서 남동부는 150~200mm인데 이마저도 여름에 집중되어 있어서 물이 많이 부족합니다. 빗물은 땅으로 스며들어 지하수가 되고, 주민들은 그걸 끌어올려 식수로 사용하지요.

몽골인들은 세계에서 가장 분산도가 높은 유목민족이라 사람들이 널리 흩어져서 살고 있습니다. '게르'라고 부르는 천막에서 사는데, 여러 개의 게르가 모인 마을 한복판의 펌프 스테이션에서 지하수 1리터에 우리 돈으로 약 1원 정도를 받고 팔고 있어요. 염소 소독을 하기 때문에 박테리아는 다 제거되었지만 비소는 전혀 제거되지 않은 물입니다."

WHO의 조사에 의하면 몽골 지역 식수의 비소 함유량은 평균 0.014mg/L. 정수 시스템을 갖춘 일부 도시들을 제외한 전 지역이 비소에 노출되어 있다. 특히 동고비 지역은 비소 함유량이 무려 0.024mg/L에 이를 정도로 오염이 심각하다.

여기엔 자연적 요인 외에 광산업의 영향도 있다. 광산이 많은 동고비에서는 매년 엄청난 양의 광산 폐수가 땅속으로 스며들어 지하수를 오염시킨다. 채굴이 끝난 뒤에 방치해 둔 수많은 폐공들 또한 폐수의 유입 경로가 되어 오염을 더욱 심화시키게 된다.

독고석 교수는 2006년 여름 학기에 몽골국제대학을 방문하여 학생들을 가르치면서부터 동고비 지역의 비소 문제에 주목했다. 하지만 그가 물 문제에 관심을 갖기 시작한 건 훨씬 전이었다고 한다.

"2000년도에 일본에 있을 때, 유니세프를 통해 일본인 지도교수에게 방글라데시의 비소 문제를 해결해 달라는 요청이 온 적이 있었어요. 방글라데시는 큰 강의 유역 전체가 비소 검출 지역일 정도로 문제가 심각합니다.

당시 일본에서는 멤브레인membrane(특정 기체나 액체를 차단하는 막)을 이용한 필터를 방글라데시로 보냈는데, 얼마 후 잘 쓰고 있냐고 연락을 해 봤더니 전기가 없어서 못 쓴다는 거예요. 그래서 전기를 공급할 방법을 고민하다가 자전거 발전기가 좋을 것 같아 그걸 보냈습니다. 그 과정에서 자전거 가격보다 비싼 배송 비용이 들었어요.

얼마 후 다시 물어보니까 여전히 못 쓰고 있다고 하더군요. 자전거 발전기를 사용해 보면 알겠지만, 30분만 돌려도 힘들어서 못할 정도로 에너지가 많이 소모되니까 사용하질 못했던 거예요. 연구실에선 이렇게 저렇게 하면 다 될 것 같아도 실제 현장에서는 전혀 통하지 않는다는 걸 그때 처음 알게 되었지요."

이런 경험을 통해 그는 문제 해결의 출발점이 다름 아닌 '현장'임을 깊이 깨닫게 되었다. 그래서 몽골에 갈 때마다 여러 지역들을 돌아다니며 수질분석을 했고, 현지인들이 물을 어떻게 사용하는지도 꼼꼼히 살펴보았다.

"우리가 실험실에서 생각하는 것들, 이렇게 하면 좋겠고 저렇게 하면 쓸모 있겠다고 생각한 것들이 정작 현장에선 이상하게 받아들여지거나 거부되는 경우가 많아요. 일단 그들의 문화, 생활방식, 주변 환경 등을 파악하고 거기에 맞는 기술을 개발해야 합니다. 그렇지 않으면 그냥 이벤트에 불과하지요.
그 나라를 자주 방문하고, 현지 학교나 연구자들과 네트워크도 만들고, 현지인들을 교육시킬 수 있는 프로그램도 만들고, 지원 받을 수 있는 재원도 마련하여 그 나라 스스로 자립할 수 있을 때까지 도와줘야 한다고 생각합니다."

몽골의 비소 문제를 파악하고 온 뒤엔 연구실 프로젝트 중 하나로 비소를 제거하는 흡착제를 개발했다. 이 흡착제는 자체로도 유용하지만 다른 정수 기술과 함께 쓴다면 더욱 유용할 수 있다.

"몽골의 펌프 스테이션에서 나온 물은 염소 소독을 거쳤기 때문에 박테리아는 없고, 비소만 제거하면 됩니다. 반면 다른 나라의 경우엔 1차 소독이 이루어지지 않아서 비소보다 탁질이나 유기물을 제거하는 게 더 중요한 경우도 있어요. 이 경우에는 샌드필터 같은 것을 1차 필터로 쓰고 그다음에 비소를 처리해야 합니다. 하지만 여러 번 하면 번잡하니까 한 번에 처리할 수 있는 방법이 없을지 연구 중입니다.
가령 샌드필터 안에 비소를 처리할 수 있는 흡착제를 깔아 준다면, 미생물도 처리하고 동시에 비소도 잡을 수 있습니다. 다음에 몽골에 가면 정수기 제조법 교육을 할 예정인데, 비소 흡착제가 들어 있는 샌드필터 만드는 법을 가르치려 합니다."

2013년 7월, 독고석 교수는 다시 몽골을 찾았다. 샨사드 지역을 방문

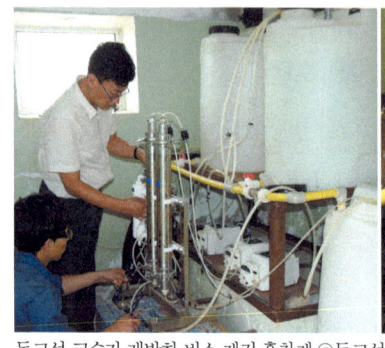 

독고석 교수가 개발한 비소 제거 흡착제 ⓒ독고석

해 수질 현황을 조사하고, 2만 명의 주민들이 이용하는 정수장에 비소 처리장치를 설치했다. 또 지역 주민들을 위한 세미나를 개최하여 수질 문제의 중요성을 환기시키고, 수도국장을 만나 비소 검출 문제를 해결하기 위한 지방정부 차원에서의 정책 변화를 촉구했다. 출국 전에 계획했던 대로, 비소 흡착제가 부착된 샌드필터 정수기 제조법을 가르치기 위한 세미나도 현지 공무원들과 함께 개최하였다.

몽골의 물 문제를 해결하려는 그의 노력은 제자에게까지 이어졌다. 대학원생으로서 몽골에도 여러 번 같이 다녔던 제자 맹민수 씨가 석사 과정을 마친 후 "몽골에 머물면서 수질분석도 하고 학생들도 가르치고 싶다"는 뜻을 밝혔던 것이다. 연구재단의 '개도국 과학기술 지원사업' 단원으로 선정된 맹민수 씨는 2008~2009년에 걸쳐 몽골국제대학교 생명공학 및 식품과학부에서 전임강사로 재직하며 강의를 하고, 졸업논문을 지도하고, 몽골의 환경개선을 위한 샘플 채취와 분석도 수행했다.

맹 씨처럼 적정기술에 관심을 갖고 있다가 그것을 업으로 삼은 학생도 있지만, 현재 함께 연구 활동을 하고 있는 대부분의 대학원생들에게 이는 쉽지 않은 일이다. 교수들 역시 힘들긴 마찬가지여서, 적정기술

연구와 학생 지도라는 두 가지 임무를 동시에 수행하려면 현실적인 어려움들이 굉장히 많다.

"적정기술이 발전하려면 산업적 요소가 많이 개발되어야 합니다. 학생들이 이쪽 분야에 취업을 할 수 있어야 지속적인 연구가 가능한데, 우리나라엔 적정기술 연구자를 필요로 하는 기업이 거의 없거든요. 지금은 일단 봉사 차원에서 적정기술 연구를 하고 있습니다만, 앞으로 연구와 봉사가 어떻게 균형을 잡아야 할지는 저 자신에게도 큰 숙제입니다.
지금은 내가 갖고 있는 전문 지식이 다른 사람들의 삶에 도움이 된다는 게 너무 즐거워서, 현장에서 물도 직접 분석하고 미생물도 직접 배양합니다. 하지만 봉사활동이 주는 기쁨과 그것이 직업이 되었을 때 느끼는 감정은 많이 다릅니다. 적정기술이 종사자들에게 지속가능한 '일'이 될 수 있으려면, 구체적인 직업이나 산업과의 연결이 반드시 필요합니다.
그래도 희망은 있습니다. 현 정부에서 적정기술을 주요 국정과제 중 하나로 선정한 이후 각 부처에서 관련 사업들을 추진하기 시작했거든요. 특히 KOTRA(대한무역투자진흥공사), KOICA(한국국제협력단), 미래창조과학부에서 적정기술을 통한 청년들의 해외 일자리 창출과 실버 과학인력의 해외취업을 적극 지원하기로 했기 때문에 기대가 많이 됩니다."

2013년 7월, 미래창조과학부는 정부 차원의 첫 해외 적정기술 지원사업안을 확정 발표했다. 캄보디아에 '글로벌 물 적정기술 연구센터'를 설립하자는 (사)국경없는과학기술자회SEWB의 제안이 '2013 개발도상국 과학기술 지원사업'의 하나로 채택된 것이다. 이후 캄보디아뿐 아니라 모든 아시아 개발도상국들의 물 문제 해결을 위한 거점센터로 만들어 나간다는 게 SEWB 사무총장으로서 그의 복안이다.
적정기술에 대한 정부의 관심에 부응하여 최근엔 KOTRA에서도 캄보디아와 인도네시아에서 적정기술센터 운영을 시작했으며, 현재 각 10명씩의 청년들이 파견되어 활동을 벌이고 있다. 앞으로 기술적 콘텐츠가 지속적으로 개발되면 물뿐 아니라 에너지, 생물자원, 교육 등 여러 분야에서 적정기술이 개발도상국 지원 수단으로 자리매김될 것이라고 독고석 교수는 자신 있게 이야기한다.

'적정'이라 쓰고 '최적화'라 읽는다

몽골에서 정수 시스템 보급을 위해 분투하고 있는 또 한 명의 적정기술자는 그린엔텍(주) 기술연구소의 박순호 소장이다. 독고 교수가 비소 처리에 중점을 두어 흡착제를 개발하고 있다면 박 소장은 좀 더 광범위한 시스템적 접근, 그리고 기업가적 접근을 지향하고 있다.

"현재 우리나라의 많은 과학기술자들이 개발도상국의 수질 개선을 위한 다양한 프로젝트를 진행하고 있습니다. 그걸 보면서 엔지니어로서 또는 기업에 있는 사람으로서 느낀 점은 일회성 프로젝트로 끝내면 안 된다는 것, 소비자가 만족할 때까지 계속 제품을 개발해야 한다는 것입니다.
지금까지 개발된 제품들은 대부분 개발자의 입장에서 만들어졌어요. '이렇게 하면 그들에게 도움이 될 거야'라고 추측만 했을 뿐, 실제 효능에 대해서는 개발자조차 확신이 없는 제품들도 많았고요. 하지만 개발도상국 사람들, 즉 소비자의 입장에서 보면 곧바로 실생활에서 사용할 수 있는 확실한 제품이 필요하지요.
저는 적정기술 제품 개발도 다른 제품들처럼 여러 단계를 거쳐야 한다고 생각해요. 제품을 시장에 내놓고, 피드백을 받고, 그걸 반영하여 신제품을 내놓고, 그래야 점점 더 좋은 제품을 만들 수 있다고 생각합니다."

박순호 소장의 목표는 현지로 운반해 가서 사용할 수 있는 정수 시스템을 만드는 것이었다. 하지만 '쉽고 간단한 제품'을 개발하는 일은 쉽지도 간단하지도 않았다. 맨 처음 개발했던 장치는 너무 무겁고 불편했다.

"독고석 교수님이 개발한 흡착제를 이용해 비소를 제거하는 정수기를 만들었는데, 제품은 완성했지만 무겁고 사용하기 어려워서 현지까지 가져가 설치하기엔 무리가 있었어요. 제품의 무게나 휴대성, 이동성 같은 것도 고려해야 한다는 걸 그때 절실히 느꼈고, 이후엔 좀 더 간단한 장치를 만들려고 노력했지요."

연구를 거듭한 끝에 그는 전력이 없는 곳에서도 태양광을 이용한 자가발전으로 사용이 가능한 태양열 정수 시스템Solar Water System을 개발해 냈다. 전처리 필터, 활성탄 필터, 울트라 필터, 역삼투 필터로 이루어진 이 시스템은 원수의 종류에 상관없이 맑은 날 기준으로 하루 4~6시간 동안 맑은 물을 공급할 수 있다.
또한 이를 응용하여 여행용 캐리어 안에 태양광 패널, 펌프, 정수기 필터를 모두 갖춘 이동식 정수 시스템Moving Water System도 개발하였다.

"현지의 물 사정이 다 제각각이기 때문에 일반적으로 필요한 네 종류의 필터를 모두 갖췄습니다. 전처리 필터는 섬유를 꼬아서 만든 카트리지 필터로, 모래나 큰 입자를 우선적으로 제거하여 필터들을 보호하는 기능을 합니다. 활성탄 필터는 물속 유기물질과 오염물질을 흡착해서 제거해 주고, 울트라 필터엔 미생물이 통과할 수 없는 작은 구멍들이 있어서 미생물과 탁질 물질들을 걸러 줍니다. 마지막으로 RO 필터는 역삼투막 필

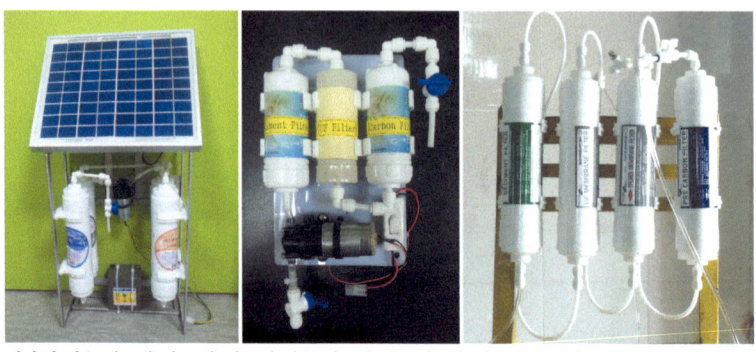

태양열 정수 시스템(왼쪽)과 이동식 정수 시스템(가운데), 각 제품에 사용된 4종류의 필터(오른쪽)
ⓒ박순호

터로 물속의 비소, 불소, 중금속을 제거할 수 있습니다.

필터를 활용하기 위한 소형 펌프가 있는데, 정수 시스템을 만들 때 제일 어려웠던 게 바로 펌프입니다. 소형이면서도 저렴한 펌프가 필요한데 그걸 구하기가 쉽지 않았어요. 태양광 패널과 배터리는 현지에서 전력 공급이 원활하지 못한 경우를 대비해 만들었습니다."

그가 만든 제품들은 이내 세계 각지로 뻗어나갔다. 특히 'Moving Water System'은 개발도상국으로 나가는 해외봉사단과 선교사들이 많이 이용하고 있다고 한다.

"캄보디아와 필리핀 등에 많이 나갔어요. 정수 시스템의 이용 가능 인원이 20~30명이어서 그 정도 규모의 교육시설에 주로 보급했습니다. 캄보디아는 원수가 비교적 오염이 덜 되어 있고 빗물도 안정적이어서 반응이 좋았고, 필리핀은 전력 사정이 열악한 난민캠프였는데 전력 없이도 사용할 수 있으니 안성맞춤이었지요. 특히 어린아이들의 수인성 질병을 예방하는 데 많은 도움이 되었다고 들었습니다."

물론 이 시스템도 아직 완전한 건 아니다. 더 개선해야 할 요소들이 여전히 있다.

"지금은 20~30명만 사용할 수 있지만, 앞으로는 5백 명 규모의 마을이나 학교에서 사용할 수 있는 시스템을 만들고자 합니다. 정수기의 핵심인 소형 펌프는 지금도 성능이 우수하지만, 단가를 낮춘 장치를 개발하면 더 안정적인 보급이 가능해집니다. 필터의 경우 수명이 어느 정도 되는지, 보급은 어떻게 할 것인지가 문제인데, 안정적인 원수를 사용하고 바이오샌드 필터를 통한 전처리를 한다면 꽤 오랫동안 사용할 수 있어요. 태양광 패널과 컨트롤러도 아직은 비싸기 때문에 가격을 낮추기 위한 노력이 필요합니다."

그가 개발한 정수 시스템이 개발도상국에 보급하기엔 좀 비싸다고 생각할 수도 있다. 하지만 그의 생각은 다르다.

"우리나라는 수돗물 값이 워낙 저렴하기 때문에 이 시스템으로 정수한 물을 팔면 경쟁력이 전혀 없습니다. 비싸니까요. 그렇다면 우리보다 가난한 개발도상국 사람들에겐 훨씬 더 큰 부담 아니냐고 생각할 수도 있습니다.
하지만 현지에 직접 가 보면 정반대의 상황이 벌어집니다. 그곳 사람들은 물값으로 훨씬 비싼 돈을 지불하고 있어요. 수돗물은 아예 없고 생수밖에 없어서 가격이 아주 비싸게 형성되어 있거든요. 우리도 수돗물은 싸지만 생수는 절대 싼 가격이 아니지 않습니까? 그러니까 우리 기술로 가격을 조금만 낮춰 주면 더 많은 사람들이 마음 놓고 깨끗한 물을 마실 수 있게 됩니다.
제가 여러 나라를 방문하면서 조사해 보니 깨끗한 물을 위해서라면 기꺼이 돈을 지출할 용의가 있는 사람들이 많았어요. 지역별로 조금씩 다르긴 하지만, 물 20리터당 원가가 50~100원 정도라면 개발도상국 사람들에게도 얼마든지 공급이 가능합니다. 제 최종 목표도 그 정도 가격으로 많은 이들에게 물을 제공하는 것이고요. 그렇게 시장이 형성되고 수익이 나면 새로운 장치를 보급할 수 있는 수익모델이 만들어진다고 생각합니다."

자생력 있는 사업 모델을 만들기 위해 사회적기업 설립을 준비하고 있다는 박순호 소장. 엔지니어이자 기업가로서 그는 적정기술을 어떻게 정의할까?

"적정기술의 '적정'은 '최적'이라고 생각해요. 가격과 성능, 그리고 사용자들의 요구사항에 최적화되어야 한다는 뜻입니다. 우리가 사용하지 않는 기술, 오래된 기술, 한물간 기술이 그들에게 도움이 될 것이라는 생각은 버려야 합니다. 적은 비용으로 많은 혜택을 누릴 수 있도록 하려면 때로는 첨단 기술이 적용될 수도 있습니다. 그래야만 최적화된 제품을 개발하여 현지인들을 만족시킬 수 있으니까요.

더 이상 이 아이들에게 독이 든 물을 먹일 수 없다. ⓒ박순호

그러므로 엔지니어의 입장에서 적정기술은 '최고의 기술'일 수 있습니다. 최선의 설계와 최적화된 맞춤 기술이 들어가야 하고, 지속성과 확장성까지 확보해야 하니까요. 그러면서 그 안에 이윤 추구를 뛰어넘는 따뜻함이 깃들어 있을 때, 바로 그게 진정한 적정기술이라고 생각합니다."

한 우물만 파는 NGO

팀앤팀 인터내셔널
아프리카, 아시아 | 수자원 개발

물 없이는 병원이 있을 수 없고,
물 없이는 학교도 못 열고,
물 없이는 공동체마저 존재할 수 없으며,
물이 없으면 아예 생명이 존재할 수 없습니다.
– 이용주, 『멈출 수 없는 사람들』 중에서

팀앤팀Team and Team International의 역사는 설립자 이용주 씨가 배낭을 메고 아프리카 여행에 나섰던 1999년으로 거슬러 올라간다. 가난한 대륙, 그중에서도 특히 어려운 지역들을 돌면서 그가 확인한 가장 시급한 문제는 '물'이었다. 교육이 제일 시급하다고 말하는 사람들도 있지만, 학교를 짓고 무상교육을 해도 대부분의 아이들은 학교에 나오지 못한다. 하루에 5~6시간씩 물을 뜨러 다녀야 하는 그곳 아이들에게는 교육보다 물이 훨씬 더 중요하고 절실하다.

물 없는 종족이 물을 찾아 돌아다니다 보면 필연적으로 다른 종족과 분쟁이 일어난다. 목말라 죽으나 싸우다 죽으나 마찬가지라면 최소한의 기회라도 가져 보기 위해 목숨을 걸고 싸운다는 게 그들의 생각이다. 학교도 병원도 공동체도, 안정적인 물 공급이 전제되지 않는다면 죄다 공염불에 지나지 않는다. 그게 아프리카의 현실이다.

이용주 씨는 지하수 개발을 통해 사람들을 한곳에 정착시켜야만 교육도 가능하고 발전도 가능하다고 믿었다. 그래서 아프리카 수자원 개발을 시작했고, 팀앤팀이라는 NGO를 설립했다. 그의 뒤를 이어 팀앤팀을 이끌고 있는 김두시 대표는 이렇게 말한다.

"현재 아프리카에 가장 필요한 것은 물이에요. 물이 없으면 땅을 파서 관정을 개발해야 하고, 물이 있는 지역에서는 식수원을 잘 보호하면서 사람들의 접근성과 편의성을 높일 수 있는 방법을 연구해야 합니다. 사실 아시아 지역에선 관정을 팔 필요가 없어요. 비소, 유기물, 독극물 등에 오염된 물을 정화하는 게 제일 시급하죠. 이와 달리 아프리카에서는

케냐의 우물 개발. 아프리카에서 물은 모든 것에 우선한다.
ⓒ팀앤팀

물을 얻으려면 일단 땅을 파야 합니다."

NGO와 기업의 행복한 만남

　수자원 개발 전문 NGO인 팀앤팀의 핵심적인 사업은 우물 개발 프로그램이다. 자체 장비를 이용하여 현장 직원들과 함께 케냐, 우간다, 탄자니아, 수단, 소말리아 등지에서 우물을 개발하고 있다.
　펌프 수리 또한 주요 프로그램들 중 하나다. 케냐 정부의 조사에 의하면 기존에 설치된 우물의 50% 이상이 핸드펌프가 파손되거나 작동 불능 상태로 방치되어 있다고 한다. 동아프리카 지역 전체가 버려진 펌프들의 무덤이라고 해도 지나치지 않을 정도다.
　팀앤팀의 펌프 수리 팀은 핸드펌프가 방치된 지역을 순회하며 펌프를 수리하여 주민들이 다시 사용할 수 있게 해 준다. 바이오샌드 필터나 옹달샘 정수기를 활용하여 집수된 물을 깨끗하게 사용할 수 있도록 돕는 프로젝트도 진행 중이다.
　아프리카에서 수자원 개발을 하는 단체들은 팀앤팀 외에도 많지만 펌프 수리에 나서는 경우는 별로 없다. 김두식 대표는 그 이유를 이렇게 설명한다.

　"아프리카에서 우물 개발을 하다 보니 망가진 펌프들이 너무나 많았어요. 그런데 자세히 보니 대부분 재사용이 가능해 보였습니다. 조금만 수리하면요. 우물 하나 파려면 비용이 몇만 불씩 드는데, 망가진 펌프는 그 1/10도 안 되는 돈으로 수리할 수 있지요.
　그런데도 그 많은 펌프들이 그냥 방치되는 데는 이유가 있습니다. 펌프가 설치된 오지까지 찾아가려면 상당한 위험 부담이 따르는데 거기에 책

아프리카에서 개발이나 수리보다 더 힘든 건 이동이다. ⓒ팀앤팀

정되는 사업비는 굉장히 적거든요. 그러다 보니 대부분의 NGO들이 펌프 수리보다 지하수 개발에 집중하는 경향이 있어요. 재원이 있어야 단체도 유지할 수 있기 때문에, 수리의 필요성을 알아도 막상 그 일에 착수하는 건 쉽지 않다고 하더라고요.

그래서 우리는 남들이 하지 않는 펌프 수리를 하기로 했습니다. 2006년부터 우물 개발하는 팀과 펌프 수리하는 팀을 나눴고, 수리 팀은 아프리카 곳곳을 다니면서 펌프 수리만 했어요.

펌프가 망가지는 이유는 의외로 사소한 것들이에요. 적게는 몇백 명, 많게는 몇천 명이 사용하다 보니 적정인원을 훨씬 초과했고, 놀이기구가 없는 그곳 아이들이 펌프를 장난감 삼아서 험하게 다루는 경우도 많죠. 그러다 보니 2년 정도만 지나면 패킹이 닳거나 나사가 빠지거나 하면서 망가지는 거예요. 이런 펌프들은 패킹을 갈아 주거나 나사를 교체해 주면 얼마든지 다시 사용할 수 있습니다."

수리 자체는 간단한 경우가 많았지만 어쨌든 인력과 비용이 필요하기 때문에 조금 더 내구성이 강한 부품을 만들고 싶었다. 그러려면 전문가의 도움이 반드시 필요했고, 팀앤팀은 선박전문회사인 (주)선진엔지니어링에 도움을 요청했다.

"선박에서는 수천℃에서 수천 번 왕복해도 패킹을 몇십 년씩 사용하는데 우리 펌프는 몇 번이나 쓴다고 2년밖에 못 쓰나 싶었죠. 그래서 선진엔지니어링의 전문가에게 도움을 청했고, 그 결과 원래보다 10배는 더 강한 재질의 패킹을 만들어 냈어요."

이 과정에서 그는 '표준화'의 중요성을 깨달았다.

"부품을 교체하다 보니까 맞는 것도 있고 안 맞는 것도 있더군요. 알고 보니까 같은 펌프라도 표준화가 안 되어 있어서 사이즈가 다 다른 거예요. 이런 경우엔 간단하게 부품만 교체하고 싶어도 쉽지가 않지요. 그때부터 우리가 사용할 부품들은 우리 내부에서 개발하기로 하고, 선진엔지니어링과 상의해서 재질과 사이즈를 표준화했어요. 우리는 기술이 필요했지만 기술이 없었고, 회사는 기술은 가지고 있지만 어떻게 활용해야 하는지를 몰랐는데 적절한 소통 방법을 찾은 거지요."

NGO인 팀앤팀과 제조업체인 선진엔지니어링의 협력은 기업의 사회적 책임이 무엇인지, 해외개발원조에서 기업의 역할이 무엇인지에 대해 중요한 시사점을 제공한다.

"선진엔지니어링과의 협력은 기업의 진정한 사회적 책임CSR이 무엇인가에 대해 다시 생각해 보게 합니다. 기업의 사회적 책임이나 재능 기부는 대부분 재정으로, 즉 돈으로 이루어지고 있어요.
하지만 CSR의 본래 목적은 그게 아닙니다. 기업마다 갖고 있는 다양한 자원, 기술, 노하우를 공공의 선을 위해 사용하는 것이 올바른 CSR이라고 생각합니다. 우리에게는 패킹을 바꾸는 기술이 절실했고, 선진엔지니어링에서는 기술은 갖고 있지만 현장의 절박함을 몰랐는데, 이 두 가지가 마침내 만났던 겁니다.

꼭 CSR이 아니라도 기업의 기술 개발이 필요해요. 개발도상국의 발전을 위해 필요한 기술엔 내구성이 필수인데 기업들은 돈이 안 되니까 그런 제품들을 개발하지 않습니다. 설령 개발을 하더라도 딱 유엔이 요구하는 기준까지만이고, 그 이상으로는 능력이 있더라도 힘을 쏟지 않지요. 기업 입장에서는 돈이 되지 않는 기술을 굳이 개발할 필요가 없는 겁니다. 전 세계적으로 수많은 의약품들이 개발되고 있지만 아프리카의 질병 퇴치를 위한 의약품은 거의 개발되지 않는 것과 마찬가지예요. 개발은 할 수 있지만 소비층이 없는 거지요.

그런 의미에서 기업이 참여하여 내구성 있는 제품을 개발하는 것, 그리고 시장을 창출하는 건 정말 중요한 문제라고 생각합니다."

기술을 가진 전문가에게 펌프 수리는 아주 간단한 일이지만 아프리카 오지에 전문가가 자주 찾아가는 건 쉬운 일이 아니었다. 그래서 팀앤팀에서는 펌프에 문제가 생겼을 때 현지에서 곧바로 해결할 수 있도록 3중 안전장치를 만들어 놓았다.

"일단 현지 펌프 관리자를 양성합니다. 마을에 물 관리위원회를 만들어서 기본적인 교육을 하고, 사용법과 문제 해결 방법도 가르치지요. 그다음엔 그 나라의 수자원 관련 부처나 현지 전문가들과 연결시켜 줍니다. 자기들이 해결할 수 없는 문제가 생기면 그 사람들에게 도움을 요청하라는 거예요. 그래도 문제가 풀리지 않으면 우리에게 연락이 오도록 시스템을 만들어 두었습니다."

이 시스템에서 특징적인 것은 '허브 마을'의 존재다. 말 그대로 펌프 관리의 중추 역할을 하는 마을을 뜻하는데, 선정 방식은 다음과 같다.

펌프 설치에 참여하는 현지 주민들(왼쪽), 설치 완료된 펌프(오른쪽)

"사업 지역에서 마을별로 4~5명 규모의 위원회를 구성하여 펌프를 직접 수리할 수 있도록 교육을 시킵니다. 파이프를 뽑아서 고장 난 부분을 확인하고 다시 수리하여 집어넣는 전 과정에 직접 참여시키는 방식이지요. 그 과정에서 가장 적극적이었던 곳을 허브 마을로 정하고, 거기에 수리용 도구들을 줍니다. 개별 마을 차원에서 해결하지 못하면 허브 마을에 도구를 요청하여 그걸로 수리를 하라는 거죠.

그다음엔 정부가 개입합니다. 각 지역별로 수자원부의 지역 사무소가 있는데, 거기 공무원들에게도 일정한 책임을 부여해서 사업 지역을 관리하도록 했지요. 이런 식으로 함께 참여해야 지속가능한 사업이 되고, 현지인들에게도 '우리 일'이라는 의식이 생깁니다."

하지만 이 시스템은 제대로 운영되지 않는 경우도 많다. 그 이유를 그는 이렇게 설명한다.

"현지 관리자를 만들어 놓고 1년 후에 가 보면 그 사람이 없어진 경우가 많아요. 우리가 선정하는 관리자들은 기술에 대해, 개발에 대해, 공동체에 대해 이해가 깊은 '지도자 감'의 인물들인데, 그렇게 똑똑한 사람이 미래가 불투명한 오지에 계속 있을 필요가 없잖아요. 다들 기회를 찾아서 떠나요. 도시로 공부하러 떠나기도 하고, 취직을 하러 떠나기도 하지요.

자기 나라 도시로만 나가는 게 아닙니다. 아프리카 대륙의 저렴한 노동력은 끊임없이 다른 대륙으로 떠나가고 있어요. 혹은 아프리카의 더 나은 나라로 떠나지요. 흔히 말하는 '인재 유출'이에요.

하지만 우리가 그걸 막을 수는 없어요. 더 큰 기회와 발전을 위한 개인의 선택이니까요. 개발의 딜레마인 셈이죠."

안타깝지만 이것 또한 아프리카의 현실이다.

적정기술이 필요한 이유

팀앤팀은 수자원 개발 전문 기구지만 아프리카의 모든 수자원 개발을 자기들이 다 하겠다는 식의 욕심은 갖고 있지 않다. 중요한 건 '다 함께 잘 사는 것'이다.

"우리는 NGO니까 우물을 팔 때 후원을 받아서 파요. 현지인들 입장에서는 공짜지요. 그런데 만일 어느 지역에 우물을 개발하는 회사가 있다고 쳐요. 그럼 현지인들은 어떤 회사를 이용할까요? 당연히 무료인 팀앤팀을 이용하겠지요. 우물을 파 준 뒤에 우리가 떠나고 나면 그곳에는 아무것도 남지 않습니다. 다음에 또 우물을 팔 일이 생기더라도, 본래 있던 회사는 팀앤팀 때문에 망해 버렸을 수도 있거든요.

그래서 그런 지역은 가급적이면 현지 회사가 일을 맡을 수 있도록 하고,

로컬 NGO들이 사업을 진행할 수 있도록 도와줍니다. 우리는 언제든지 떠날 수 있고, 떠날 수밖에 없는 사람들이잖아요. 우물을 파 주는 것보다 더 중요한 건 좋은 기술을 전수해 주는 것, 그리고 안정적인 직업을 가질 수 있게 해 주는 거라고 생각합니다."

팀앤팀은 우물 개발 외에 보건위생 프로그램과 지역개발 프로그램도 함께 운영하고 있다. 케냐에서는 수자원 개발이 진행되는 지역 주민들을 대상으로 기초보건 및 위생교육을, 남부 수단의 보마에서는 학교 및 교량 건축을 통해 지역의 기초 인프라를 구축하는 사업을 진행했다.

보마 지역은 팀앤팀이 2005년부터 식수 지원 사업을 했던 곳이다. 샘물 집수장치를 설치하고 안전한 식수를 공급하기 시작하자 보마를 중심으로 사람들이 모이기 시작해, 현재는 인구가 5만 명으로 두 배 가까이 늘었다고 한다. 사람들이 많이 모이자 예상했던 대로 다양한 지역개발이 필요하고, 또 가능하게 되었다.

로어 보마의 지에Jie 부족과 이티Itti 부족 사이에는 작은 강이 있다. 건기에는 괜찮지만 우기(3~11월)가 되면 많은 비가 내려 두 부족 사이에 교통이 끊기고, 이티 부족 지역에 있는 병원과 학교 등을 건너편 주민들이 이용할 수 없게 된다. 팀앤팀은 부족끼리의 왕래를 돕고 인프라 시설에 대한 접근을 높여 지역민들의 삶의 질을 개선하고자 그곳에 '러브 브리지Love Bridge'를 건설하였다.

"처음엔 당장 물이 급하니까 수자원 개발만 했습니다. 그다음의 문제들은 현지인들과 힘을 모아서 함께 해결합니다. 현장에 있다 보면 사람들에게 물만 먹일 게 아니라 좀 더 인간답게 살아가도록 해 주고 싶은데, 그게 쉽지 않아요. 돕는 사람도 지치고, 도움 받는 쪽의 의존성만 커지고, 어느 날 갑자기 우리가 떠나면 그때까지의 노력들이 죄다 물거품이 되어버릴 수도 있거든요. 이런 상황들을 변화시키고 그들 스스로 살아갈 수 있도록 장기 개발을 하는 게 우리의 목표입니다."

하지만 그건 사업 확장이나 몸집 불리기와는 거리가 멀다. 수자원에 특화된 NGO답게 자기들은 수자원 개발에 힘쓰고 그 외의 일들은 다른 단체들, 특히 현지 NGO들과 함께해 나간다는 게 팀앤팀의 원칙이다.

"많은 NGO들이 백화점식 경영을 하면서 사업을 키워 나가고 있어요. 하지만 우리는 수자원에 특화되어 있고, 앞으로도 물 분야만 제대로 하자고 생각하고 있습니다. 거기에서 확장되는 분야는 믿을 만한 단체에게 연결해 준다는 게 기본 원칙이에요.
현지의 NGO들을 참여시켜서 현지 주도형으로 사업을 진행하고, 함께 일하는 현지인들에게 기술을 가르쳐 주고 독립할 수 있게 도와준다면, 우리가 떠나도 그 사람들이 계속해서 잘해 나갈 수 있을 거라고 믿습니다."

이 아이들의 삶은 우물 개발 이전과 이후로 나뉠지도 모른다. ⓒ팀앤팀

지금까지 그래 왔듯 앞으로도 수자원 개발 NGO로서 한 우물을 파겠다는 김두식 대표. 그와의 인터뷰에서 '적정기술'이라는 표현은 딱 한 번 나왔다. 하지만 횟수가 뭐 중요하랴. 적정기술은 이미 그의 삶 자체인 것을.

"우리에게는 간단한 기술이 지구촌 어딘가에서 누군가의 삶을 변화시킬 수 있다는 것을 사람들은 잊고 있습니다. 사실 최첨단 기술은 현지에 가면 걸림돌이 되는 경우가 많아요. 철기시대 사람들에게 칼이나 창을 건너뛰어 갑자기 총을 쥐어 주는 격이니까요.
문명의 개념이 없고 현대적인 원리가 통하지 않는 사회에서 그들의 삶에 맞춘 기술, 스스로 관리하고 수리하고 발전시킬 수 있는 기술을 제공해 주는 일은 매우 중요합니다. 더 나은 미래를 만들어 나가는 무기가 되기 때문이죠. 바로 그게 현장에서 적정기술이 필요한 이유입니다."

절망을 희망으로 바꿔 주는 힘

국제협력팀 길종훈 씨는 2011년 KOICA의 ODA(공적개발원조) 청년인턴*으로 팀앤팀에 합류했다. 대학에선 ODA 분야가 아닌 기술경영을 전공했지만, KOICA의 컴퓨터 분야 국제협력봉사요원으로 인도네시아 수방Subang 군청에서 2년간 근무하면서 국제개발협력 분야에 관

---

*청년 인재들에게 ODA사업 참여 기회를 제공하고 장기적으로 전문인력을 양성하기 위해 KOICA에서 2011년부터 실시하고 있는 제도. KOICA 해외사무소 및 주재원사무소에 파견되어 6개월간 근무하는 'KOICA 해외사무소 청년인턴' 과, KOICA 협력사업에 참여하는 공공기관, 민간기업, NGO 및 ODA 유사기관의 청년인턴 채용을 1년간 지원하는 'DA 사업수행기관 청년인턴'으로 나뉜다.
자세한 내용은 KOICA 홈페이지(http://www.koica.go.kr)에서 확인할 수 있다.

심을 갖기 시작했다.

"인도네시아에 다녀온 후에 직업에 대해 많이 고민했어요. 단순한 직職이 아니라 평생 가슴을 뛰게 할 업業을 찾기 위해 시간을 투자해 보자는 생각으로 팀앤팀 인턴에 지원했습니다.
그때까지만 해도 팀앤팀에 대해서는 아프리카에 우물 파는 단체라는 것밖에 몰랐어요. 하지만 2007년 이용주 전 대표님의 '세계의 상황과 개발 NGO' 강의에서 들었던 보마 지역 경험담이 아주 강렬하게 기억에 남아 있어서 흔쾌히 지원할 수 있었지요. 처음엔 국제협력봉사요원 경험이 있으니 쉽게 합격할 거라고 생각했어요. NGO는 과연 어떻게 일을 하고 있는지 내심 궁금하기도 했고요. 하지만 막상 면접을 보니 국제협력봉사요원 면접보다 훨씬 어렵더군요.
인턴으로 근무한 1년 동안 팀앤팀의 모든 것을 압축적으로 경험할 수 있었어요. 5개월간 본부에서 근무하고, 케냐로 출장 가서 현지 사업 모니터링도 하고, 유관단체인 SAM(Student Arise Movement)의 아프리카 컨퍼런스에도 참가했지요. 그 뒤엔 인도네시아 지부에서 4개월간 파견근무도 했고요. 그 과정에서 지부와 본부를 아우르는 팀앤팀의 활동을 충분히 이해할 수 있었고, 이곳이라면 내 가슴을 뛰게 할 업業이 될 수 있겠다고 생각해 정식으로 지원하게 되었습니다."

청년 인턴으로 근무했던 인도네시아에서는 지진 피해지역에 안전한 식수를 공급해 주는 활동을 도왔다. 활동 지역은 인도네시아 서부 수마트라의 외딴섬 믄따와이 군도의 빠가이 슬라탄Pagai Slatan. 2010년 10월에 발생한 리히터 규모 7.2의 지진과 그로 인한 쓰나미로 인해 5백여 명의 사망자와 1만 명 이상의 이재민이 발생한 곳이다. 대부분 해안가에 거주하며 어업으로 생계를 잇던 주민들은 내륙의 임시 주거지역으로 이주했지만 도로, 교통, 통신, 전기 등의 인프라가 전혀 없고 안전한 식수도 공급받지 못해 심각한 고통을 겪고 있었다.

"많은 NGO들이 피해지역에서 활동하고 있었어요. 살 곳이 없는 주민들을 위해 집을 지어 주는 단체들도 많았는데, 긴급구호 상황에서 지은 집들이라 창문도 없고 회색 합판으로 되어 있어서 마치 유령도시 같은 느낌이었지요. 그때 독일의 한 NGO에서 집집마다 돌아다니며 지붕에 구멍을 뚫고 물 담은 페트병을 꽂아서 컴컴하던 집 안을 환하게 만들어 줬어요. 페트병과 물이 일종의 전구 역할을 했던 거지요.*
그걸 보면서, 뭔가 대단한 기술이 없더라도 지금 당장 이 사람들의 불편을 해결하고 필요를 채워 주는 기술이 필요하다는 걸 절실히 느꼈습니다. 그리고 저도 팀앤팀을 통해 그런 일을 할 수 있다고 생각했어요."

팀앤팀은 빠가이 슬라탄 지역에 광주과학기술원에서 제작한 '옹달샘 정수기'를 보급했다. 이 정수기는 전기 없이 사람의 동력만으로 사용이 가능하고, 나중에 거주지를 옮기더라도 쉽게 운반할 수 있고, 운영 방법도 간단해 임시 거주지의 주민들에게 적합했다.

인도네시아 산업부의 수질분석 전문가들과 함께 벌인 현장 식수원의 수질조사를 바탕으로, 팀앤팀은 믄따와이 군도 12개 마을에 11대의 정수기를 설치했다. 이를 통해 7백여 가구에 깨끗하고 안전한 식수를 공급했으며, 각 마을의 운영위원 52명에게 운영 및 유지관리에 대한 교육

---

*페트병 전구는 십여 년 전 브라질의 한 정비공의 아이디어에서 출발했으며, 이후 필리핀의 NGO인 〈My Shelter Foundation〉에 의해 전기가 들어오지 않는 필리핀 빈민가에 널리 보급되었다. 우선 페트병에 물을 절반쯤 채우고 미생물 생성 방지를 위해 표백제를 약간 넣는다. 지붕에 구멍을 뚫어 페트병의 윗부분은 지붕 위로 노출시키고 아랫부분은 천장 밑으로 나오도록 고정시킨 다음 빗물이 새지 않도록 틈새를 메우면 설치가 끝난다. 페트병과 물이 햇빛을 산란시키면서 실내를 환하게 밝혀 주는데, 조명 효과는 55W 전구와 비슷하다고 한다.

페트병 전구(왼쪽), 인도네시아 현장에서(오른쪽) ⓒ팀앤팀

을 실시하였다.

길종훈 씨가 정수기 설치를 위해 빠가이 슬라탄의 한 마을을 방문했을 때, 마을은 절망에 가득 차 있었다. 당시 상황을 그는 이렇게 설명한다.

"주민들 대부분이 지진과 쓰나미로 인해 가족을 잃은 상태였어요. 정수기를 설치하러 다니다가 만난 할아버지 한 분은 이런 말씀을 하시더군요. 이미 가족들이 다 죽었는데, 살아도 아무런 희망이 없는데 내가 깨끗한 물을 마실 필요가 뭐가 있겠냐고요.
굉장히 충격적이었어요. 그 전까지는 단지 정수기를 설치해 주고 사용법을 가르쳐 주면 된다고 생각했거든요. 하지만 그 할아버지의 이야기를 듣고 나서는 현장에서 하는 행동 하나하나, 말 하나하나가 그들의 삶에 엄청난 영향을 끼친다는 걸 깨달았죠. 그만큼 우리의 책임이 크다는 것도 새삼 느꼈고요.
인도네시아에서 현장을 경험하면서 팀앤팀의 기본 마인드를 분명하게 확인할 수 있었어요. 현지인들에게 뭔가 베풀어 준다는 시혜적 관점이 아니라 '같이 한번 잘살아 보자' 라는 마음으로 일한다는 것을 말이죠. 그래서 망설임 없이 팀앤팀을 선택하게 되었습니다."

팀앤팀에서 일하면서 그는 마을 사람들이 느끼던 절망이 희망으로 바뀌는 순간 또한 목격할 수 있었다.

"지진으로 대부분의 집들이 무너진 상황이라, 친환경 보드판을 이용해서 50가구의 집을 지어 주기로 했어요. 마을에서 가장 빈곤한 사람들을 추천받아 대상 가정을 정하고 사업에 들어갔습니다.
한 집당 약 5백 달러의 돈이 들어가는데 저희는 그 돈을 직접 주지 않았어요. 4미터와 6미터짜리 패널 등 최소한의 건축 재료만 주었죠. 기술자가 필요하면 우리가 그 경비까지 대 주겠지만, 집 자체는 주민들이 직접 지어야 한다고 했어요.
처음에는 시큰둥하던 주민들이 집을 지으면서 조금씩 바뀌기 시작했어요. 원래 집을 짓는 비용보다 꾸미는 비용이 더 들어가는데, 페인트도 칠하고 꽃도 심으면서 집을 예쁘게 꾸며 나가는 거예요.
그러자 놀라운 일이 일어났어요. 수혜자가 아니었던 주민들까지 이 50가구에 감명을 받아서 자신들의 집을 꾸미기 시작한 거예요. 아무런 희망이 없는 사람들이 대체 뭘 할 수 있을까 생각했는데, 스스로 뭔가를 하면서 희망이 싹트고 그게 주위 사람들에게까지 확산되는 걸 봤어요.
바로 그때, 적정기술의 가능성에 대한 확신 같은 게 생겼습니다. 처음엔 어느 현장에나 문화적 차이 등에서 비롯되는 장벽들이 있지만, 그걸 뛰어 넘으면 자연스럽게 그 기술이 확산되면서 지속가능성이 생기는 것 같아요. 앞으로도 팀앤팀에서 이런 사업을 계속해 보고 싶습니다."

길종훈 씨는 현재 국제협력팀에서 아프리카 및 아시아 해외사업을 담당하고 있다. 적정기술 전도사로서 팀앤팀과 함께할 앞으로의 그의 행보가 기대된다.

관정에서 물이 나오자 달려드는 아이들 ⓒ팀앤팀

작전명 아쿠아 AQUA

MIT '프로젝트 아쿠아' 팀
탄자니아 | 우물 정수시스템 및 모바일 애플리케이션

2012년 3월 어느 토요일 저녁, 서울 신사동 가로수길의 한 갤러리에서 특별한 이벤트가 열렸다. 탄자니아의 물 문제를 해결하기 위해 MIT 학생들이 주축이 되어 활동하고 있는 '프로젝트 아쿠아Project AQUA'의 펀드레이징 파티다. 시작 시간인 6시가 다가오자 여기저기에서 사람들이 모여들기 시작했다.

참가자들 중에는 적정기술에 관심을 가진 사람도 있었고, 아쿠아 팀의 활동이 궁금해서 찾아온 사람도 있었고, 아프리카에서의 해외봉사에 관심이 있어서 들른 사람도 있었지만, 이도저도 아니고 그냥 친구가 초대해서 찾아온 이들도 있었다.

찾아온 동기가 무엇이든 사람들은 파티를 즐겼다. 아쿠아 바이오샌드 필터를 꼭 닮은 컵에 맥주를 가득 담아 마시고, 아프리카 음악을 들

"우린 물이 달라!" '프로젝트 아쿠아'의 펀드레이징 파티 현장 ⓒ이경선

으며 몸을 흔들고, 프로젝트 아쿠아 팀의 활동이 담긴 사진들을 구경하고, 아프리카 미술관에서 온 그림들을 감상했다. 자유롭고 흥겨운 분위기 속에서 팀원들은 자신들이 진행하고 있는 프로젝트를 소개했고, 탄자니아의 현황과 바이오샌드 필터 보급활동을 알려 줬으며, 개발 중인 모바일 게임을 시연했다.

아쿠아 팀의 펀드레이징 파티는 지금까지 다른 적정기술 개발자들이 보여준 접근방식과 달랐다. 적정기술이 뭔지 모르는 사람들에게 무겁게 다가가지도 않았고, 탄자니아를 꼭 가난하고 불쌍한 나라로 묘사하지도 않았다. 하지만 즐겁게 파티를 즐기는 동안 참가자들은 아쿠아 팀이 왜 이런 활동을 하는지, 탄자니아에 우리의 도움이 왜 필요한지를 충분히 깨달을 수 있었다.

문제는 네트워크다!

프로젝트 아쿠아는 MIT에 재학 중인 한국인 박사과정 두 사람의 의기투합으로 시작되었다. 환경공학을 전공하는 강경철 씨와 화학공학 및 MBA를 전공하고 있는 송주현 씨가 그 주인공들이다.

송주현 "MIT에서 경철이와 많은 고민들을 함께 나눴어요. 우리가 지금까지 배운 공학 지식을 어떻게 하면 어려운 사람들에게 도움이 되도록 사용할 수 있을까, 어떤 방식으로 사회에 공헌을 할 수 있을까, 새로운 비즈니스 모델을 어떻게 만들어야 할까……. 그러다가 IDEAS 대회를 알게 되었고, 거기 참가하면서 프로젝트 아쿠아를 시작하게 되었습니다."

MIT IDEAS Global Challenge는 MIT 학생들의 아이디어로 개발도상국을 돕기 위해 2001년부터 시작된 우수 프로젝트 발굴 및 지원 프로그램이다. 지금까지 74개 팀이 28개 개발도상국에 기술을 지원했으며, 총 40만 달러 이상의 금액이 사용되었다. 두 사람은 이 대회에서 프로젝트 아쿠아(AQUA: Advancing the Quest for Uninterrupted Access)를 제안하여 수상의 기쁨을 누렸고, 덕분에 본 프로젝트를 진행할 수 있었다.

IDEAS 대회는 개발도상국에서 직접 의뢰한 문제들로부터 출발한다. 각 나라에서 보내 온 내용들 중 유난히 두 사람의 눈길을 끌었던 건 탄자니아의 물 문제였다.

탄자니아에서는 열악한 시설, 부족한 관리기술과 능력 등 여러 요인들 때문에 많은 사람들이 깨끗하고 안전한 물을 사용하지 못해 고통 받고 있습니다. 저희 UUSC(Unitarian Universalist Service Committee)[*]는 탄자니아의 TGNP(Tanzanian Gender and Networking Program)와 함께 이곳의 물과 위생 문제를 해결하려고 노력하고 있지만 어려움이 많습니다. 다르

---

[*] 인권과 사회정의 향상을 목표로 하는 미국 기반의 인권단체. 자세한 정보는 홈페이지(www.uusc.org) 참조.

> 에스살람Dar es Salaam 인근 지역에서 국제원조기구들이 우물과 상수도 시설을 설치해 주었지만, 기술 및 부품 부족 때문에 계속 유지할 수가 없습니다. 우리는 이 지역의 물 문제를 지속가능하게 풀 수 있는 솔루션을 원합니다.
>
> — Rachel Ordu Dan-Harry (UUSC)

각기 환경공학과 화학공학 전공자인 두 사람은 이것이야말로 자기들이 해결할 수 있고, 또한 해결해야만 하는 문제라고 생각했다. 그래서 상황을 좀 더 구체적으로 확인해 가며 아이디어를 모으기 시작했다.

그들의 프로젝트 대상 지역은 다르에스살람에 위치한 인구 약 4만 명의 키왈라니Kiwalani 마을이었다. 이곳에선 지난 2000년까지 중앙 상수도 시스템으로부터 물을 공급받을 수 있었지만, 주변에 상업 및 공업 구역이 들어선 이후 마을로 들어오는 수압이 약해지면서 중앙 상수도 시설을 이용할 수 없게 되었다.

키왈라니 마을의 열악한 물 사정을 보여주는 프레젠테이션 자료 ⓒ프로젝트 아쿠아

어쩔 수 없이 주민들은 마을에 있는 개인 소유의 우물에서 10리터당 20센트의 가격으로 물을 구입하고 있었는데, 하루 임금이 1달러 수준인 그들에겐 굉장히 부담스런 금액이었다. 결국 식수 외에 청소나 목욕 등에는 오염된 물을 이용할 수밖에 없는 실정이라고 했다.

여기까지는 조사를 통해 확인이 가능했지만, 현지에 가 보지 않고서는 정확한 상황을 파악할 수 없었다. 2011년 3월, MIT로부터 프로젝트 개발비(1천 달러)를 받자마자 두 사람은 곧바로 탄자니아행 비행기에 올랐다.

"직접 가 보니까 문제가 정말 심각했어요. 몇 가지 테스트를 통해 우물 물이 오염되어 있다는 게 뚜렷이 드러났지만, 현지의 이용자들은 물이 투명하니까 마셔도 된다고 생각하고 있었습니다."

키왈라니 마을 방문의 첫 번째 목적은 현지 상황을 정확히 파악하는 것이었다. 마을에는 1백여 개의 크고 작은 우물들이 있었고, 각 우물의 사용도는 사람들이 인식하고 있는 오염 수준에 따라 달랐다.

일단 관심 구역을 설정하고, 그 지역에 위치한 24개 우물의 수질검사를 시행했다. 사용 장비는 MIT 환경공학과에서 개발한 EC-키트였다. 일반적으로 선진국에서 수질검사, 특히 미생물 오염을 검사하기 위해서는 비싼 장비와 전기가 필요하다. 이러한 기반시설이 부족한 개발도상국 현장에서 간단히, 저렴하게, 전기가 없이도 미생물 오염을 조사할 수 있도록 도와주는 게 바로 EC-키트다.

EC-키트는 콜리럿Colilert 검사와 페트리필름Petrifilm 검사로 이루어져 있다. 콜리럿 검사를 하려면 우선 실험용 튜브 안에 검사할 샘플을 넣는다. 그런 다음 실험자의 안주머니에 넣어 놓거나 30℃ 정도의 따뜻한 환경을 제공하면 대장균류 박테리아coliform bacteria가 증식, 변색

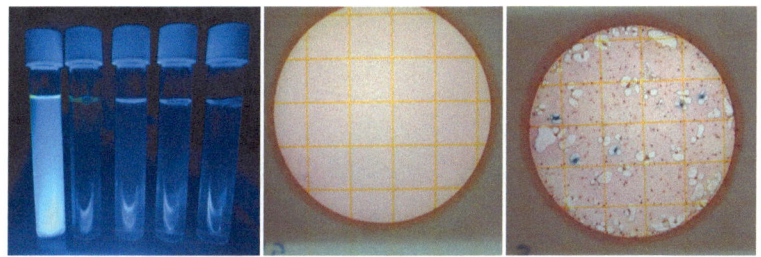

콜리럿 검사용 튜브들(왼쪽), 페트리필름 검사 전(가운데)과 검사 후(오른쪽) ⓒ프로젝트 아쿠아

되어 오염을 정성적定性的*으로 확인할 수 있다. 페트리필름 검사는 필름 위에 샘플을 놓고 미생물을 증식시키는 방식이다. 그러면 대장균류의 개수가 늘어나면서 필름의 반응물과 반응하여 균락을 형성하며, 이를 통해 미생물 농도를 정량적定量的으로 파악할 수 있다.**

EC-키트를 통한 수질검사 결과는 생각보다 심각했다. 총 24개의 우물물 중 콜리럿 검사에서는 18곳, 페트리필름 검사에서는 20곳에서 양성반응이 나타났으며 그중 13개 우물에서는 심각한 질병을 일으킬 수 있는 열내성 대장균이 발견되었다.

검사에서 크게 이상이 없었던 네 곳은 사람들이 돈을 내고 사용하는 깊은 우물이었다. 즉, 물을 살 수 없는 가난한 사람들이 안전하지 않은 물에 노출되어 있었던 것이다.

"깊은 우물에선 10리터에 20센트씩 받고 물을 팔아요. 얕은 우물은 사람

---

* 정성적 평가 : 물질의 성분이나 성질을 밝히는 것. 양적 측면을 밝히는 정량적 평가와 대비되어 질적 측면을 밝히는 방식이다.
** 자세한 내용은 강경철, 송주현, 홍성욱, 「적정기술과 모바일 어플리케이션 연동을 통한 국제개발 제안 및 현지적용 사례」, 『국제개발협력연구』 제4권 1호., pp. 89-120 및 P. Chung(2010), 「Comparison of EC-kit with Quanti-Tray : Testing, Verification, and Drinking Water Quality Mapping in Capiz Province, Philippines」, 『Master of Engineering Dissertation, Cambridge : Massachusetts Institute of Technology』.

이나 동물의 배설물 등으로 인해 오염되는 경우가 많은데, 깊은 우물은 그렇지 않으니까 오염이 훨씬 덜하지요. 하지만 돈이 없는 사람들은 얕은 우물을 이용할 수밖에 없어요.
미생물에 오염된 물은 설사와 탈수현상을 일으킵니다. 특히 어린이나 노인들에게 치명적인 위험이 될 수 있어요. 실제로 콜레라 등 수인성 질병에서 비롯된 설사와 그로 인한 탈수현상이 아프리카 사망률 중 1~2위라고 해요."

키왈라니를 찾은 또 하나의 중요한 목적은 주민들 및 현지 단체들과 유대감을 조성하는 것이었다. 프로젝트를 수행하려면 현지인들의 도움이 반드시 필요하기 때문이다. 다행히 TGNP(Tanzanian Gender and Networking Program)와 TAKIWOYA(Tanzanian Kiwalani Woman & Youth Alliance)라는 유력한 협조자들을 만날 수 있었다.

"TGNP는 인권단체로서 인권활동 지원, 네트워크 구축, 그리고 여성지도력 향상을 추구하고 있습니다. 사실 저희가 간 지역은 외국인에 대한 인식이 굉장히 안 좋은 곳이었어요. 다국적기업의 진출이 많아지면서, 외국인들이 몰려오는 게 자신들에게 손해가 아닐까 의심하는 사람들이 많았거든요. 하지만 현지인들에게 존경받는 TGNP와 함께한 덕분에 수월하게 일할 수 있었어요.
무엇보다도 이 단체는 문제에 어떻게 접근해야 하는지를 알고 있었어요. 네트워크가 중요하니까 사람들을 모아서 유대감을 형성하고, 이를 바탕으로 일을 추진해 보자는 아이디어를 내더라고요. 저희는 그런 것에 대해 생각해 본 적이 없었는데 많은 공부가 되었지요.
또 하나 중요한 단체는 TAKIWOYA예요. 키왈라니 마을 여성들이 직접 만든 인권단체로, 물과 위생 문제를 해결하고 마을을 발전시키는 것을

키왈라니 여성들로 구성된 인권단체 TAKIWOYA와 함께한 주민 토론회 ⓒ프로젝트 아쿠아

목표로 하고 있어요. 이분들과 만나 이야기를 하면서 깜짝 놀란 것은, 자신들이 나아가야 할 방향을 너무나 정확하게 알고 있다는 점이었어요. 그때부터 아, 이 사람들은 우리가 도와줘야 할 대상이 아니라 같이 협력해야 하는 동료들이구나, 라고 생각하게 되었지요."

두 사람은 TAKIWOYA를 중심으로 마을 사람들을 모아 토론회를 개최했다.

"토론회를 통해 현지 상황을 더 잘 이해할 수 있었어요. 마을 사람들의 평균 하루 수입이 1~2달러라는 것, 수입에 비해 물값이 너무 비싸다는 것, 그리고 돈을 주고 사는 물에 대해 신뢰감도 없다는 것. 식수 외에 청소, 빨래, 목욕에는 오염된 물을 사용하고 있고 많은 아이들이 설사병으로 고통 받고 있다는 사실도 알 수 있었죠.
저희는 물 관련 적정기술들을 소개했고, 그중 어떤 방법이 이 마을에 적절할지 함께 논의했어요. 수입이 적다 보니 가구당 하나씩 정수시설을 쓰는 건 불가능했고, 전기를 이용한 기술도 유지비용 때문에 사용할 수 없겠더군요. 수요가 많기 때문에 정수 속도가 가급적 빨라야 한다는 것도 알게 되었고요. 결국 바이오샌드 필터를 사용하는 쪽으로 의견이 모아졌습니다."

일주일간의 탄자니아 방문을 마치고 미국으로 돌아온 두 사람은 본격적인 프로젝트 구상 및 개발에 나섰다.

탄자니아에서 가장 인상 깊었던 건 네트워크였다. 사실 탄자니아까지 날아가 현지인들을 만날 수 있었던 것도 네트워크 덕분이었다. MIT-UUSC-TGNP-TAKIWOYA로 이어지는 단단한 네트워크가 없었다면 그들의 구상도 현실화되지 못했을 것이다.

그들의 목표는 단순히 '바이오 필터가 필요하니까 바이오 필터를 전달해 주자'는 게 아니었다. 선진국과 개발도상국 간에 더욱 끈끈한 네트워크, 더욱 튼튼한 연결고리를 만드는 데 고민이 집중되어 있었다. 프로젝트에 참가하고 있는 본인들뿐만 아니라 아직은 적정기술에 관심이 없는 친구들도, 동료들도, 어른들도, 아이들도 모두들 탄자니아의 상황을 알고 도움을 줄 수 있는 방법은 없을까? 다양한 궁리 끝에 찾아낸 최선의 방법은 다름 아닌 모바일 애플리케이션이었다.

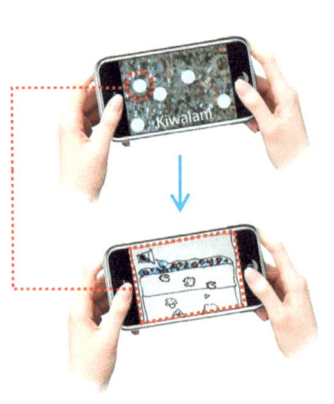

전 세계에 키왈라니의 현실을 알리기 위해 개발한 모바일 어플리케이션
ⓒ프로젝트 아쿠아

"선진국 사람들이 스마트폰을 사용하면서 자연스럽게 탄자니아 커뮤니티의 현실을 알 수 있고, 느낄 수 있고, 해결 방법을 같이 고민해 볼 수 있고, 가상으로라도 체험해 볼 수 있는 그런 앱을 만들자고 생각했어요."

프로젝트가 본격적으로 진행되면서 새로운 멤버들이 속속 합류했다. MIT에서 생물공학을 전공하는 학생, 로드아일랜드 디자인 스쿨에 다니는 디자이너, 마이크로소프트 이매진컵에서 상을 받은 컴퓨터 프로그래머, UCLA에서 심리학을 공부한 학생까지 다양한 전공과 경험을 가진 사람들이 아쿠아 팀의 멤버가 되었다.

성공을 예감케 하는 뜨거운 반응이었다.

프로젝트는 여전히 ING

프로젝트 아쿠아가 추구하는 애플리케이션은 선진국 사람들에게 개발도상국이 겪고 있는 식수 및 위생문제의 심각성을 알리고, 관심을 유도하고, 그 관심을 SNS를 통해 공유하고, 앱을 통해 기부를 하거나 이용료를 납부하는 등 경제적 기여 방법을 제공하고, 그들이 관심을 가지고 있는 마을의 정보가 계속 업데이트될 수 있도록 현지 정보를 수집하고, 현지의 문제해결 과정에 관련된 피드백을 전달하여 이용자들이 지속적으로 관심을 갖고 보람을 느끼도록 하는 콘셉트를 가지고 있다.

2011년 12월 공개된 베타버전에서 아쿠아 팀은 애초의 생각을 어느 정도 구현해 냈다. 실제 마을 아이들이 주인공으로 등장하고, 마을의 지도와 사진과 동영상이 등장하고, 미니게임 등을 통해 게임을 즐기면서 동시에 마을의 문제를 함께 생각하고 기부도 할 수 있는 방식이었다.

현재 이 앱은 시장 출시를 목표로 그래픽, 인터페이스, SNS 연동 등이 업그레이드되고 있다. e-book의 형태로 아쿠아 프로젝트를 동화 형식으로 소개하고, 마을의 지도 및 필터 위치를 보여주면서 자연스럽게 기부를 유도하는 앱도 개발 중이다. 또한 키왈라니 마을과도 연계를 강화하여 현지 정보를 계속 받아 보고, 앱에서 얻은 수익으로 필터를 추가 설치하는 등 다양한 협력 방안들을 모색하고 있다.

앱 개발팀이 구성되는 동안 한편에서는 바이오샌드 필터 공급을 위한 체계를 구축했다. 미국에서 계속 가져다 줄 수는 없으니 현지 조달을 위한 네트워크를 반드시 개척해야 했다. 다행히 탄자니아의 필터 생산업체들을 찾아냈고, 미국인 선교사 부부가 운영하는 '썬 인터내셔널 SON International*'과 협력관계를 맺어 필터 보급 및 관리를 맡길 수 있게 되었다.

"바이오샌드 필터 기술 자체는 개량의 여지가 많지 않아요. 그래서 저희는 새로운 기술 개발보다 공급에 의의를 두고, 자금 확보와 관리 방법에 초점을 맞췄습니다."

키왈라니 마을에서 바이오샌드 필터가 어떤 역할을 할 수 있는지 알아보기 위해, 썬 인터내셔널에서는 2011년 12월 3대의 바이오샌드 필터를 키왈라니 마을에 시험적으로 설치했다. 한 달 후인 2012년 1월, 프로젝트 아쿠아 팀이 키왈라니 마을을 방문했을 때는 그것에 대한 피드백을 들을 수 있었다.

"필터가 설치된 집은 3곳이었어요. 필터 보급 사실이 알려져서 많은 사람들이 그 집들을 방문하여 정수된 물을 사용하고 있었습니다. 대체로 만족도가 높았고, 정수된 물을 사용한 가정에서는 아이들의 설사병 발병률이 줄어들고 있다는 사실도 확인할 수 있었어요."

＊2003년 설립되었으며, 탄자니아를 중심으로 바이오샌드 필터 보급 및 교육, 훈련에 관한 활동을 진행하고 있다. 자세한 내용은 홈페이지(http://www.son-international.org) 참고.

바이오샌드 필터가 키왈라니 마을에 유용하다는 것을 확인한 아쿠아 팀은 본격적인 시스템 구축에 나섰다. 1차 현장방문 때 확인했듯이, 이 마을에는 가정 단위보다 마을에서 공동으로 사용할 수 있는 바이오샌드 필터 시스템이 필요했다.

"필터를 그냥 나눠 주는 건 적절하지 않다고 생각했어요. 그들이 직접 책임감을 갖고 참여하게 만드는 게 중요하다고 생각했죠. 마을의 공동우물 근처에 5~10개의 바이오샌드 필터를 설치한 컨테이너를 만들고, 사람들이 우물에서 길어 올린 물을 여기로 가져와서 정수해 가는 시스템을 구상했어요. 필터를 이용할 때마다 조금씩 사용료를 내게 해서 지속적인 유지 관리가 가능하도록 만든 거에요.
물값은 그전까지 깊은 우물이 10리터당 20센트였는데, 그 1/4인 5센트만 받기로 했어요. TAKIWOYA 멤버 중 한 분이 우물 근처의 작은 땅을 필터 설치공간으로 제공해 주기로 했고, 관리 및 유지도 TAKIWOYA 멤

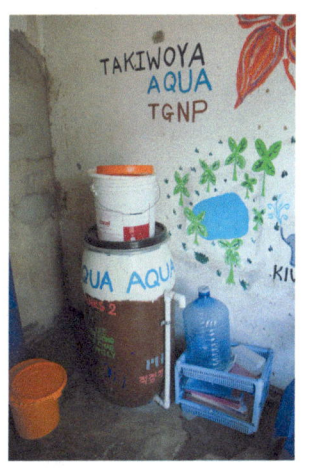
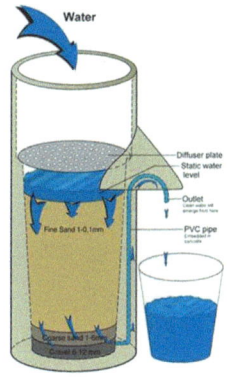

바이오샌드 필터 개념도(오른쪽), 현지에 설치된 바이오샌드 필터(왼쪽) ⓒ프로젝트 아쿠아

버들이 한 명씩 돌아가면서 하기로 했지요."

이렇게 바이오샌드 필터를 마을에 공용으로 설치한 뒤엔 주민들이 잘 사용할 수 있도록 물과 위생, 그리고 필터에 관한 교육을 진행했다.

"처음에 얘기했듯이, 사람들은 '물이 투명하니까 깨끗하다' 라는 생각을 가지고 있었어요. 그래서 교육이 중요했지요. 게다가 필터를 한 번 거치는 건 어쨌든 귀찮은 과정이니까 그게 왜 필요한지를 정확히 알려 줄 필요가 있었어요.
마을 정부, TAKIWOYA, TGNP, 썬 인터내셔널과 협력하여 오픈 하우스를 개최했어요. 여러분이 사용해 온 물은 눈에는 보이지 않지만 미생물에 오염되어 있다. 그래서 어린이와 노인들에게 특히 안 좋다. 이것을 해결하는 데는 다양한 방법이 있는데 우리는 그중 필터링을 사용한다, 이런 것들을 이야기했지요. 사람들을 많이 모으기 위해서 풍선도 나눠 주고 했더니 아이들도 오고 주부들도 오고, 총 2백 명 정도 참가했어요."

교육을 마치고 프로젝트 아쿠아 팀은 다시 미국으로 돌아왔다. 그럼 그들이 설치한 바이오샌드 필터는 이후 어떻게 되었을까? 두 사람과 처음 인터뷰를 했던 2012년 겨울에 전해 들은 얘기는 다음과 같았다.

"저희가 설치한 건 총 6개였어요. 관리하는 분들이 몇 명이나 그걸 사용하는지 일일이 기록하더군요. 처음에는 10명, 나중에는 20명, 그 후에는 40명 정도까지 늘어나는 것을 보고 미국으로 돌아왔어요. 당시 그 우물을 이용하는 사람이 총 1백 명 정도였는데, 단기간에 40명이면 꽤 많이 늘어났다고 생각해요.
반년쯤 뒤인 2012년 8월에 LG 글로벌 챌린저 '병천 시티즌' 팀이 키왈

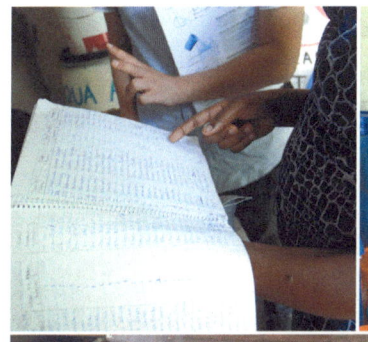

현지의 사용 기록 노트(위 왼쪽),
공용 필터 설치장 내부(위 오른쪽)
와 외부(아래)
ⓒ프로젝트 아쿠아

라니 마을에 다녀왔어요. 우물 주변에 있는 4대의 필터는 잘 관리되고 있었고, 초기에 가정집에 설치한 2대도 잘 유지되고 있었대요.

물은 여전히 10리터당 5센트에 판매되고 있었는데, 그 가격에 깨끗한 물을 마실 수 있다는 점에서 대부분 만족하고 있었고요. 돈이 모이면 필터를 더 구매하고, 이를 바탕으로 비즈니스를 한다는 계획도 갖고 있다고 하더군요. 직접 이용해 보니 한 번 정수하는 데 20분씩 걸려 더 많은 사람들이 이용할 수 없는 게 안타까웠다고 해요."

그리고 2013년 여름, 강경철 씨로부터 새로운 연락이 왔다. 7월에 키왈라니 마을을 세 번째로 방문했고, 그 사이에 많은 진전이 있었다는 것이다.

"방문 기간 중 필터를 추가로 설치해서 현재 15개가 150여 명에게 정수된 물을 제공하고 있습니다. 제일 큰 변화는 모든 필터들을 가정 단위로 보급했다는 건데요. 공용 필터 관리가 쉽지 않고 주민들이 물을 들고 와서 기다리는 시간이 너무 길다는 고충을 반영하여, 마을 여성들과의 토론 끝에 그렇게 결정했어요.

멋진 퍼포먼스도 있었어요. 수질 검사 키트를 이용해서 저희 필터의 탁월한 정수 능력을 직접 시연해 보였거든요. 정수 전과 정수 뒤의 색깔 차이를 눈으로 확인하면서 주민들은 한편으론 많이 놀랐고, 한편으론 저희에 대한 신뢰가 더욱 깊어졌지요.

꼭 그것 때문이 아니더라도, 저희를 보는 주민들의 눈길은 지난 3년 동안 많이 달라졌어요. 이젠 많은 사람들이 돈을 내고서라도 자기 집에 필터를 설치하고 싶어 해요. 대기 중인 가구만 해도 50가구가 넘는데, 저희의 프로젝트비가 충분치 않아서 추가 설치가 약간 미뤄지고 있어요.

4만 명의 주민들을 대표하는 마을 정부에서도 적극적인 지원을 약속했어요. 마을 지도자와 두 차례 미팅을 했는데, 지역 물 위원회에서 정수 필터를 지역 전체로 확산시킬 계획을 갖고 있다고 하더군요.* 필터의 효과적 관리를 위해 앞으로는 주민들이 마을 정부에 필터 사용 현황을 상세히 보고할 예정이고요."

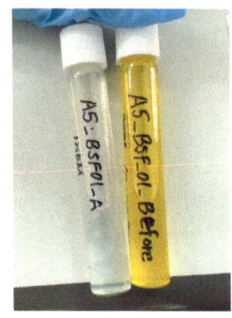

3차 방문(2013) 때의 수질 검사. 오른쪽이 정수 전, 왼쪽은 정수 후
ⓒ프로젝트 아쿠아

아쿠아 팀의 활동이 성공적으로 진행될 수 있었던 주된 이유 중의 하나는 현지 NGO인 TGNP와 TAKIWOYA의 적극적인 참여였다. 두 단체의 주요 구성원이 여성이라는 점을 고려하면, 이 사례는 여성이 아프리카 적정기술의 개발 및 보급에 중요한 역할을 할 수 있다는 것을 보여준다.

"아프리카 물 문제를 해결하려면 여성이 굉장히 중요해요. 가정에서 요리나 집안일에 물을 주로 사용하는 것도, 물을 긷기 위해서 먼 길을 오가는 것도 주로 여성이니까요. TGNP 같은 인권단체도 물 문제가 여성인권과 밀접한 관련이 있다는 점을 인식하고 있어요. 물 길러 다니느라 많은 시간을 빼앗기고 그 길에서 나쁜 일도 종종 일어나니까, 여성들이 물을 편하게 사용하고 관리할 수 있게 한다면 물 문제와 여성 문제를 함께 해결할 수 있다는 생각을 하게 된 거죠."
이번 방문 때에도 TAKIWOYA와 TGNP는 변함없는 연대를 보여줬어요. 마을 여성들 또한 음식과 교통과 통역에 이르기까지 크고 작은 지원을 아끼지 않았고요. 늘 감사한 마음을 갖고 있었는데, 이번에 마침 보답할 기회가 생겼어요. 그녀들이 전통 의상을 만드는 소규모 소셜 비즈니스를 시작하는 데 우리가 약간의 도움을 건넸습니다."

두 유학생의 아이디어에서 출발하여 MIT를 움직이고 현지 주민들과 마을 정부와 언론까지 움직인 아쿠아 프로젝트! 이름 그대로 맑은 물을 위해 중단 없이 나아가고 있는 이 프로젝트는 여전히 현재진행형이다. 활동 3년째를 맞은 지금, 그들의 눈길은 어디를 향하고 있을까?

＊아쿠아 팀의 인상적인 활동은 탄자니아의 몇몇 신문에도 자세히 소개되었다. 그중 〈Thehabari〉 2013. 7. 12일자에 실린 기사를 다음 url에서 확인할 수 있다. http://www.thehabari.com/?p=35246

"궁극적으로는 마을 커뮤니티가 자생적으로 발전할 수 있었으면 좋겠어요. 하지만 그러기 위해서는 식수 문제가 가장 시급하잖아요. 그래서 식수 문제를 함께 풀면서 커뮤니티가 발전할 수 있는 방안을 함께 생각하는 거예요. 주민들을 교육에 참여시키고 필터 관리를 맡긴 것도 그런 생각에서죠. 다행히 현지 NGO처럼 앞서서 생각하시는 분들이 많이 있어서 지금까지는 잘 해 오고 있어요.

한편으로는 이런 문제들에 대한 관심과 참여가 널리 확산되었으면 해요. 직접 참여하진 못하더라도 관심을 가져 주고 도움을 주는 분들이 많아지면 현장 활동가들도 더 힘을 낼 수 있을 테니까요. 저희가 진행하고 있는 여러 프로젝트들이 그런 변화의 출발점이 되었으면 하는 바람이에요."

키왈라니 마을 주민들과 함께 ⓒ프로젝트 아쿠아

참고자료
강경철, 송주현, 홍성욱, 「적정기술과 모바일 어플리케이션 연동을 통한 국제개발 제안 및 현지적용 사례」, 『국제개발협력연구』 제 4권 1호, pp. 89-120.

안데스 맑은 물을 낮은 곳까지

고려대학교 최의소 명예교수
에콰도르 | 하수처리 시스템 '에코 리우'

지구 반대편의 어느 오지 마을. 인간이 생존하려면 물이 꼭 필요하지만 이곳 사람들이 구할 수 있는 건 더럽고 오염된 물이다. 이 물을 깨끗한 물로 바꾸는 방법은 여러 가지가 있다. 정수기를 사용할 수도 있고, 빗물을 이용하거나 지하수를 개발할 수도 있다.

그렇게 대다수의 사람들이 눈앞의 오염된 물을 정수하거나 혹은 오염되지 않은 새로운 물을 찾으려 할 때, 누군가는 그 뒤에 숨겨진 원인에 주목한다. 더러운 물이 있다면 그 물을 더럽힌 원인이 무엇인지, 그 해결 방법은 무엇인지를 고민하는 것이다. 만약 사람들이 버린 오물과 하수가 강으로 흘러가 강이 더러워졌다면, 그 오물과 하수를 막을 수 있는 방법을 찾아내야 한다.

선진국에서는 이런 문제들을 국가 주도의 상하수도 정비를 통해 해결하고 있다. 하지만 개발도상국에서는 어떨까? 조사에 의하면 개발도상국에서 나오는 오폐수의 90%가 아무런 처리 없이 강과 바다로 흘러들어간다고 한다.*

국제보건기구WHO는 세계적으로 상수도는 약 80%, 하수도는 약 60%가 보급되어 있다고 집계하고 있다. 하지만 이 통계는 실상과 많이 다르다. 통계상으로는 상하수도가 보급되어 있는 지역이지만 물이 나오지 않는 경우도 있고, 하수처리 시설 없이 하수관만 연결되어 있는 경우도 많다고 한다.

상하수도 보급률은 선진국에서 개발도상국으로 갈수록, 도시에서 시골로 갈수록, 그리고 상수도에서 하수도로 갈수록 현저히 떨어진다. 상하수도 설비는 대규모 공사가 필요한 만큼 국가의 노력 없이는 해결할 수 없기 때문이다.

제대로 처리되지 않은 오폐수는 다시 상수원으로 사용되어 환경과 사람들의 건강을 해친다. 그러므로 상수원 오염을 해결하려면 하수 처리를 제대로 해야 한다. 바로 이게 고려대학교 사회환경시스템공학부 최의소 명예교수의 접근법이다.

"남아메리카는 넓은 땅에 인구는 적고 먹을 것이 풍부하며 비도 많이 내립니다. 따라서 물 걱정은 별로 하지 않습니다. 에콰도르 역시 태평양 해안 지방과 갈라파고스를 제외하고는 물이 풍부합니다. 이러다 보니 버리는 물에 관심을 두지 않습니다.

에콰도르의 수도 키토Quito는 안데스산맥의 해발 2천850m 지대에 있어요. 다른 도시들은 이보다 더 낮은 곳에 위치하고 있지요. 키토에 사는 사람들은 안데스산맥에서 내려오는 맑은 물을 사용하는데, 유량이 풍부

---

*Public Radio International, 〈The problem with sewage〉(2009. 3. 15),
http://www.pri.org/stories/health/global-health/improper-sewage-disposal.html

안데스 고산지대의 깨끗한 물은 저지대로 내려오며 급속히 더러워진다. ⓒ최의소

해서 물 자체는 부족하지 않아요. 쓰고 난 물은 그냥 강에 버립니다. 그 강은 고도가 낮은 다른 도시들로 가지요. 다른 도시 사람들이 접하는 강물은 키토 사람들이 이미 오염시킨 물이에요. 하수 처리에 조금만 신경을 쓴다면 모두가 맑은 물을 사용할 수 있습니다."

자연의 힘을 이용하는 하수처리 시스템

최의소 교수는 2010년 7월 KOICA(한국국제협력단) 중장기 자문단 자격으로 에콰도르를 방문했다. 중장기 자문단은 민간 또는 공공기관 출신의 퇴직 전문가를 개발도상국에 파견하여 우리의 경제발전 경험을 전수함으로써 개발도상국의 개발 및 빈곤퇴치에 기여하고자 하는 해외봉사 프로그램이다. 그는 전 세계 12개국에 파견된 20명의 전문가 중 한 명으로 에콰도르의 MIDUVI에서 1년간 근무했다.

"물 전문가로 에콰도르 중앙정부를 도우러 갔지만, 현지를 둘러보면서 뭔가 실질적인 일을 하면 좋겠다고 생각했어요. 우리나라는 상하수도 문제를 중앙정부에서 직접 해결하지만, 거기에선 중앙정부가 법률적 틀만 만들고 실제 일은 지방정부에서 다 하거든요. 중앙정부 안에만 있으니까 현지에서 무슨 일이 일어나고 있는지 전혀 알 수가 없더군요.

그래서 사람들이 출장을 가면 꼭 따라가서 시골에 어떤 문제가 있는지 파악하려고 노력했어요. 가장 큰 문제는 고도가 높은 도시에서 쓰고 버린 물이 강을 따라 그대로 내려가는 것이더군요. 그래서 간단히 하수처리를 할 수 있도록 '에코 리우ECO RIO'를 개발했지요."

에코 리우 설명에 앞서 일단 현황부터 살펴보자. 중남미에선 총 인구의 90%가 상수도 혜택을 받고 있지만 하수관 보급률은 51%에 불과하다. 이마저도 도시에 밀집되어 있기 때문에 하수처리의 혜택을 받을 수 있는 인구는 전체의 15%에 불과하며, 유지관리를 고려하면 8%대라는 주장도 있다고 한다.

에콰도르의 경우엔 도시의 82%와 시골의 45%에 상수도가, 도시의 72%와 시골의 53%에 하수도가 보급되어 있다. 유엔개발기구UNDP의 자료에 의하면 하수처리 인구는 18%지만 실제 운영관리 측면에서 볼 때 하수처리 시설의 혜택을 받는 건 겨우 3% 남짓이다.

"하수처리는 개인적으로는 해결할 수 없습니다. 정수가 필요하면 자기 집 안에 바이오샌드 필터를 놓고 자기가 먹을 물을 정수할 수 있지요. 하지만 하수처리를 위해 정화조라도 설치하려면 개인적으로 하기보다 마을 단위로 묶어서 하는 게 경제적으로도 유리하고 관리하기도 좋은데, 내 것이 아니다 보니 서로 안 하려고 하지요. 내가 버리는 물은 나를 위해서가 아니라 다른 사람을 위해서 처리해야 하는 거니까요.

결국 지방정부가 나서야 하는데, 지방정부는 그것 말고도 급한 일이 많아요. 주민들이 끊임없이 먹을 게 필요하다, 집이 필요하다, 전기가 필요하다고 하니까 물 문제는 자꾸 뒤로 밀리는 거예요. 이 지역은 물이 없는 곳이 아니고, 물이 있는데 더러울 뿐이니까요. 물을 더럽게 만든 건 주민들 자신인데, 그걸 인식하고 개선하려는 노력이 많이 부족합니다."

하수처리율도 낮지만 그나마 있는 하수처리 시설도 열악하다. 에콰도르에서는 하수처리를 위해 주로 웅덩이나 부패조Septic tank를 이용하고 있다.

웅덩이는 인구가 적은 농촌지역에서 주로 이용한다. 웅덩이를 파고, 그 속에 화장실이나 주방에서 나온 하수를 붓고 뚜껑을 덮어 둔다. 웅덩이 안의 미생물이 오물을 분해하고, 물은 자연적으로 땅속으로 스며든다. 인구가 적은 지역에서 사용해야 하는 이유는 1인당 5m³ 크기의 웅덩이가 필요하며 웅덩이와 웅덩이 사이에 최소한 20~30m의 거리가 있어야 하기 때문이다. 이 방식은 어느 정도의 효용성은 갖고 있지만 다 분해되지 않은 오물 덩어리가 흙 틈새를 막아 물이 스며들지 못하게 되거나, 흙의 성질에 따라 물이 잘 빠지지 않거나, 오염물질이 더 넓게 퍼질 우려가 있다는 문제점이 있다.

부패조는 웅덩이와 마찬가지로 미생물을 이용하지만 더러운 물이 땅속으로 스며드는 것을 막는다. 부패조에 하수를 부어 미생물이 오물을 분해하게 하고, 미생물과 오물 덩어리가 새어 나가는 것을 막아 맑은 물만 땅에 스미도록 만든 장치다. 미생물과 덩어리가 탱크 안에 쌓이기 때문에 지속적인 관리가 필요하고 2~3년에 한 번씩 청소를 해 주어야 한다. 주로 아마존 지역에서 많이 사용하고 있으며, 하수처리 효율은 약 50% 정도라고 한다.

최의소 교수가 개발한 에코 리우는 부패조의 장점을 살리면서 부패조에서 다 해결하지 못하는 오염물질들을 제거하는 시스템이다. 개발 과정에서 염두에 둔 건 전기를 사용하지 않는 것, 그리고 자연의 원리를 그대로 이용하는 것이었다.

"에콰도르 사람들은 전기를 이용하는 커다란 기계를 굉장히 싫어합니다. 그래서 자연의 힘을 이용한 하수처리 방식을 고민했지요.

그러다가 이 지역 강물의 유속이 매우 빠르다는 데 눈길이 갔어요. 초당 1~2m를 흘러가거든요. 물살이 빠르다 보니 모래가 다 떠내려가고 돌멩이만 남아요. 그 돌멩이를 물 버리는 곳에 쌓아 놓으면 돌들이 필터 역할을 하여 오염물질을 제거할 수 있지 않을까, 라는 게 기본 아이디어였습니다.

돌멩이를 이용하면 전기나 기계를 사용하지 않아도 되고, 현지에 있는 걸 곧바로 사용할 수 있고, 또 커다란 콘크리트 시설물이 아니라 매일 보던 돌멩이를 쌓아 놓은 거라면 주민들도 거부감 없이 사용할 수 있지 않을까 싶었지요."

에코 리우 시스템은 이렇듯 부패조, 돌을 이용한 록 필터Rockfilter, 그리고 습지Wetland를 결합한 종합 시스템이라고 할 수 있다.

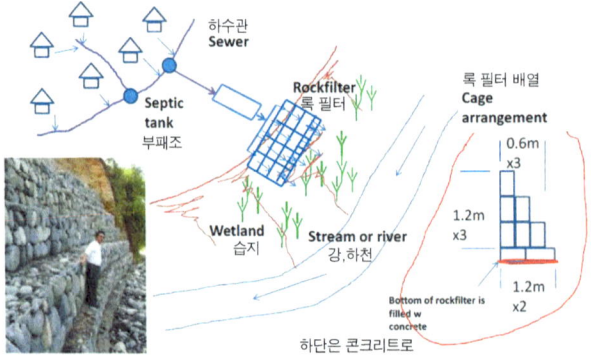

부패조, 록 필터, 습지로 구성되는 '에코 리우 시스템'의 개념도 ⓒ최의소

부패조를 통과한 물은 강으로 가기 전에 비스듬하게 조성된 록 필터를 거친다. 록 필터에서는 부패조와는 조금 다른 방식으로 미생물 분해가 이루어진다. 돌 표면에 살고 있는 미생물들이 부패조에서 처리하지 못한 오염물질을 마저 처리하고, 이 미생물들은 물이 울퉁불퉁한 돌 틈을 통과할 때 발생하는 풍부한 산소 덕분에 더욱 활성화된다.

하지만 이 방법에도 한계가 있다. 돌 틈에서 자라던 미생물은 언젠가는 떨어져 나오고, 이를 걸러내기 위해서는 또 다른 장치가 필요하다. 최의소 교수는 미생물 찌꺼기를 제거하기 위해 이 지역에 풍부한 자연 습지를 활용하기로 했다.

록 필터 앞쪽에 깊이 60cm 정도의 웅덩이를 만들면 미생물 찌꺼기는 이곳에서 침전되고 물은 땅속으로 스며들게 된다. 스며든 물은 강으로 가거나 습지 식물들의 양분이 되고, 웅덩이에 가라앉은 미생물 찌꺼기는 향후 비료로 사용할 수 있다. 웅덩이 내부와 근처에서 자라는 식물들은 물속에 산소를 공급하여 남아 있는 덩어리를 더 잘 분해할 수 있게 해 준다.

그는 이 시스템을 산타로사 Santa Rosa 마을에 설치했다. 수도인 키토에서 산타로사로 가는 길은 멀고 험하다. 지도상으로는 2백km지만 안데스산맥을 넘고 구불구불한 도로를 지나 버스로 약 5시간을 달려야 한다. 이 마을을 선택한 건 주변 지형이 에코 리우 설치에 적절하기 때문이기도 했고, KOICA 해외봉사단과 한인 선교사들의 활동 지역이었기 때문이기도 했다.

"에코 리우 시스템을 설치하려면 큰 공사를 해야 하는데, 내가 말이 안 통하니까 인부들을 다룰 수가 없잖아요. 게다가 나 혼자 버스 타고 택시 타고 현장에 다니기도 어렵고 해서, 한국인들이 있는 곳으로 지역을 선정했어요. 선교사 분들과 KOICA 단원들에게 도움을 정말 많이 받았습니다."

산타로사의 에코 리우 시스템은 인근 4가구에 살고 있는 28명과 교회 신도 20명 등 총 50명이 배출하는 생활하수를 처리할 수 있도록 설계되었다. 먼저 15m³ 규모의 부패조를 만들고, 부패조와 습지 사이에 12m³의 록 필터를 설치했다.

결과는 대성공이었다. 처음에 30g BOD였던 생활하수가 부패조를 거치면서 15g BOD가 되었고, 록 필터를 통과한 뒤엔 4.5g BOD가 되어 오염물질의 약 90%가 제거되었다.* 습지를 지난 뒤엔 더욱 깨끗해질 것이다. 맑아진 물은 아이들이 수영을 하고 주민들이 빨래를 하고 관광객들이 래프팅을 즐기는 하툰야꾸Jatunyacu 강으로 흘러들고 있다.

에코 리우 시스템의 장점은 저렴한 공사비용과 손쉬운 유지 관리에 있다. 비용은 공사 위치에 따라 조금씩 다르지만 돌멩이를 쉽게 구할 수 있다면 이용자 1인당 약 40달러 수준이며, 이는 일반적인 하수처리장 설치비의 1/5~1/10 정도라고 한다. 2~3년에 한 번씩 부패조를 청소할 때 나오는 부산물들은 나무나 농경지에 뿌리면 훌륭한 거름이 된다.

물론 단점도 있다. 도시에서 사용하는 하수처리 시설은 1인당 소요 면적이 약 0.2m²인데 비해, 에코 리우 시스템은 0.8m²로 약 4배의 땅이 필요하다. 땅값이 비싼 도시에서는 당연히 경제적 효용성이 없다. 또한 경사면을 이용해야 하기 때문에 설치 가능한 지역이 제한적이라는 한계를 가진다.

하지만 에코 리우를 설치하면서 가장 힘들었던 점은 뜻밖에도 에콰도르 정부의 행정 시스템이었다.

---

*BOD(Biochemical Oxygen Demand, 생화학적 산소 요구량)는 호기성 미생물이 일정 기간 동안 물속에 있는 유기물을 분해할 때 사용하는 산소의 양을 뜻하며, 물의 오염된 정도를 표시하는 지표로 사용된다.

산타로사에 설치된 '에코 리우 시스템' 설명도(왼쪽), 설치된 록 필터(오른쪽) ⓒ최의소

"많은 분들의 도움으로 공사를 진행할 수 있었지만, 막상 인부들을 다루기가 아주 힘들었어요. 물을 깨끗하게 해 주는 시설이니까 기뻐하며 빨리 할 줄 알았는데 도무지 움직이질 않더군요. 책에도 없고 들어 보시도 못한 방법인데 효과가 있겠냐는 거예요.

또 제가 에콰도르 중앙부처에서 근무하다 보니 지방에서 사업을 진행하기가 쉽지 않았습니다. 하수처리 관련 업무를 실제로 하는 곳은 지방정부인데, 중앙부처에서 지방정부에 뭔가 요청하면 매번 '나중에 잘못되면 누가 책임지느냐'는 볼멘소리가 나오는 거예요. 겨우겨우 이야기가 잘 되다가도 담당공무원이 바뀌면 처음부터 다시 진행해야 하는 어려움도 있었고요.

시스템 설치 비용은 KOICA 자금을 썼지만, 지방정부에서 투자를 안 하니까 사후 관리도 힘들어요. 그 사람들 입장에서는 어떤 한국인이 와서 뭘 만들겠다고 하니까 하게는 해 주지만, 그냥 그런가 보다 하고 말아요. 그걸 함께 만들었다거나 우리 것이라거나 하는 의식이 전혀 없는 거예요. 내가 있는 동안에는 어떻게든 운영이 되었지만 지금은 어떻게 되고 있는지 모르겠어요.

이런 문제를 진작 의식했다면 지방정부의 투자를 유도해서 일을 함께 진행하든지, 아니면 국가 차원에서 대규모 사업으로 진행하든지 했을 텐데 그 점은 많이 아쉬워요."

그들의 오늘은 우리의 과거

에코 리우 시스템은 한국의 하수처리 기술 및 연구 경험에서 나온 아이디어였다. 'ECO RIO'라는 이름엔 환경을 의미하는 에코eco도 담겨 있지만, 에콰도르Equador와 한국Corea의 협력으로 강Rio 문제를 해결한다는 의미도 담고 있다. (Sistema Eco Ecuatoriano Coreano + Eco RIO descontaminacion)

우리나라의 적정기술 발전 방향에 대해 이야기할 때면 "한국의 경제발전 경험이 개발도상국에 도움이 될 것"이라는 얘기가 흔히 나온다. 하지만 지금의 젊은 세대들에게 그 시절은 교과서에나 나오는 것이고 TV에서나 볼 수 있는 것이다. "70년대만 해도 서울에 우물이 있었어"라는 이야기를 들어도 "아, 그래요?"라고 하고 넘어갈 뿐, 그런 상황을 극복하기 위해 우리가 어떤 노력을 해 왔는지에 대해서는 구체적인 그림이 그려지지 않는다.

하지만 최의소 교수의 세대는 다르다. 우리나라의 경제발전은 아무것도 없는 맨바닥에서 그들이 성취한 것이고, 결국 그들 자신의 발전 경험이기 때문이다. 그들은 현재 개발도상국들이 겪고 있는 문제가 한때 우리의 문제였음을 누구보다 잘 알고 있는 세대다.

상하수도 역시 우리가 과거에 부딪쳤던 중요한 문제들 중 하나다. 최의소 교수는 이 문제를 연구하고 해결 방법을 찾는 일에 평생을 바쳐 왔다.

"에콰도르의 상하수도 사정은 우리나라의 60~70년대와 비슷합니다. 서울에서도 60년대 이전에는 한강 수질오염에 대한 인식이 없었어요. 60년대 경제개발계획으로 인구가 집중되면서 비로소 문제를 인식했고, 수도법과 공해방지법 등이 제정되었습니다.

그때까지만 해도 서울에도 우물이 있었어요. 하지만 오염 문제가 지속되자 70년대 초에 우물을 폐쇄했고, 화장실도 수세화해서 정화조를 통해 오염을 해결하도록 유도했지요. 이후 상수원 보호구역 설정, 한강 종합개발계획 등을 통해 지금과 같은 상하수도 시스템이 만들어졌던 거예요."

그의 연구 인생은 한국의 상하수도 발전과 함께 진행되어 왔다. 에코 리우 시스템 역시 오랜 연구 경험을 바탕으로 한 것이다.

록 필터는 살수여상trickling filter*을 응용한 것이다. 살수여상법은 우리나라에서 잘 활용하지 않는 방법이지만 그는 이를 여수 지역에 설치하려고 노력했었고, 당시 연구했던 자료가 에코 리우 시스템 설계의 기초가 되었다. 또 습지 활용엔 축산폐수 처리 경험을 적용했다. 우리나라에 맑은 물이 흐를 수 있도록 노력한 그의 평생의 업적이 국경을 넘어 세계로 향하고 있는 것이다.

귀국 후에도 그는 에코 리우 시스템이 에콰도르의 다른 지역에서, 그리고 하수처리가 필요한 개발도상국에서 활용될 수 있도록 학술지에 논문을 발표하고 학회에서도 보고를 했다. 에콰도르에서 발행되는 물환경 관련 학술지 『Acuambiente』에 스페인어 논문을 실어 활용할 수

---

*유기배수 생물처리법의 일종으로, 1차 침전지를 거친 폐수를 미생물막으로 덮인 자갈이나 쇄석, 기타 매개층 등의 여재filter material 위에 뿌려서 미생물막과 폐수 중의 유기물을 접촉시켜 분해시키는 처리방법이다. 1893년 영국에서 처음 개발되었으며, 1936년 미국에서 고속살수여상법이 개발되어 널리 쓰이고 있다.

강변에서 풀을 뜯는 에콰도르 처녀(왼쪽)와 현지 시장(오른쪽). 우리의 옛 풍경을 닮았다. ⓒ최의소

있도록 했고, IWA(International Water Association)에서 발행하는 『Water 21』에도 논문을 기고했다.

"『Water 21』에 기고한 후에 아프리카에서 이메일이 왔어요. 자기가 이 분야에 흥미가 있는데 한국에 와서 더 배우고 싶다는 거예요. 한국에 대사관이 없는 나라여서, 초청을 하려면 어떻게 해야 하냐고 KOICA에 물어봤더니 그 나라 외무부나 이웃 나라 한국대사관 등을 통해야 한다고 해서 그대로 가르쳐 줬는데, 복잡해서 그런지 그다음에는 연락이 없어요. 전문적인 잡지에 기고했으니까 어느 정도 내용을 아는 전문가들은 응용해서 쓸 수도 있고, 만약에 기술지원이 필요하다거나 하면 내가 도움이 될 수도 있지요.
2012년 9월 부산에서 열린 〈IWA World Water Congress〉에서도 발표를 했는데, 이를 계기로 더 많은 사람들이 이런 기술도 있다는 것을 알고 활용했으면 좋겠어요."

앞에서도 말했듯 에코 리우 시스템은 경사면이 있는 지역에 설치해야 하기 때문에 모든 곳에 적용할 수는 없다. 따라서 모든 지역의 하수처리 문제를 해결할 수 있는 수단은 아니다. 빠른 도시화 및 급격한 인구 증가로 인해 많은 개발도상국들이 하수처리 문제를 안고 있지만, 지역적 특성과 삶의 방식에 따라 선택 방법은 제각기 달라질 수밖에 없다. 고민하고 결정하는 건 결국 당사자들의 몫이다.

"에코 리우는 평야가 많은 곳에선 사용할 수 없습니다. 그런 곳은 펌프를 활용해서 물을 끌어올려야 해요. 그런 지역엔 또 그 나름의 문제가 있지요.
예를 들어 인도네시아에서는 천연 염료를 이용해서 염색을 하는데, 염색에 사용했던 물을 그대로 바다에 버립니다. 지중해 국가들에선 올리브 폐액이 나와요. 올리브 열매를 따서 찐 후에 올리브 오일을 만들고 폐액을 모두 바다로 버리는 거죠. 오래전부터 이 문제를 알고 있었고 관여도 했지만 결실을 보진 못했어요.
하수처리는 개인이 해결하기보다는 정부가 나서서 움직여야 합니다. 기술보다는 시스템 구축의 문제이고, 유지 관리 및 보수를 어떻게 할 것인가에 관한 매니지먼트의 문제이기도 하죠. 정치적, 행정적, 문화적 요인들이 복잡하게 얽힌 문제입니다."

세미나에서 만난 현지 기업의 연구진과 함께
ⓒ최의소

초창기의 적정기술이 개인, 가족, 커뮤니티 등 소규모 대상을 위한 기술 개발에 집중되었다면, 최근엔 ODA의 수단으로서 국가 대 국가, 정부 대 정부 차원에서 어떤 기술을 지원해 줄 것인가에 대한 논의로 확장되고 있다.

이런 면에서 에코 리우 시스템이 시사하는 바는 상당히 크다. 하수처리 문제는 개발도상국 정부들이 당장 시급하지 않다며 간과하고 있지만, 궁극적으로는 정부가 공공서비스 차원에서 실행할 때 더욱 효과적임을 보여주기 때문이다. 또한 이를 해결할 수 있는 기술을 우리의 과학기술자들이 갖고 있는데도 한국의 원조기관, 현지의 중앙정부 및 지역정부 간의 원활하지 못한 커뮤니케이션으로 인해 어려움을 겪었던 점은 앞으로 적정기술 ODA를 진행함에 있어 반드시 해결해야 할 과제다.

무엇보다 우리가 습관적으로 내뱉고 있는 "반세기 만에 수원국(원조 받는 국가)에서 수혜국으로 발돋움한 세계 최초의 나라 한국의 발전 경험"이 구체적으로 무엇이며 어떤 방식으로 활용될 수 있는지를, 그 과정을 이끌어 온 세대의 경험을 통해 다시 한 번 생각해 볼 수 있다.

후기

최의소 교수는 미래창조과학부가 개발도상국 과학기술 지원사업의 일환으로 캄보디아에 설립하는 '글로벌 물 적정기술 연구센터(iWC : Innovative Water Center)' 센터장으로 위촉되어 2013년 9월 26일 캄보디아로 출국했다. 이 사업의 제안자는 (사)국경없는과학기술자회다.

| 제2장 | **에너지 및 주거**

Energy &
Habitation

빛과 온기를 선물하다

히말라야 오지에 선물한 빛

서울대학교 안성훈 교수와 '네팔솔라봉사단'
네팔 | 태양광 발전기 설치

'네팔Nepal'은 수호신 네Ne가 보호pal하는 지역을 뜻한다. 이 나라의 북쪽으로는 히말라야의 장엄한 경관이, 남쪽으로는 '타라이' 또는 '마데스'라 불리는 고온다습한 평원이 펼쳐져 있다. 신이 보호하는 이 아름다운 땅에서 사람들은 세상 누구보다 행복하게 살아가고 있지만, 문명의 혜택은 아직도 널리 퍼지지 않은 상태다.

네팔의 1인당 소득은 약 1천2백 달러. 인구 3천만 중 80%가 시골과 고산지역에 산재한 작은 마을에 거주하고 있다. 그런 곳들은 접근성이 취약해 전기 공급이 안 되고 기반시설도 매우 부족하다. 네팔 비도시 지역의 전기 사용 인구는 5%이며, 도시지역 역시 전력이 충분치 않아 부하 차단을 통한 한시적인 공급만 이루어진다.

산간지역이 많은 네팔의 특성상 전국에 전기를 공급하려면 굉장히 많은 시간이 걸릴 것으로 예상된다. 히말라야 일대는 산기슭만 해도 해발 2천m가 넘는 고산지역이어서, 이곳 사람들의 생활 모습은 천년이 지나도 변하기 어렵다고들 말한다.

수도 카트만두에서 자동차로 10시간, 거기서 다시 도보로 12시간 걸리는 랑탕 국립공원 내의 라마호텔 마을(해발 2천5백m)도 그런 곳이었다. 에베레스트로 가는 길목이라 수많은 여행자들이 거쳐 가지만 주민이라고는 겨우 8가구뿐인 이 마을의 밤은 칠흑처럼 어둡다. 접근이 어려운 데다 개발도 제한되어 있어서, 앞으로도 최소 10년간은 전기 공급이 불가능한 전형적인 오지 마을이다.

2011년 8월 15일. 우리나라의 광복절에 이 마을도 처음으로 빛을 찾았다. 태초 이래 줄곧 어둡던 이곳의 밤을 환하게 밝혀 준 프로메테우스는 서울대학교 기계항공공학부 안성훈 교수와 13명의 제자들로 구성된 '네팔솔라봉사단'이었다.

감동적인 카운트다운

안성훈 교수가 라마호텔에 빛을 선물하게 된 계기는 연구실에서 박사과정 중이던 네팔 출신 대학원생 반다리 비나약 씨와의 면담이었다.

"2009년에 면담을 하던 중 네팔 이야기가 나왔어요. 미국이나 유럽에서 많은 봉사단이 네팔로 오는데, 글로벌 경제위기가 닥쳤던 2008년 이후부터 대부분 활동을 축소하거나 그만두는 바람에 어려운 점이 많다는 거예요. 그러면서 우리 연구실에서 조금이라도 네팔을 도와주면 어떻겠냐고 하더군요.

그땐 안 된다고 그랬어요. 딱히 도와줄 방법도 없을 뿐더러, 우리 연구실에 네팔 말고도 중국이나 파키스탄, 인도 등에서 많은 학생들이 오는데 유독 네팔만 도와주는 건 적절치 않아 보였거든요."

그렇게 지나갈 수도 있었던 네팔과의 인연을 다시 이어 준 것은 학부생 모임에서 나온 아이디어였다.

"2010년 말에 크리스천 학부생 모임에서 학생들과 함께 피자를 먹으며 얘기를 나누고 있었습니다. 유선경이라는 여학생이 공학도로서 뭔가 의미 있는 일을 하고 싶다며 방법을 묻기에, 공부를 열심히 해서 엔지니어가 되고 교수가 되어 어려운 이들을 도와주면 되지 않느냐고 했지요. 그러다가 문득 '아, 나는 이미 엔지니어고 교수인데 왜 아무것도 하지 않고 있을까? 지금 당장 할 수 있는 게 없을까?'라는 생각이 들었습니다. 바로 그때 네팔 학생이 했던 이야기가 생각났어요. 그래서 그 친구를 다시 불러 우리가 서울대 기계항공공학부 차원에서 뭘 도와줄 수 있을지 상의하다가, 전기가 없는 지역에 태양광 발전기를 설치해 주자는 아이디어로 발전하게 되었지요."

네팔에 공학봉사를 하러 떠나기로 결정한 후, 그는 여기저기에서 필요한 사람들과 재원을 모았다. 함께 이야기했던 학부생들 외에 몇몇 대학원생들도 함께 가기로 했다. 히말라야 오지를 밝혀 줄 '네팔솔라봉사단'이 정식으로 출범한 것이다. 이때가 2011년 1월이었다.

"공학봉사를 위해 필요한 건 아이디어, 사람 그리고 돈이에요. 일단 사람은 모였으니, 우리가 전공을 살려 할 수 있는 일이 무엇일까를 생각했습니다. 여러 가지를 고민하다가 고산지역의 에너지 이슈를 해결하기로 하고, 방법을 하나하나 검토해 봤지요. 수력발전은 건설 시간이 많이 걸리고, 풍력은 가지고 가야 하는 부품들이 너무 무겁고. 그럼 태양광 패널은 어떨까? 가벼우니까 하나씩 지고 올라가서 설치할 수 있지 않을까? 이렇게 아이디어가 전개되었어요.

펀드레이징도 곧바로 시작했어요. 한국연구재단의 개발도상국 지원 과제도 시작하고, 학장님과 처장님 그리고 학부장님에게 얘기해 조금씩 자금을 마련해 나갔습니다. 아무래도 고산지역에 올라가야 하니까 관악산과 청계산을 오르내리며 체력 훈련도 했지요."

네팔솔라봉사단은 마을의 크기와 전기 수요를 고려하여 발전 및 배전 시스템을 구성했다. 7가구가 LED 조명을 10개씩 켠다고 가정했을 때 필요한 발전용량은 2KW급 정도였다. 마을 한 곳에 태양광 패널을 설치하고, 각 가정에 LED 전구와 스위치를 설치한 다음 패널과 연결하기로 했다. 중간 지점에 배터리와 인버터, 컨트롤러를 보관할 수 있는 창고도 만들 생각이었다.

2011년 8월 11일, 안성훈 교수와 대학원생 7명, 학부생 6명으로 구성된 네팔솔라봉사단이 카트만두에 도착했다. 활동 지역인 라마호텔로

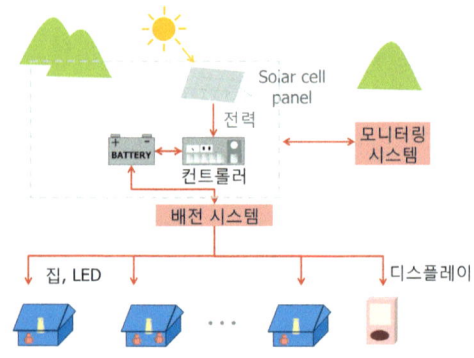

라마호텔 마을에 설치한 발전 및 배전 시스템 ⓒ네팔솔라봉사단

라마호텔 가는 길. 이 길은 원래 히말라야 가는 길이다. ⓒ네팔솔라봉사단

이동하는 과정에서, 이들은 많은 어려움을 겪어야 했다.

이길용(1기 학생대표) "카트만두에서 하룻밤 자고, 이튿날 버스로 10시간쯤 이동하여 샤프루베시라는 중간 기점에서 하루를 묵었어요. 그런데 도로 사정이 우리나라와는 완전히 달라요. 버스 한 대가 겨우 지나갈 정도로 좁은 산길을 10시간이나 운행하는 건 한국에선 상상도 할 수 없지요. 조금 가다 서고, 또 조금 가다 서고… 게다가 중간에 산사태가 일어난 지역이 있어서 다음 버스 타는 곳까지 걷고 또 걷고… 샤프루베시에서 라마호텔까지도 꼬박 12시간을 걸어갔어요."

현지에서의 작업은 두 팀으로 나뉘어 진행되었다. 한 팀은 태양광 패널을 설치하고, 다른 팀은 집집마다 다니며 LED 조명과 스위치를 설치했다. 봉사단이 마을에 머물 수 있는 시간은 단 이틀! 그 안에 작업을 완성하려면 현지 주민들의 도움이 반드시 필요했다. 봉사단 14명 외에 카트만두대학생 5명, 현지인 기술자 2명, 마을 주민 20명, 그리고 짐을 날라 주는 포터 70명 등 총 110명이 힘을 모았다.

그리고 8월 15일, 마침내 라마호텔 역사상 처음으로 환한 전깃불이

들어왔다.

"말 그대로 축제 분위기였습니다. 마을 사람들뿐 아니라 설치를 도와준 사람들, 그리고 이웃마을 사람들까지 모두 모여서 "3! 2! 1!"을 외치며 전깃불이 들어오는 순간을 만끽했지요. 한 주민은 우리가 오기 전에 마을에 전기가 들어오는 꿈을 꿨는데 꿈이 현실이 되었다며 좋아하고, 또 다른 주민은 저희에게 '불을 가져온 신'이라는 별명을 붙여 줬어요.
'호텔'이라는 이름에서 드러나듯 이곳은 숙박업을 주로 하는 마을이에요. 1년이면 약 1만 명의 히말라야 여행자들이 이곳을 지나가요. 그러니까 우리가 선물한 전기는 주민들뿐 아니라 그 1만 명에게도 혜택을 줄 수 있는 거예요.
주민들의 건강에도 문제가 있었어요. 밤이 되면 우리나라의 호롱불과 비슷한 '케로신'을 피워 놓고 지냈는데, 그을음이 굉장히 심하지만 어쩔 수 없이 그걸 다 마시면서 살았거든요. 이젠 그 문제도 한꺼번에 해결된 셈이지요."

이경태(2기 학생대표) 그전까지 그곳 분들은 '밤은 아무것도 할 수 없는 시간'이라고 생각했었대요. 하지만 앞으로는 생활이 완전히 달라질 거예

태양광 패널 설치 작업(왼쪽), LED 조명 및 스위치 설치 작업(오른쪽) ⓒ네팔솔라봉사단

처음으로 들어온 전깃불,
그보다 더 환한 얼굴들
ⓒ네팔솔라봉사단

요. 해가 진 뒤에도 활동할 수 있고, 가로등을 설치했으니 밤길도 편하게 다니고, 간단한 전자제품도 사용할 수 있으니까요. TV는 없지만 라디오 듣는 걸 아주 좋아하는 분들이거든요. 예전엔 자동차 배터리를 이용해서 꼭 필요할 때만 충전했던 휴대전화도 이젠 편하게 쓸 수 있다며 좋아하셨어요."

안성훈 교수와 네팔솔라봉사단은 환하게 밝아진 라마호텔을 보며 깨달았다. 바로 지금, 우리가 할 수 있는 일들이 누군가에게 큰 도움이 된다는 것을. 하지만 한편으로는 지속가능성에 대한 새로운 고민이 시작되었다.

"유지·보수를 어떻게 할지는 여전히 문제였어요. LED 전구야 부서지지만 않으면 15년 정도 가겠지만 배터리는 아무리 길어도 5년이 지나면 교체해 줘야 하거든요. 그렇다고 우리가 언제까지나 계속 도와줄 수는 없잖아요.
스스로 유지할 수 있는 시스템을 만들려면 주민들의 참여가 필요했어요. 그래서 곧바로 마을회의를 열었지요. 한 달에 가구당 1만5천 원씩 내고, 더 많이 쓰는 집은 더 많이 내서 돈을 모으기로 했습니다. 그 돈으로 나중에 배터리도 사고, 수리도 하고, 그래도 남으면 아이들 장학금도 주자고 다 함께 서약했어요.

거기까지는 함께 생각했는데, 우리가 놓친 게 있었습니다. 그들이 전기로 돈을 벌 수 있다는 거예요. 우리는 달아 줄 생각만 했지 그게 돈이 되리라고는 생각도 못 했거든요. 두 달 후인 2011년 10월에 다시 방문했더니 숙박비를 30% 정도 올렸고, 관광객들의 노트북이나 휴대전화를 충전해 주고 돈을 받고 있더군요. 아, 기술이나 시설을 전해 줄 때 장래성 있는 수익사업까지 만들어 주면 훨씬 좋겠구나 싶었습니다."

10월의 2차 방문 목적지는 라마호텔 마을만이 아니었다. 8월에 설치해 준 태양광 시스템이 잘 운영되고 있는지 확인한 다음, 네팔솔라봉사단은 인근에 있는 림체 지역을 찾았다. 그리고 그곳에도 240W짜리 태양광 발전 및 충전 시스템과 LED 조명 15개를 같은 방식으로 설치해 주었다.

네팔에서의 경험은 교육으로 연결되었다. 안성훈 교수는 기계항공공학부 대학원에서 진행하는 제조고려설계Design for Manufacturing, DFM 수업의 주제로 적정기술을 택했다. 제조고려설계란 제품 제조 과정에서 발생할 수 있는 문제들을 설계 단계에서 미리 파악하고 수정하여 제조비용과 시간을 최소화하는 설계를 뜻한다. 이론뿐만 아니라 시제품 설계까지도 수업 과정에 포함시켰다.

"2006년부터 진행하던 수업이에요. 이전에는 창의적 제품, 장애인 편의장비, 의료장비 등이 수업 주제였지요. 2011년 가을학기엔 적정기술이 주제였는데 30명의 수강생들 중 1/3이 외국인이었어요. 네팔에서 온 학생도 있고 멕시코에서 온 학생도 있고 프랑스, 싱가포르, 베트남까지 아주 다양한 나라의 학생들이 왔더군요. 개발도상국 학생들은 자기 나라

사정을 잘 아니까, 그 나라에 필요한 게 뭔지 파악하고 해결 아이디어를 내는 데 많은 도움이 되었습니다."

수업에서 나온 작품들 중엔 사막이나 고산지역에서의 편리한 물 운반을 위한 조끼, 열대지역에서 과일들을 보관할 수 있는 태양열 과일 건조장치 등 흔히 '적정기술'이라고 할 때 떠올리는 이미지와 비슷한 간단한 기술도 있었지만, 접근성이 떨어지는 오지에 응급환자가 발생했을 때 긴급히 약품을 투하하고 한동안 냉동보관까지 해 주는 '응급 백신투하 무인항공기' 같은 첨단기술도 있었다. GPS 위치제어와 무인기, 열전소자를 이용한 냉동기술 등 기계항공공학부의 전공지식이 총동원된 이 장치는 '적정기술=중간기술'이라는 선입견을 뛰어넘는 멋진 결과물이었다.

제조고려설계 수업은 일회성 이벤트로 끝나지 않았다. '적정기술 교육과 현지 적용 순환 모델'이라는 안성훈 교수의 철학이 깔려 있기 때문이다. 수업에서 적정기술 제품의 요구사항이 도출되면 제품 개발과정을 거쳐 설계와 제작을 학기 중에 시현하고, 방학 때 현지로 가서 이를 적용하여 결과를 얻고, 현지에서 파악된 문제점을 다시 다음 학기 수업으로 연결시킨다. 학기-방학-학기로 이어지는 학교 시스템을 적

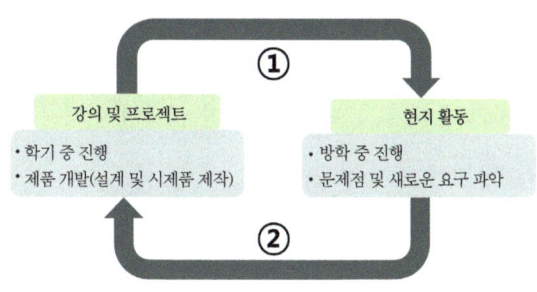

제조고려설계수업 개념도 ⓒ안성훈

극 활용한 순환 구조인 셈이다.

바로 이 순환 구조를 바탕으로 네팔솔라봉사단의 공학봉사와 제조고려설계 수업이 연결되었다.

"처음 네팔에 갔을 때, 8월이었는데도 고산지대이기 때문에 밤이 되면 엄청 추웠어요. 네팔 주택의 방에는 난방장치가 없기 때문에 다들 오들오들 떨어야 했죠. 또 한편으로는 부엌에서 불을 때서 음식을 할 때마다 집 안에 연기가 가득하여 주민들이 호흡기 질환에 시달리는 걸 봤어요. 그래서 어떻게 하면 따뜻하게 할 수 있을까 고민하다가 온돌을 떠올렸죠. 다음에 네팔에 갈 때는 온돌을 한번 적용해 보기로 했습니다."

빛, 영화 그리고 온돌

대규모의 네팔솔라봉사단이 본격적인 공학봉사를 위해 네팔로 향한 것은 2012년 2월. 이번에는 서울대학교 단원들만이 아니었다. 한양대 에리카 공학봉사단, 경상대 공학봉사단이 함께하여 총 26명이 네팔을 찾았다. 목적지는 팅간Thingan 마을이었다.

팅간은 카트만두 남쪽 마칸푸르 지역에 위치한 마을로 평균 해발고도는 1천1백m 정도다. 라마호텔과는 반대로 카트만두의 남쪽이고 고도도 1천m나 낮다. 하지만 지프로 4시간, 다시 트럭으로 4시간 가야하는 깊은 오지이며, 향후 10년 안에 전력 공급이 어려운 마을이라는 것은 라마호텔과 다를 게 없다. 이곳은 정부도 지자체도 전혀 주목하지 않는 곳이었다. 안성훈 교수와 네팔솔라봉사단이 도착하기 전까지는 말이다.

팅간 마을은 라마호텔보다 훨씬 넓었다. 약 2km²(60만 평)에 55채의

또 하나의 오지, 팅간 마을
ⓒ네팔솔라봉사단

집들이 흩어져 있었다. 서울대 관악캠퍼스의 절반쯤 되는 면적이었다.

관악캠퍼스야 건물들이 들어서 있고 전기도 들어오니까 괜찮지만, 아무것도 없이 텅 빈 서울대 터에 작은 집 55채가 흩어져 있고 전기 공급을 위해 그 집들을 연결한다고 생각하면 결코 만만한 작업이 아니다. 몇몇 친구들끼리 '한번 해 볼까?' 라는 가벼운 마음으로 시작했다면 아마 운동장 양끝을 잇는 전선을 설치하기도 힘들 것이다. 55채의 집들을 연결하기 위해 69개의 전봇대를 세우고 총 연장 20km의 전력망을 구축하는 건 단원들의 남다른 봉사정신과 현지인들의 적극적인 도움 없이는 시도조차 못 할 일이었다.

이경태 "팅간은 라마호텔과 달리 우리가 흔히 떠올리는 시골마을이에요. 엄청 넓었고, 사람도 많이 살고 있었어요. 우리가 실제 머물면서 일한 시간은 5~6일 정도인데, 그사이에 26명이 70여 개의 전신주를 세우는 것만 해도 불가능하잖아요? 마을 분들이 정말 많이 도와주셨어요. 밀림에 가서 10m가 넘는 나무들을 베어 오고, 그걸 깎아서 전봇대를 세워주고……. 그때 함께 일한 인원이 3백 명이 넘었어요."

안성훈 교수 "네팔 사람들은 세계에서 첫손에 꼽을 정도로 삶의 만족도가 높아요. 늘 웃고 다니거든요. 세수도 안 하고, 옷은 다 떨어지고, 그래도 늘 행복해 보이지요. 그들과 함께 작업하며 느낀 건데, 일하는 방법을 알려 주는 것도 중요한 것 같아요.

우리가 일하는 동안 매일 새벽 5시가 되면 기상 사이렌을 울렸는데 마을을 떠날 때 사이렌을 주고 왔어요. 그리고 불 켜는 것 외에 전기로 할 수 있는 많은 것들을 만들어 주고 왔지요. 교육시설도 만들었고, 농업에서도 좀 더 수익을 낼 수 있는 방안에 대해 고민하고 대안을 마련해 주고 왔습니다."

네팔솔라봉사단은 팅간 마을에 5kW급 태양광 발전 및 충전시스템, 56가구의 실내 배선, LED 조명 290개를 설치했다. 또한 LED 조명을 이용한 양계장, 노트북 컴퓨터와 빔 프로젝터와 책들을 갖춘 도서관을 만들어 주었다.

이경태 "라마호텔은 관광지여서 관광객을 통해 수입을 얻을 수 있는 일이 많았어요. 하지만 팅간은 평범한 시골이라 그런 게 불가능했지요. 유

나무 전봇대 세우기(왼쪽), 설치 완료된 태양광 패널(오른쪽) ⓒ네팔솔라봉사단

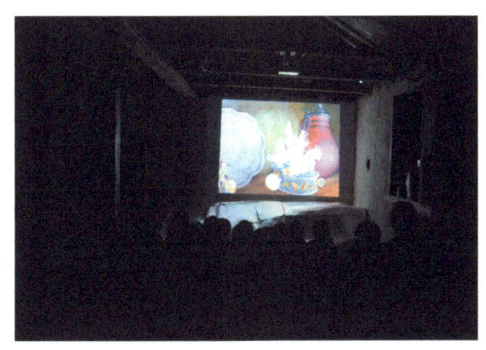

빛과 함께 건넨 선물. 주민들의 생애 첫 영화 관람 ⓒ네팔솔라봉사단

지·보수를 하려면 돈이 들기 때문에 그 비용을 충당할 방법을 찾아야 했어요. 라마호텔과 마찬가지로 전기 요금을 조금씩 받기로 했지만 그것만으론 충분치 않을 것 같았거든요.

그래서 공동으로 사용할 수 있는 양계장을 지어 줬어요. 태양광으로 발전한 전기를 이용해서 양계장을 따뜻하게 덥히면 닭이 더 잘 자랄 수 있고, 수익도 좀 더 늘릴 수 있으니까요. 거기서 생긴 이익금을 전기시설 유지·보수에 쓰도록 한 거예요."

도서관에는 마을 사람들이 볼 수 있는 책들을 기증했고, 노트북에 연결된 빔 프로젝트도 설치했다. 마을에서 영화가 상영되던 날, 난생처음 영화를 보는 아이들의 눈은 반짝반짝 빛났다. 다들 스크린에서 눈을 뗄 줄 몰랐다.

밤이 되자 팅간 마을에 환하게 불이 들어왔다. 중앙정부도 지자체도 관심을 주지 않았던 오지 마을이 스스로 발전할 수 있는 힘을 갖게 된 것이다. 현지 언론은 "이 지역 개발 담당관인 유브라즈 수베디가 '이번 솔라 프로젝트는 이후 팅간 지역의 또 다른 개발 프로젝트를 가능케 하는 기회의 문이 되어 줄 것'이라며 크게 기뻐했다"고 대대적으로 보도하였다.

네팔 솔라 프로젝트는 짧은 시간 동안 놀라운 발전을 보였지만, 아직 해결해야 할 문제들을 안고 있다. 대표적인 게 발전시설의 유지와 보수, 그리고 수리 문제다.

이길용 "저희도 그 문제를 많이 걱정했어요. 고장 나면 어떻게 고쳐야 하는지. 라마호텔의 경우엔 연결이 간단해서 원인만 알면 현지에서도 쉽게 고칠 수 있어요. 그래서 자재나 부품들을 넣어 두는 창고를 하나 만들어 놓고, 마을 지도자와 현지 기술자들에게 수리 방법을 알려 줬지요. 예를 들어 인버터가 고장 나면 이런 소리가 난다, 그럴 땐 이 부품을 이렇게 교체하면 된다, 하는 식으로요."

이경태 "한국에서 네팔까지도 멀지만, 네팔 내에서도 라마호텔 같은 지역은 한번 가는 데 며칠씩 걸리니까 수리하러 가긴 힘들어요. 고장이라고 해도 알고 보면 스위치만 하나 올리면 되는 간단한 문제일 수도 있고요. 그래서 한국에서도 고장 상태나 원인을 쉽게 파악할 수 있는 방법을 생각해 봤어요. 가령 발전기에 이상이 생기면 전화기로 신호를 보내고, 우리가 그걸 분석해서 수리 방법을 가르쳐 주면 어떨까 하는 아이디어를 냈죠."

안성훈 교수 "적정기술의 주요 실패 원인 중 하나가 유지·보수 문제입니다. 팅간 지역만 해도 우리가 한국으로 돌아온 후에 번개가 쳐서 시스템이 고장 난 적도 있고, 포클레인이 지나가다가 전선을 끊어 버린 적도 있었어요. 아직까지는 저희가 사람을 보내서 도와주고 있지만 앞으로는 자체적으로 돈을 모아서 해결할 수 있어야 해요. 양계장도 그래서 만든 거지요."

1기 봉사단이 2011년 8월에 다녀와서 떠올렸던 온돌 아이디어 역시 그냥 묻히지 않았다. 2차 봉사에 나선 네팔솔라봉사단이 준비기간 동안 연구한 온돌을 팅간에 설치했던 것이다.

이길용 "1기 친구들 중 한 명이 낸 아이디어를 연구하고 발전시켜서 팅간 마을에 설치를 했었는데, 반응은 좋았지만 문제점도 몇 가지 발견됐어요. 그래서 2012년 제조고려설계 수업에서는 좀 더 지역에 적합하고 설치와 사용이 편리한 온돌을 개발하기 위해 1개 조가 연구를 맡았지요. 사이즈는 어느 정도로 하고 재료는 뭘 쓸지 여러모로 고민했고, 실제 실험을 통해서 온도가 얼마나 올라가는지 확인하기도 했어요. 평창에 가서 실습도 했고, 여름엔 하동에 가서 직접 설치를 해 보기도 했죠."

안성훈 교수 "2012년 1학기 제조고려설계수업을 통해서 현지에 어떤 온돌을 적용해야 할지 직접 설계를 해 봤습니다. 온도가 가급적 서서히 올라갔다가 내려가고 연기 배출도 잘 되는 쪽으로요. 네팔의 집들은 별도의 난방장치 없이 부엌에서 음식을 할 때만 불을 때요. 불이 꺼지면 그냥 추운 상태로 자는 거예요. 그래서, 어차피 불을 때니까 그 열을 최대한 보존할 방법을 찾자고 생각했어요.
우리가 설계한 건 '고구려식 쪽구들'인데 크기가 테이블만 해요. 그 위에서 잠을 잘 순 없지만 열을 좀 더 오래 보존하고 음식물을 건조할 수도 있으니 유용할 거라고 생각했죠. 설치도 간단하고요. 우리와는 생활방식과 문화가 다르니까, 통째로 구들을 까는 것보다는 그게 더 적정해 보였습니다."

2013년으로 예정된 다음 방문을 위해 네팔솔라봉사단은 한 가지 더 새로운 기술을 준비하고 있다. 기존의 태양광 발전에 더하여, 네팔의 풍부한 풍력과 수력을 이용한 풍력발전기와 소수력발전기를 함께 만드는 하이브리드 시스템이 그것이다. 이것 역시 2012년 제조고려설계 수업을 통해 고안된 기술이다.

이길용 "1기 봉사단이 가기 전부터 풍력이나 수력 이야기가 많이 나왔었어요. 현지가 산간지역이고 바람도 많이 부니까 태양광과 풍력을 합쳐보자는 아이디어도 있었고요. 하지만 처음 하는 일이니까 무리하기보다는 우선 하나라도 제대로 하자는 생각에서 태양광만 했었던 거죠. 이젠 경험도 좀 쌓였고 함께하는 사람들도 많이 늘었으니, 다음번엔 하이브리드 발전을 시도해 볼 생각이에요."

안성훈 교수 "다음에 가게 될 마을은 팅간 지역의 콜콥 마을입니다. 네팔은 낙차가 커서 수력발전을 하기에 유리해요. 태양광 발전보다 더 저렴하기도 하고, 고장만 나지 않으면 몇십 년이고 계속 쓸 수 있지요. 게다가 고산지역이라 바람도 잘 부니까, 풍력까지 활용하는 하이브리드 시스템을 생각한 거죠. 약 20kW 정도 생산할 수 있는 시설을 만들려고 해요. 하이브리드를 하면 장단점이 있습니다. 가장 큰 문제는 비용이지요. 하드웨어가 하나 더 들어가니까 그만큼 비용도 더 들고, 유지하는 데도 더 많은 돈이 필요해요. 그 대신 배터리 문제를 해결할 수 있다는 장점이 있죠. 배터리는 수명은 5년밖에 안 되면서 비용은 제일 비싼데, 하이브리드 시스템을 사용하면 배터리 개수를 줄일 수 있기 때문에 전체 비용도 그만큼 낮아져요. 외부 도움 없이 마을 차원에서 지속가능한 오프 그리드Off-grid 시스템을 만드는 데 충분한 전기를 생산할 수도 있고요.
장기적인 계획은 이렇습니다. 한 마을에 오프 그리드를 구성하고 다른 마을에 또 다른 오프 그리드 시스템을 만든 다음 서로 연결해서, 두 개의 확장된 독립형 시스템을 만드는 거예요. 한 시스템이 고장 나더라도 다른

성공적인 출발. 그러나 지속가능한 시스템 구축이라는 과제가 아직 남아 있다. ⓒ네팔솔라봉사단

마을의 시스템을 임시로 이용할 수 있도록 히는 거지요. 전체 용량도 차츰 늘려서, 어느 정도 제조 장비를 돌릴 수 있는 수준이 되면 기계를 설치하고 싶어요. 그러면 지금보다 훨씬 발전된 시스템이 가능해지니까요."

네팔솔라봉사단이 지금까지 네팔 지역에 집중할 수 있었던 건 안성훈 교수 연구실의 네팔 유학생 반다리 씨 덕분이다. 현지 조사와 커뮤니케이션, 유지·보수 및 네트워크까지 네팔과 관련된 모든 일들을 그가 도맡아 왔기 때문이다. 그는 한국에서 공부를 계속하는 한편, 친구들과 함께 현지에 적정기술 관련 회사와 무역회사를 설립하여 네팔에서 적정기술이 개발, 보급될 수 있는 기반을 마련하고 있다고 한다.

하지만 봉사단의 눈길은 결코 네팔에만 머무르지 않는다. 안성훈 교수는 2011년부터 남북한 과학기술 및 학술협력 사업에도 참여하고 있다.

"우리가 네팔에서 하고 있는 태양광-풍력-수력 발전을 북한의 고산지역에도 적용할 수 있을 거라고 봅니다. 개마고원이나 함경북도 등에서는 충분히 가능할 것 같아요. 지금 진행 중인 연구 사업은 북한 고산지역에 맞는 에너지 발전 시스템을 개발해서 우리나라 산악지역에 적용해 보고, 네팔에서도 적용해 보고, 최종적으로는 북한에 적용하는 거예요. 온돌도 마찬가지고요. 완전히 새로운 기술을 만들어 내기보다는 경험을 바탕으로, 현지에 맞게 조금씩 기술을 확장하고 있어요."

적정기술에 대한 적정한 개념

흔히 '적정기술'이라고 하면 그 지역에서 난 재료로 현지에서 만드는 중간 수준의 기술을 떠올린다. 네팔솔라봉사단이 고산지역까지 태양광 패널을 짊어지고 올라가서 설치해 주는 건 적정기술이 아니라고 보는 견해도 있을 수 있다.

하지만 그들의 활동은 '기술을 통한 나눔'이 꼭 그렇게 좁은 의미로만 해석될 필요는 없다는 걸 보여준다. 지금 우리가 갖고 있는 걸 누군가와 나누는 것, 이를 통해 그들이 더 발전하도록 도와주는 것도 얼마든지 적정기술이 될 수 있다. 안성훈 교수는 "우리의 활동은 현지에 없는 하이테크를 고산지역에 '적정하게' 적용한 것"이라고 말한다.

"적정기술을 너무 중간기술 내지 로우테크로만 해석하면 생각할 수 있는 범위가 좁아집니다. 우리나라는 세계 최고 수준의 기술력을 가지고 있는데 이 모든 것들을 버리고 새로 시작하는 건 쉽지 않거든요. 사실 우리의 활동도 '적정기술'의 정의定義를 통해서가 아니라 '봉사'에서 시작되었고, 그 과정에서 우리가 잘할 수 있는 것들을 계속 덧씌우다 보니까 여기까지 온 거예요.

현지에서 제일 중요한 게 뭘까요? 다름 아닌 '돈'입니다. 돈만 있으면 아프리카건 네팔이건 어디에나 에너지를 공급할 수 있어요. 우리에게 어느 정도의 돈이 있고, 그걸 이용해서 저들이 조금이나마 발전할 수 있는 환경을 만들어 준다면, 그건 해당 지역에 아주 '적정한' 기술이 되지 않겠습니까?

기술에도 스펙트럼이 있다는 걸 염두에 두면 문제는 간단해요. 낮은 기술도 있지만 하이테크도 있지요. 적정기술이라고 해서 꼭 로우테크만 사용할 필요는 없어요. 때와 상황에 따라 하이테크를 사용할 필요도 있는 겁니다. 라마호텔에 달아 준 2kW짜리 태양광 발전기는 한국에선 히터 2개밖에 못 켜는 전력이지만 네팔에서는 연간 1만 명의 밤을 밝혀 줄 수 있어요.

고산지역이라는 특성을 생각해 보면 어떤 기술을 택해야 할지는 더욱 분명해집니다. 이 지역은 개발제한으로 묶여 있어 앞으로 10년간은 전기가 들어올 수 없어요. 풍력이나 수력발전기를 설치해 주면 물론 좋겠지만, 배낭 하나 메고도 올라가기 힘든 곳에 그 많은 기계부품을 갖고 가는 건 사실상 불가능합니다. 가볍고 간단한 솔라 패널을 갖고 가는 게 가장 적정하지요.

결국 적정기술이란 선택의 문제입니다. 기술 수준이나 비용만 고려할 게 아니라, 여러 가지 환경과 장기적인 플랜을 고려하여 최선의 선택을 해

히말라야에 빛과 온기를 전하는 적정기술의 전령들 ⓒ네팔솔라봉사단

야 한다는 뜻입니다. 우리는 다양한 기술들이 들어 있는 캐비닛을 갖고 있어요. 어떤 지역에 어떤 기술을 꺼내어 사용할지 결정하는 게 우리의 몫이지요."

기술과 마찬가지로 개념에도 스펙트럼이 있다. 적정기술에 대한 그의 개념은 남들과 약간 다른 색깔일지도 모른다. 분명한 건 다양한 스펙트럼이 모여 완전한 빛이 된다는 것, 그리고 그가 빛을 선사하는 적정기술자라는 것이다.

후기

네팔솔라봉사단은 2013년 2월 네팔을 다시 방문하여 20kW급 소수력 발전기와 3kW 풍력 발전기, 2kW 태양광 발전을 동시에 사용하는 하이브리드 발전 시스템을 네팔 최초로 설치했고, 고구려식 온돌을 50여 가구에 보급했다. 빛과 온기를 전하는 적정기술의 전령! 네팔솔라봉사단의 다음 활동은 더욱 눈부시고 따뜻할 것으로 기대된다.

참고문헌
안성훈, 이경태, 「적정기술 교육과 공학봉사의 융합 모델 ; 제조고려설계 수업과 네팔솔라봉사단의 예」, 『공학교육학회지』, Vol.19, No.3, pp.15~19, 2012
안성훈, 「대학에서 적정기술(Appropriate Technology) 적용하기;서울대학교 기계항공공학부의 교육 및 기술봉사의 예」, 『유니테프 저널』 Vol.1, No.1, pp.41~46, 2012
안성훈, 이경태, 반다리 비나약, 이길용, 이선영, 송철기, 「지속가능성을 고려한 산악지역 독립망 전력시스템의 신재생에너지원 구성 전략」, 『한국정밀공학회지』 Vol.29, No.9, pp.958~963, 2012
이명환, 「네팔 오지에 빛과 온돌을 선물한 서울대 교수」, 〈조선일보〉 A31면, 12월 11일, 2012
네팔솔라봉사단, http://nepal-solar.org

에너지 빈곤층에게 따뜻한 겨울을

카이스트 소셜 벤처 '섬광'
한국 | 대양열 온풍기 개발

 과학자를 꿈꾸는 아이들에게 이유를 물으면 대부분 "인류의 미래에 기여하고 싶어서"라고 말한다. 빈곤문제 해결을 위해 새로운 식량을 개발하고, 질병으로 고통 받는 이들을 구하기 위해 의약품을 개발하고, 복잡한 지구를 벗어나 드넓은 우주로 나아가는 꿈을 꾼다. 내가 하는 공부와 연구가 누군가에게 도움이 되면 좋겠다는 아름다운 꿈을 어릴 때는 누구나 가지고 있다.

 하지만 중고등학교를 거치고 대학을 나와 연구자가 되는 동안, 우리의 꿈은 차츰 작아진다. 원대하던 꿈은 작은 실험실에 머물고, 연구 논문에 머물고, 인류의 미래보다는 나 자신의 미래를 먼저 생각하게 된다. 나날이 흐릿해지다가 어느 순간 사라져 버린 소중한 꿈을 어디에서 되찾을 수 있을까?

카이스트 학생들로 이루어진 '섬광'은 자신들의 잃어버린 꿈을 적정기술을 통해 찾았다. 서로 다른 전공, 서로 다른 꿈을 가진 친구들이 모였지만 그들에겐 공통점이 하나 있다. 내가 가진 지식과 기술로 이웃을 돕고 싶다는 것! 나보다는 남을 위한 과학자가 되고 싶었던 어린 시절처럼 말이다.

되살린 꿈으로 맺은 열매

김지나 "대부분 예전부터 알던 사이였어요. 그런데 2010년 가을에 카이스트에서 열린 '적정기술 사회적기업 페스티벌'의 세미나에 참가했다가 서로를 새롭게 만난 거예요. 처음엔 "우리도 한번 해 볼까?"라는 호기심에서 시작했는데, 5개월에 걸쳐 프로젝트를 진행하면서 적정기술에 대해 차츰 눈을 뜨기 시작했어요.
그러면서 스스로에 대해 많이 돌아봤어요. 우리들 모두 어렸을 때는 나름의 꿈이 있었고 그걸 따라가다가 카이스트까지 온 건데, 그사이에 정작 중요한 걸 잃어버렸던 것 같아요. 아주 오래전에 갖고 있던 생각들, 과학자가 되어 어려운 사람들을 돕고 세상에 도움을 주고 싶다는 생각이 다시 꿈틀거리는 걸 느꼈죠. 저뿐만이 아니라 모든 팀원들이 그랬어요."

이들이 가슴 설레어 가며 진행한 적정기술 프로젝트는 우리 사회의 에너지 빈곤층에게 태양열 온풍기를 만들어 주는 일이었다. 우연히 보았던 신문기사 하나가 계기가 되었다고 한다.

김지나 "저희 팀장이 에너지 빈곤층에 대한 기사를 우연히 봤대요. 한겨울이 되면 집에 있는 화장실이 너무 춥다 보니 아이들이 학교나 공중화장실로 가서 볼일을 보는데, 그로 인해 친구들에게 놀림을 받는다는 거였어요. 그래서 처음에 저희 모토가 '화장실을 따뜻하게'였지요. 그런데 직접 가서 보니까 단지 화장실만의 문제가 아니더라고요. 그래서 어떻게 하면 그들에게 따뜻한 환경을 만들어 줄 수 있을지 고민하기 시작했어요."

에너지 빈곤이란 기초생활을 위해 필요한 최소한의 에너지조차 사회경제적 이유로 충분히 공급받지 못하는 것을 말한다. 가구 소득의 10% 이상을 난방비로 지출하면 에너지 빈곤층으로 분류된다. 우리나라의 에너지 빈곤 가구는 약 130만 가구(2008년 기준)로 추산되는데, 이는 10가구당 1가구에 해당하는 수치다.

에너지 빈곤은 추위를 감내하는 것에서 끝나지 않고 의식주 비용 감소, 영양섭취 부족, 육체적 또는 심리적 질환, 가계부채 증가, 사회적 소외 등을 동반한다. 최근 심각한 사회문제로 대두되고 있는 에너지 빈곤의 주된 원인으로는 낮은 소득, 불합리한 가격 구조, 비효율적 주택 구조 등이 꼽히고 있다.

'섬광'은 두 번째 문제에 주목했다. 저소득층일수록 값싼 에너지원에 접근하기가 어려워 부득이 비싼 에너지를 쓸 수밖에 없고, 그러다 보니 적게 쓰고도 더 많이 지불하는 기형적 구조가 생겨난다는 것이다. 도시가스가 공급되지 않는 지역의 에너지 빈곤층 비율이 더 높은 건 그들이 값비싼 석유나 전기로 난방을 해야 하기 때문이다.

에너지 빈곤 문제를 근본적으로 해결하려면 이런 모순부터 바로잡을 필요가 있다. 누구나 사용할 수 있는 저렴한 에너지원을 개발해야 하고, 꾸준한 기술적 연구를 통해 효율적인 에너지 시스템을 구축해야 한다.

'섬광'은 그 해답을 태양열에서 찾았다.

김지나 "태양전지, 태양열 온수기, 풍력발전기 등을 두루 검토했어요. 그런데 유기태양전지를 활용한 발전 시스템은 큰 기반시설이 필요한 데 비해 효율이 낮고, 태양열 온수기는 실험해 보니 적절한 효율이 나오지 않고, 수직형 드럼통 풍력발전기는 제품 수명이 짧고 안전성에도 문제가 있더라고요. 그래서 태양열 난방기가 가장 적절하다고 생각했어요."

그들이 향한 곳은 대전의 대표적 달동네인 대동 산1번지였다. 비좁은 골목길을 지나 가파른 계단을 한참 동안 올라가면 판잣집이 다닥다닥 붙어 있는 허름한 마을이 나온다. 2008년 기준으로 252세대 485명이 기초생활수급권자이며 노인 1천19명, 한부모가정 118가구, 장애인 403명 등 취약계층이 밀집해 있는 지역이다.*

김지나 "환경이 정말 너무나 열악했어요. 정상적인 주택은 겨울에 난방을 하지 않아도 실내 온도가 10~15℃로 유지되는데, 거긴 10℃도 안 되더라고요. 밤엔 더 떨어지겠지요.
실내엔 폐지나 종이 같은 것들이 쓰레기장처럼 쌓여 있었어요. 찬바람이 들어오니까 조금이라도 막아 보려고 그랬대요. 하지만 그래도 추우니까 낮에는 사람들이 한곳에 모여 있어요. 사회복지관 사랑방 같은 곳에요. 그리고 밤이 되면 돌아가서 전기장판에 의지하며 하루하루 버티고 있는 거예요."

대부분의 적정기술 개발 및 연구팀들이 해외의 가난한 나라에서 활동하는 것과는 달리 '섬광'은 우리 사회의 소외된 이웃, 그중에서도 에너지 빈곤층에 주목했다. 그 이유는 무엇일까?

＊네이버 캐스트, '대전 대동 복지관길', http://navercast.naver.com/contents.nhn?contents id=1161

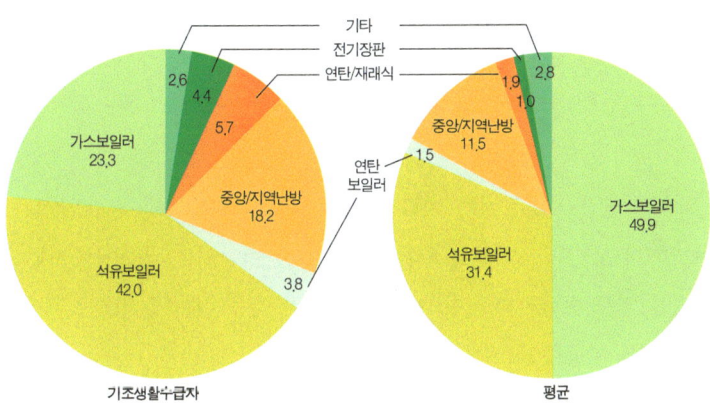

소득계층별 난방 형태(2011). 우리 사회의 에너지 빈곤층은 10가구당 1가구로 추정된다.

김지나 "딱히 국내로 정한 건 아니었고, 처음엔 화장실 기사가 인상적이어서 에너지 빈곤층에 주목하게 됐어요. 그런데 활동을 하다 보니까, 우리나라를 택했던 게 프로젝트에 많은 도움이 된 것 같아요.
적정기술은 상대의 삶과 문화에 대한 이해가 밑바탕에 깔려야 해요. 만약 우리가 어정쩡하게 외국을 선택했다면 분명히 한계가 있었을 거예요. 상황도 잘 모르고, 경험도 없고, 현지에 자주 가지도 못하니까요. 하지만 대동 지역은 자주 방문할 수 있었고, 주민들과 가까워질 수 있었고, 지역 사정을 잘 아는 사회복지사들과도 많은 이야기를 나눌 수 있었기 때문에 현장에 대한 깊은 이해가 가능했어요."

김재훈 "실제로 기술을 개발하는 데도 직접 가서 느낀 것들이 많이 도움이 되었고요."

그들이 개발한 태양열 온풍기는 태양열에 의해 데워진 공기를 환풍기를 통해 집 안으로 들여보낸다는 간단한 원리로 만들어졌다. 온풍기 안의 검은 관으로 들어온 바깥 공기는 태양열을 흡수해 온도가 점점 올라가고, 데워진 공기는 외부로 방출된다. 실험 결과 방출된 공기의 온도는 약 70℃였다.

김재훈 "태양열로 공기를 데워 집 안에 들여보내면 겨울을 조금이나마 따뜻하게 보낼 수 있지 않을까, 그런 아이디어에서 시작했어요. 태양에너지를 열로 변화시켜 사용하는 거죠. 검은 옷을 입으면 더운 것과 똑같은 원리를 사용했어요."

원리는 간단하지만 온풍기를 만드는 과정은 간단하지 않았다. 그들이 가장 신경 쓴 부분은 단열이었다.

연구실에서 온풍기 제작에 몰두하는 회원들(위), 옥상에 설치한 온풍기(아래) ⓒ섬광

김재훈 "일단 단열이 잘 되는 박스를 만들고 그 안에 검은 연통을 설치했어요. 재질은 별거 아니에요. 고깃집에서 쉽게 볼 수 있는 알루미늄 플렉시블을 사용했어요."

김지나 "열을 받는 것까지는 쉬운데, 그 열을 보존하기 위해 고민을 많이 했어요. 낮에는 계속 햇볕을 받으니까 괜찮지만, 저녁때도 사용하려면 열을 보존하고 분산시켜야 하잖아요. 공기를 실내에 들여보낸 뒤엔 어떻게 순환시켜야 할지 그것도 고민스러웠고요."

궁리 끝에 그들은 연통 안에 보존재를 넣기로 했다.

김재훈 "중고등학교 과학 시간에 배운 원리예요. 물질이 상像변화를 할 때는 에너지를 계속 주입해도 그게 다 상변화에 사용되니까 온도가 올라가지 않잖아요. 가령 얼음이 물이 될 때, 다 녹을 때까지는 아무리 열을 가해도 온도가 올라가지 않는 원리지요.
겨울철 외부 온도가 -10℃ 정도인데 태양열로 데워진 공기는 70℃니까 온도 차이가 80℃나 되요. 그럼 열 손실이 많이 일어나지요. 하지만 그 안에 30℃에서 상변화를 하는 물질을 넣었다고 가정하면, 그 물질이 완전히 녹기 전까지는 30℃ 이상으로 온도가 올라가지 않아요. 열이 분자의 운동에너지로 사용되니까요. 그러다가 해가 지고 30℃보다 온도가 낮아지면 녹은 물질이 다시 고화되면서 여전히 30℃가 유지되는 거예요.
다행히 그렇게 온도를 유지시켜 주는 물질을 찾아냈고, 현재 특허 출원 중이에요."

그들은 이 물질을 '열매'라고 부른다.

한 걸음씩, 현실 속으로

'섬광'이 개발한 태양열 온풍기는 특별한 조작 없이, 일단 설치만 하면 자연적으로 사용할 수 있도록 고안되었다. 데워진 공기 순환을 위해 전기 모터를 사용하는 게 전부다. 약간의 주택 보수가 가능하다면 자연 순환도 시도해 볼 수 있었지만, 세입자와 집주인과의 관계 등으로 인해 현실적으로 어렵기 때문에 부득이 모터를 이용했다고 한다.

하지만 구조와 조작법이 간단한 만큼 기능이 단순한 것도 사실이다. 좀 더 완벽하고 멋진 작품을 만들고 싶었을 텐데 그들은 왜 이 정도에서 만족했을까?

김지나 "저희는 첨단과학기술을 배우는 학생들이라 늘 완벽함을 추구하는 경향이 있어요. 기능에 문제가 있거나 뭔가 부족한 게 보이면 절대 그냥 못 넘어가고 어떻게든 해결하려 하거든요. 하지만 제품을 만들다 보니까, 그렇게 하면 제대로 할 수 없다는 걸 알았어요. 일단 하나라도, 조금이라도 해결하는 게 중요하더라고요.

온풍기가 태양열을 받을 수 있는 맑은 날은 70%밖에 안 돼요. 나머지 30%를 해결하기 위해 풍력을 사용하는 것도 고려해 보았지만, 그럼 더 복잡해지잖아요. 그보다는 70%라도 따뜻하게 지낼 수 있도록 하는 쪽으로 생각의 전환을 하게 되었죠. 최고의 제품을 만드는 것보다는 현재의 삶을 조금이라도 개선하는 게 더 중요하다는 걸 깨달았어요.

쉽진 않았죠. 공학도로서 익숙해져 있던 걸 포기하고 누구나 쉽게 접근할 수 있는 제품을 만드는 게 저희에겐 가장 힘들었어요."

김재훈 "저 같은 경우엔 아무리 복잡한 장치라도 조금만 익숙해지면 사용할 수 있어요. 하지만 그곳 분들은 그렇지 않더라고요. 태양열인지 태양광인지 그런 건 전혀 상관없고, 일단 '따셔야' 한다고 생각하세요. 그리고 우리는 공기를 따뜻하게 하는 장치를 만들었지만 그분들은 '바닥이 따셔야' 따뜻한 거라고 생각하시더군요. 우리가 좋다고 생각하는 것과 그분들이 실제로 원하는 건 많이 다르다는 걸 알았어요."

이 제품의 투자회수기간은 3년. 대형 시설들에 비해 초기 비용이 적게 든다는 뜻이기도 하지만, 설치 후 장기 사용이 어렵다는 뜻이기도 하다. 비용을 더 들여서라도 견고하고 튼튼한 제품을 만들고 싶은 욕심은 없었을까?

김지나 "투자회수기간을 3년으로 설정한 건 3년 뒤에 그곳 상황이 어떻게 될지 모르기 때문이에요. 집이 언제 무너질지, 언제 철거될지 모르기 때문에 3년보다 긴 기간은 의미가 없어요. 태양광 시스템 같은 경우엔 투자회수기간이 16~20년이라고 하던데, 에너지 빈곤층에게 그건 너무 긴 기간이에요.
그리고 집이 너무 약해요. 사람이 올라가서 설치를 할 수가 없어요. 우리가 생각하는 일반적인 주택들보다 제약조건이 훨씬 많으니까, 어디든 설치가 가능하도록 유연성을 가지는 게 중요하다고 생각했어요."

그렇게 만들어진 제품을 학교 옥상으로 갖고 올라가 실험을 했고, 결과는 성공적이었다. 하지만 실험실에서의 성공이 실제 현실로 이어지기까지는 아직 많은 장벽들이 남아 있었다.

김지나 "제품을 보급할 방법을 찾아야 했어요. 개발자인 우리도 돈이 없고 수요자인 그분들도 돈이 없잖아요. 지원금 등을 통해서 에너지 빈곤층에게 태양열 온풍기를 설치해 주는 비즈니스 모델이 필요했고, 그걸 위해 소셜 벤처를 설립했어요. 하지만 뭐든 할 수 있을 것 같던 저희의 생각과 달리 어려운 점이 많았어요.

우선 성능 검수가 되어야 해서 컨테이너 박스에 시범 설치를 하려고 했는데, 적절한 부지를 찾지 못한 채 겨울이 지나가 버려서 테스트를 제때 못했어요. 특허, 임금, 보험, 등기 등등 행정적인 절차들도 너무 복잡했고요. 그래도 하나하나 문제를 해결하면서 조금씩 앞으로 나아가고 있어요. 우리가 제일 잘할 수 있는 건 기술 개발이기 때문에 앞으로도 그쪽에 초점을 맞추려 해요. 기술 개발과 비즈니스 모델화까지는 우리가 할 수 있지만, 대량생산이나 보급엔 아직 어려운 점이 많아요. 그런 건 다른 기업이나 단체들과의 파트너십 구축을 통해서 해결해야죠."

'섬광'이 구상하고 있는 비즈니스 모델은 에너지 빈곤층 지원 제도를 기반으로 한다. 현재 지원되고 있는 제품이나 에너지원보다 더 낮은 가격과 높은 효율성을 입증해서 기술을 대체하거나, 두 가지를 함께 사용하도록 유도하겠다는 것이다.

온풍기에 비춰 보는 과학기술자로서의 나
ⓒ섬광

태양열 온풍기는 약 20만 원이면 제작할 수 있지만, 그 돈으로 기름을 때면 겨울 한 철도 제대로 나기 힘들다. 저소득층에서 많이 사용하고 있는 연탄보다도 에너지 효율이 1.7배 정도 높다고 한다. 태양광 등 다른 대체에너지와 비교해 봐도, 태양열의 에너지 효율이 거의 100%이기 때문에 충분히 경쟁력이 있다.

　이렇듯 설득력 있는 비즈니스 모델을 기초로, 그들은 오늘도 이곳저곳을 분주히 뛰어다닌다. 꿈에서 현실로, 실험실에서 현장으로 한 걸음을 내딛기 위해.

소외된 이들을 섬기는 빛

　'섬광'의 노력은 여기에서 끝나지 않는다. 태양열 온풍기는 '섬광'이 설립될 수 있는 계기를 만들어 줬을 뿐, 그게 전부는 아니다. 그들은 'Just Go for Big Value'라는 비전을 가지고 계속해서 앞으로 나아가고 있다.

　김지나 "태양열 온풍기를 사업화하는 게 저희의 최종 목표는 아니에요. 그보다는 사회적으로 가치 있는 기술을 계속 개발하고 확산시키는 기업을 만들고 싶어요. 처음엔 다섯 명이 모여서 시작했는데, '섬광'의 비전을 공유한 친구들이 벌써 12명이 되었어요. 소외된 이웃들이 겪고 있는 문제들을 함께 고민하고, 기술적으로 해결할 수 있는 방법을 함께 생각하고……. 기업이라기보다는 학교 동아리처럼 운영되고 있지요. 그렇게 자유로운 분위기에서 다양한 아이디어를 나눌 수 있다는 게 저희의 강점인 것 같아요."

　섬광의 새로운 프로젝트는 캄보디아에서 시작되었다. 굿네이버스, 〈나눔과기술〉과 함께하는 태양광 기술 연구가 그것이다. 김지나 씨는 이 프로젝트를 위해 2012년 7월에 캄보디아를 직접 다녀왔다.

김지나 "캄보디아에 가 보니 우리나라와는 또 다른 문제점이 보였어요. 한국은 그리드 시스템이 잘 되어 있어서 전선으로 다 연결되어 있지만, 캄보디아는 지역이 너무 분산되어 있고 통신망과 도로망도 제대로 갖춰지지 않아서 그리드 시스템을 적용할 수가 없어요.
그래도 희망이 있긴 해요. 캄보디아를 비롯한 동남아 나라들은 에너지 부족 국가는 아니에요. 단지 에너지에 대한 접근성이 낮을 뿐이죠. 산림 자원도 많이 있고 비도 많이 오니까, 그걸 어떻게 잘 활용할 수 있을지 고민하고 있어요."

자신들의 지식과 기술로 남을 돕겠다던 어린 시절의 꿈을 적정기술을 통해 되찾았다는 '섬광' 팀원들. 태양열 온풍기를 만들면서, 소셜 벤처를 운영하면서, 그들이 찾은 꿈은 어떻게 자라나고 있을까?

김재훈 "저는 어렸을 때 어렵게 살았던 기억이 있어요. 그래서 과학기술로 어려운 사람들을 돕고 싶다는 생각을 많이 했었죠. 실제로 태양열 온풍기를 만들 때 제가 갖고 있는 전공지식들이 많이 도움이 되었어요. 그 과정에서 에너지 문제에 대해 많이 고민했고, 대학원도 에너지 관련 학과로 갔어요. 학교를 마치고 연구자가 된 뒤에도 소외된 계층을 위한 연구를 계속하고 싶어요."

김지나 "저는 진로 방황을 많이 했어요. 어렸을 때부터 과학을 좋아하기는 했지만, 막상 카이스트에 입학해 보니 내가 남들보다 더 재능이 있거나 특별히 잘하는 것도 아니었고, 재미있지도 않았어요. 오히려 경영이나 경제가 더 적성에 맞는 것 같더라고요. 섬광에서 활동하면서 제 적성을 찾은 셈이죠.
돌이켜 보면, 지금까지 저는 사회로부터 많은 지원을 받았어요. 영재센터, 영재학교, 카이스트……. 거기에 대해 굉장히 큰 고마움과 책임감을 느끼고 있죠. 앞으로 제가 받은 만큼 이 사회에 보답해 나가야겠다고 생각해요.

섬광 활동을 하면서, 기술을 개발할 때 실제 이용자들의 목소리를 충분히 들어야 한다는 걸 많이 느꼈어요. 세계적인 디자인 그룹 IDEO*가 〈HCD Toolkit〉에서 강조하는 'Hear-Create-Deliver' 중 우리나라 과학기술자들은 Create에만 집중하고, Hear와 연결을 잘 못 시키거든요. 제가 그 틈새를 메우는 사람이 되면 좋겠어요.

다만, 어느 정도까지 전문성을 가져야 하는지는 지금도 고민이에요. 석사 박사를 마치고 연구자가 된 후에 이런 일에 종사할지, 아니면 학사만 마치고 곧바로 시작해도 괜찮을지 계속 고민하고 있어요.

사실 저는 개발도상국에 가서 살아도 괜찮다고 생각했어요. 하지만 어느 순간 보니까, 현지에서 활동하는 NGO 분들이 저보다 그 지역을 더 잘 알고, 사랑하고, 현지인들을 위해 헌신하고 계시더라고요. 그때 깨달았죠. 아, 각자 할 일이 따로 있구나! 다들 맡은 일들이 있으니까 나는 조금 다른 역할을 하는 사람이 되어야겠구나! 기술적인 흐름을 놓치지 않으면서, 그 기술을 필요로 하는 사람들과 전문가들을 적절하게 연결시켜 주는 역할을 해야겠다고 생각했어요."

김재훈 "제 경우엔 일단 공부가 재밌으니까 공부를 했고, 그러다 보니 섬광 팀원들을 만났고 사회에 도움도 줄 수 있었던 것 같아요. 지금 진로

---

*미국의 세계적인 디자인 기업으로서 〈비즈니스 위크〉가 선정하는 '산업디자인 대상'을 10년 연속 수상했으며, 사회혁신을 위한 디자인 컨설팅으로 유명하다. IDEO의 프로젝트 리더인 샐리 매드슨은 "사회적 개혁을 위한 디자인의 과제는 지속가능성"이라고 말한 바 있다. 이 회사의 디자인 프로세스를 응용하여 개발도상국에서도 적용할 수 있도록 제작된 것이 본문에서도 언급되는 HCD(Human Centered Design ; 인간 중심의 디자인) 툴킷이다. HCD는 또한 Hear(요구사항 듣기)-Create(요구에 맞는 혁신적 해결책 찾기)-Deliver(지속적 해결책 전달하기)라는 세 개의 단계를 뜻하기도 한다.

고민을 하는 친구들도 마찬가지일 거예요. 혹시 적정기술에 관심은 갖고 있지만 자기가 하고 있는 공부와는 관련이 없다고 생각한다면, 그건 절대 아니라고 말하고 싶어요. 좋아하는 공부와 연구를 계속 진행하다 보면 분명히 접점이 생길 거라고 생각하거든요. 현재 어떤 위치에 있든, 주어진 일들을 성실하게 해 나가면 적정기술과 만날 수 있는 길이 열릴 거예요."

최근 적정기술을 비롯하여 사회적 문제에 관심을 갖는 이공계 학생들이 늘어나고 있다. 관심은 있지만 자기 전공과 동떨어져 있어서 참여가 어렵다고 생각하는 많은 학생들에게, '섬광' 팀원들의 고민과 경험은 많은 시사점을 준다. 과학기술자들의 사회적 역할이 과연 무엇인지에 대해 깊이 생각해 보아야 할 때다.

'섬광'은 순간적으로 번쩍이는 빛이라는 뜻이다. 하지만 '섬광' 팀원들은 '섬김의 빛'이라는 뜻에서 팀 이름을 정했다. 어두운 곳에서 소외받는 사람들을 기술로 섬기며 반짝이는, 그런 빛이 되고 싶어서였다.

그들의 꿈은 이제 막 시작되었다. 그들이 뿌린 빛이 우리 사회 곳곳에서, 나아가 세계 곳곳에서 더욱 반짝이기를 기대해 본다.

후기

2013년 8월에 주고받은 메일에서 섬광은 "요즘엔 태양광 정수기 사업에 많은 비중을 두고 있다"고 근황을 알려 왔다. 또 어린이와 청소년들을 대상으로 한 교양도서 출간 소식도 전했다. 책 제목은 『세상에 대하여 우리가 더 잘 알아야 할 교양 25 : 적정기술, 모두를 위해 지속가능해질까?』(섬광, 내인생의책, 2013)이다.

꿈꾸는 기업, 에너지팜

(주)에너지팜 김대규 대표
캄보디아 | 재생에너지 분야

에너지팜, 우리에게는 꿈이 있습니다.

인간의 가치가 바로 세워지고 존중받는 세상
땅과 하늘의 모든 자연이 인간과 조화를 이루는 세상
소외와 빈곤의 고통, 억압과 착취의 폭력이 사라진 세상
사람 살 만한, 나무 살 만한 그 세상 말입니다.

아! 우리에게는 꿈이 있습니다.
자본주의 사회에서도 얼마든지 나눔의 장이 될 수 있다는 꿈입니다.
기업이 소외된 세상 가운데 하나의 작은 등불이 될 수 있다는 소망입니다.

우리가 무언가를 나눌 수 있다는 희망입니다.

사람들은 말합니다.
그것은 너무 이상적이며 감상적인 이야기일 뿐이라고.
하지만, 용기는 모든 것을 극복할 수 있습니다.
우리가 부와 명예의 유혹을 조금만 더 이겨낼 수 있다면
그 꿈은 실현될 수 있습니다.

이 땅의 모든 소외된 자들이, 가난한 이웃이
우리의 용기와 더불어 조금은 더 웃을 수 있는 세상.
에너지팜은 그 꿈들이 실현되는 기업으로 성장할 것입니다.

많은 사람들이 '쉽지 않은 일'을 가리켜 '어렵다'고 말합니다.
많은 사람들이 '조금 힘든 일'을 가리켜 '불가능한 일'이라고 말합니다.
하지만 '불가능해 보이는 일'은 '조금 힘든 일' 일 뿐이며
'어려운 일'은 '쉽지 않은 일' 일 뿐입니다.

'그곳에 도착한 기업' 보다는
'그곳을 향하여 기어가기를 포기한 적이 없는 기업'으로 남고 싶습니다.
그것이 에너지 팜의 신념이며 꿈입니다.

우리에게는 꿈이 있습니다.
그리고 우리는 그 꿈이 실현될 것을 믿습니다.

— 이웃의 길벗, 미래를 여는 사람들, 에너지팜

부천에 있는 (주)에너지팜 본사를 방문했을 때 가장 먼저 눈에 띈 건 은빛으로 빛나는 거대한 태양열 설비였다.

"이 설비는 '10㎡ 쉐플러 리플렉터' 입니다. 태양의 이동경로를 추적하여, 고정된 포커스로 열을 집중시키는 시스템이지요. 현재 스토브를 이용한 대형 조리 설비가 완성되었고, 이를 이용해 주택의 난방이 가능하도록 연구개발이 진행 중입니다."

차근차근 설명해 준 사람은 에너지팜의 김대규 대표다. 2008년에 그가 1인 기업으로 설립한 이 회사는 크게 세 가지의 설립 목적을 갖고 있다. 환경 파괴와 에너지 위기에 대안을 제시하는 제품 및 서비스 제공, 대안기술 및 적정기술 보급을 통해 제3세계의 에너지 자립과 빈곤 퇴치에 기여, 그리고 이윤의 사회적 환원.

그는 본래 신학도였다. 하지만 2003년 네팔 여행 때 현지 빈민들의 실상을 목격한 뒤, 그들에게 도움이 되는 기술을 배워 그들과 함께 나누는 삶을 살기로 결심한다. 처음엔 대안기술센터 교육 간사로 2년간 활동했고, 이후 1인 기업 에너지팜을 설립하여 소형 풍력발전기, 자전

에너지팜 본사 앞에 설치예술품처럼 서 있는
대형 태양열 설비 ⓒ에너지팜

거 인력발전기, 소형 태양광 발전설비, 태양열 조리기 등을 만들었다.

그가 화두로 삼은 건 '소외'였다. 그는 자본주의의 가장 기본적 단위인 '기업'으로 소외된 이웃에게 접근했다. 그들이 꿈을 실현할 수 있는 기회를 기업을 통해 제공하고 싶었고, 그게 충분히 가능하다는 걸 보여주고 싶었다.

에너지팜의 주요사업은 크게 세 분야로 나뉜다. 첫 번째는 재생에너지 제품 제작 및 설치, 두 번째는 재생에너지-적정기술 교육 및 제작 워크숍, 세 번째는 제3세계로의 적정기술 이전이다.

국내에선 풍력발전기, 태양광 LED 가로등, 자전거 발전기, 태양열 조리기 등 재생에너지 관련 설비를 제작하고 설치, 시공한다. 지역공동체, 학교, 시민단체 등과 함께하는 '에너지 자립을 위한 교육 및 제작 실습 워크숍'을 통해 에너지 위기의 심각성을 알리는 교육활동도 진행하고 있다.

제3세계로의 기술 이전은 처음엔 자체적인 소규모의 CSR로 시작했다가 점차 하나의 사업모델로 자리를 잡았다. 하지만 기술 이전 자체가 목적은 아니다. 에너지팜 해외 사업의 최종 목표는 기술을 현지화하는 것, 나아가 적정기술 관련 현지 사회적기업의 설립을 지원하는 것이다.

"캄보디아에서는 가정에서 전기를 사용하기 위해 배터리를 사용합니다. 수명이 1년 정도 되는데, 1년이 지난 후엔 디젤 발전기를 이용해서 재충전을 하지요. 얼마 전에 디젤 대신 태양광을 이용한 발전 시스템을 우리나라가 보급한 적이 있어요.

그런데 그 태양광 발전 설비의 규모가 너무 커요. 현지 관계자에게 물어봤더니 하루에 2백 개를 충전할 수 있다고 하더군요. 그럼 인근 지역의 배터리 충전 수요가 그 정도 되느냐고 했더니, 전혀 그렇지 않다는 거예요.

게다가 그곳은 무료로 운영되고 있어요. 예전엔 우리 돈으로 7백원 정도를 받고 배터리를 충전해 주는 배터리 가게들이 있었는데, 태양열 발전기 때문에 대체 얼마나 많은 현지 가게들이 문을 닫고 얼마나 많은 사람들이 일자리를 잃었을지 생각하면 굉장히 안타깝지요.

우리의 원칙은 모든 걸 현지인들이 직접 진행하게 하는 거예요. 가령 태양광 충전소를 운영한다면 현지 배터리 가게에서 일하던 사람들을 고용하고, 장기적으로는 그들 스스로 사업을 이끌어 갈 수 있게 하는 거지요."

에너지팜에서 가장 중요하게 여기는 가치는 '지속가능성'이다. 개발도상국 사람들이 스스로 자립하게 도와주고 지속가능성을 확보하기 위해서는 그들의, 그들에 의한, 그들을 위한 프로젝트를 진행해야 한다.

김대규 대표는 그 가능성을 기업에서 찾았다. 기업 설립을 적극적으로 도와주되, 일반 기업들처럼 주주가 이익을 독차지하지 않는 대안적인 모델을 제시해 보고 싶었다. 기업의 이윤을 지역사회 개발로 환원하고, 또 그것들을 재투자하고 재생산할 수 있는 선순환 구조를 만들고 싶었다.

시행착오를 줄이는 방법

김대규 대표는 효과적인 사업 및 기술 이전의 진행과정을 총 5단계로 보고 있다.

0단계	현지의 Needs 파악 타당성 조사 실시 / 현장 조사 실시
1단계	인력 확보, 준비 교육 시설 투자 / 기술의 현지화
2단계	초기 생산을 위한 자재 공급 기술 이전 실시 / 현지 생산지도 시장 형성 및 사용자 교육
3단계	시설 확충 / 일자리 창출 영업이익 창출 / 기업 브랜드화
4단계	타 지역에 기반 구축 / 지점·분점 형태의 확장 사업 영역의 다양화 / 전문성 확보

여기서 그가 가장 중요하게 생각하는 것은 사용자에게 무엇이 필요한지를 알아내는 '0단계'이다.

"아까 얘기했던 캄보디아 태양광 발전소를 예로 들어 볼까요? 만약 0단계에서 현지에 대한 정확한 데이터가 있었다면, 즉 발전소 주변에 얼마나 많은 사람들이 살고 있는지, 운송에 필요한 인력과 비용과 시간은 어떻게 할 것인지에 대한 고민이 있었다면 사업의 결과는 많이 달라졌을 겁니다.

우리가 하는 태양광 발전설비 등도 마찬가지예요. 자재 수급을 어떻게 할 것인지, 누가 이것을 구매할 수 있는지, 아직 시장에 없는 제품인데 이용자 교육은 어떻게 할 것인지에 대한 고민이 필요해요. 주민들의 신뢰를 어떻게 얻고 현지 정부와의 관계를 어떻게 구축할 것인지 생각하는 것도 중요하고요. 이런 과정이 없으면 나중에 사업이 굉장히 힘들어집니다."

철저한 사전 조사 없는 적정기술이 오히려 주민들에게 해가 될 수 있다는 건 많은 ODA 사업에서 입증된 바 있다. 외국의 한 국제협력기관이 몽골의 게르에 온돌을 설치해 준 적이 있는데, 따뜻하게 지낼 것이라는 공여자들의 기대와 달리 주민들은 코피를 터트렸다. 바닥이 따뜻한 곳에서 단 1분도 살아 보지 않은 사람들이 뜨끈한 온돌에 누웠으니, 몸이 그 느닷없는 변화를 이겨 낼 수 없었던 것이다.

이런 시행착오를 막기 위한 철저한 현지 조사는 에너지팜이 가진 가장 큰 경쟁력이다.

캄보디아 현지 가정 설문조사 (총 97가정)

— 의료비 지출은 얼마인가?
  76가정이 37.1달러 지출

— 빚은 있는가?
  있다 : 43 (44.3%)
  없다 : 54 (55.7%)

— 물은 어떻게 먹는가?
  끓여 먹음 : 79 (81.4%)
  그대로 마심 : 5 (5.2%)
  그대로 마시거나 끓여 먹음 : 3 (3.1%)

— 취사에 사용하는 에너지는?
  나무 : 70 (72.2%)
  나무와 가스 : 14 (14.4%)
  나무와 숯 : 4 (4.1%)

— 나무를 어디서 구하는가?
  집 근처 : 49 (50.5%)
  들판 : 21 (21.6%)
  구매 : 11 (11.3%)

— 나무를 구하는 주기와 소요 시간은?
  평균 월 5.5회, 2.2시간

— 2년간 할부로 매월 5달러 지출이 가능한가?
  가능 : 63 (69.2%)
  불가능 : 24 (26.4%)

— 매월 어느 정도 금액이면 지출이 가능한가?
  평균 월 3달러

위 표는 에너지팜이 태양열 조리기 사업을 시작하기에 앞서 시행했던 설문조사 자료의 일부다. 이를 통해 주민들이 현재 어떻게 생활하고 있는지, 또 태양열 조리기를 얼마에 내놓아야 시장성이 있는지를 미리 확인해 볼 수 있었다.

"프로젝트를 실시하기 전에 일단 주민들이 참여할 수 있도록 동기 부여를 해야 합니다. 또 무작정 대규모 프로젝트를 시행하기보다는 테스트 차원의 파일럿 프로그램을 실행해 보는 게 좋습니다. 이를 통해 현지인들을 교육하고 인력을 양성하면서 기술을 현지화할 수 있지요. 그다음에 가능하다면 소기업이나 사회적기업을 설립하고, 비즈니스를 하고, 거기에서 나온 이윤을 일자리 창출이나 재교육 같은 사회적 가치로 연결시키는 게 가장 이상적이라고 생각합니다."

지속가능성을 위하여

에너지팜은 2011년 GGGI(Global Green Growth Institute, 국제녹색성장연구소), ASEIC(ASEM 중소기업 녹색혁신센터, ASEM SMEs Eco-Innovation Center)와 함께 캄보디아 수도 프놈펜으로부터 약 70km 떨어진 타케오 지역에 태양열 조리기와 태양광 발전설비를 설치했다.

타케오 지역에서의 사업은 이삭학교(ISAC, Institute of Sustainable Agriculture and Community School of Neighbor of Cambodia)와의 인연에서 시작되었다. 이삭학교는 현지 NGO인 〈캄보디아의 이웃〉의 김기대 대표가 2003년 타케오 지역에 설립한 학교로, 교육 혜택에서 소외된 15~22세의 청년들이 모여 보건위생, 자연농업, 양계, 양돈, 친환경 에너지, 컴퓨터, 영어, 수학 등을 배우며 미래의 지도자로 자라나는 곳이다.

학생들이 교육 과정을 마치고 나면 각자의 고향으로 돌아가 지역사회의 리더로 성장할 수 있도록 돕는다. 2012년까지 약 2백여 명의 졸업생이 배출되어 캄보디아 각지에서 지역 발전을 위해 노력하고 있다.

"에너지팜 설립 첫해인 2008년에 2천만 원 정도의 순이익을 얻었어요. 그 돈을 어떻게 사회적 가치를 위해 재투자할까 고민하다가 20년 지기인 김기대 대표에게 연락을 했지요. 이삭학교에서 똑똑한 학생 한 명만 보내 달라고요. 그때 온 학생이 싸론이었어요. 3개월간 산청 대안기술센터에서 여러 가지를 가르쳤고, 출국할 땐 발전기를 만들 자재를 선물로 줬습니다. 가자마자 그걸로 발전기를 만들었대요. 지금은 이삭학교 교사이자 기술팀 리더로서 학생들에게 친환경 에너지 분야를 가르치고 있어요."

이삭학교 학생들과 함께 태양열 조리기를 만든 뒤 주민들과 함께한 행사 ⓒ에너지팜

 에너지 문제 해결은 캄보디아 발전을 위한 필수 요소다. 전체 인구의 60%가 농촌지역에 거주하고 있고 그중 약 6%만이 전기 사용이 가능하다고 한다. 에너지팜은 2011년 태양열 조리기 3대를 만드는 파일럿 프로젝트를 시작으로, 작업장 구축과 태양열 조리기 20대 현지 생산을 통한 기술 이전을 실시했다.

"이삭학교 학생들과 함께 작업 공간을 구축하고, 자재를 구매하고, 생산에 필요한 설비들을 만들었어요. 학생들에게 공구 사용법을 설명한 다음 직접 재고 자르고 구부리게 했지요. 개중엔 자尺를 처음 써 보는 학생들도 있었고, 컴퍼스를 처음 보는 학생들도 있었어요. 얼마 전까지 마약중독자 보호센터에 있다가 나와서 3분 이상 집중하기 힘든 학생도 있었고요. 하지만 1mm가 10개 모이면 1cm가 된다는 것부터 차근차근 가르쳤더니 금세 용접 작업까지 소화할 만큼 빠르게 성장하더군요.
태양열 조리기를 만든 뒤엔 주민들을 불러서 행사도 했어요. 음식도 만들고, 시장 전망이 어느 정도인지 점검도 해 봤죠. 가정용 태양광 시스템은 지붕에 태양광 패널을 깔아서 배터리에도 연결하고 전등도 사용할 수 있게 하는 거였어요.

이 사업은 일회성으로 끝나는 게 아니고 후속 사업으로 이어져야 하기 때문에, 마이크로 크레딧micro credit(미소금융)을 이용한 판매에 적극적으로 나서고 있어요. 제품을 그냥 주는 것보다 더 중요한 건 기술 이전과 교육이지요. 그것만 제대로 이루어지면 우리가 없더라도 충분히 지속가능하다고 생각합니다."

현지 학생들과 함께 제품을 만들고 기술을 가르치면서, 그는 태양광 발전설비를 비롯한 적정기술 제품들이 캄보디아의 에너지 문제뿐 아니라 위생 문제까지 해결할 수 있음을 알게 되었다.

"타케오 지역에 태양열 조리기를 설치했을 때, 어느 날 냄비를 열어 보니 안에 수저랑 포크가 한가득 들어 있었어요. 식당 스태프가 소독하려고 그랬다는 거예요. 이런 방법을 이전부터 알고 있었냐고 하니까, 알고는 있었지만 가스비가 비싸서 못 했다고 하더군요. 적정기술이 에너지 외에 보건위생 문제까지 해결해 줄 수 있다는 걸 그때 알았어요."

태양열 조리기를 이용한 소독. 적정기술의 효과는 한 가지에 그치지 않는다. ⓒ에너지팜

한 가지 제품의 활용 범위가 여러 영역으로 확장되듯, 그는 적정기술의 범위를 단지 뭔가 '만드는 것'에 한정하지 않고 한층 넓은 의미에서 파악하고 있다.

"저는 적정기술의 중요한 분야들 중 하나가 '통관'이라고 생각합니다. 가령 개발도상국에 태양광 시설을 설치하려면 태양전지 패널을 들여가야 하는데, 통관 과정에서 돈이 많이 들어요. 현지 제품 가격도 그만큼 비싸지게 되지요. 그 비용을 최소화하고 원활한 수급체계를 확보하려면 수입과 통관을 진행하는 무역업체에서 적정기술을 맡는 게 바람직합니다. 거기에서 적정기술에 관련된 일자리가 나올 수도 있다고 생각해요. 한 가지 덧붙이자면, 예전에 저는 태양광 패널이 적정기술이라고 생각하지 않았어요. 대부분이 중국산이고 대규모 공장에서 찍어 내는데 그게 어떻게 적정기술인가 싶었지요. 하지만 아프리카의 마사이 족을 찍은 사진 한 장을 본 뒤에 생각이 바뀌었어요.
사진 속 마사이 족은 한 손에 죽창을 들고 한 손에는 아이폰을 들고 있었어요. 충전 한번 하려면 주유소까지 꼬박 두 시간을 걸어간다고 하더군요. 아, 개발도상국 사람들이라고 해서 최신 기술을 쓰지 말라는 법은 없겠구나 하는 생각이 그때 들었습니다. 부품의 국적이나 제조 방식이 적정기술 여부를 판가름한다는 생각도, 태양전지 패널이 개발도상국에 적정하지 않다는 생각도 더 이상 하지 않게 되었죠."

유연해진 개념과 확장된 사고는 에너지팜의 활동 범위와 영향력을 한층 넓혀 줄 것이고, '지속가능성'이라는 목표를 이루는 데도 적잖이 기여할 것이다.

기술보다 아름다운 꿈을 가르치다

 2012년까지 이어진 기술 이전은 학생들에게 기술을 가르치는 차원을 넘어 '할 수 있다'는 자신감과 희망을 불어넣어 주었다. 이를 바탕으로 에너지팜은 태양광 관련 설비들을 이삭학교에 직접 구축해 보기로 했다. 그간 배운 기술들을 실습해 봄으로써 학생들의 역량 강화를 꾀하기 위해서였다.

 우선 태양광 가로등 교내 설치를 통해 응용설비를 직접 시공할 수 있다는 것을 확인했다. 그다음에 5kW 태양광 발전설비를 만들기로 했다. 이삭학교의 설립 이념처럼, 재생에너지를 활용하여 자신들이 쓸 에너지를 자체 조달하기로 한 것이다.

 "학교 건물에 태양광 패널을 설치할 때는 학생들이 직접 프레임을 제작하고, 구조를 만들고, 배선을 연결하고, 컨트롤 박스와 배터리 뱅크 등 모든 설비들을 구축했어요. 패널에서 만들어진 전기를 컨트롤 박스를 통해 교내 곳곳으로 배분하는 일련의 과정들을 하나하나 꼼꼼히 가르쳤지요."

 그렇게 해서 마침내 태양광 발전설비가 완성되었다. 전기가 없던 학교에서 전기를, 정확히 말하면 자연이 주는 무한에너지를 사용할 수 있게 된 것이다. 5kW면 한국에선 3가구 정도가 사용할 수 있는 용량이지만, 전력 사용량이 적은 캄보디아에선 훨씬 유용하게 사용할 수 있다고 한다.

 2년 반 동안 3단계에 걸쳐 이루어진 기술 이전의 대단원은 태양열 설비 중에서도 대용량인 10㎡ 쉐플러 리플렉터*였다. 부천의 에너지팜 본사 앞에 옥외조형물처럼 서 있는 바로 그 설비다. 에너지팜은 팜 트리palm tree 수액을 끓여서 팜 슈거palm sugar를 생산하는 공장을 현지에 설립하여 주민들에게 일자리를 제공할 계획을 갖고 있었고, 그 생산 과정에 쉐플러 리플렉터를 활용할 예정이었다.

팜 슈거를 생산하려면 원액을 센 불에서 오래 끓여야 한다. 그러나 현지의 땔감 가격이 너무 비싸기 때문에 일반 가정에서 팜 슈거를 만들기엔 어려움이 많다. 이 문제를 해결하면서 동시에 지역 소상공인을 양성한다는 목표 아래 실시된 기술 이전은 한국의 에너지팜, 원천기술 보유사인 독일의 〈Simply Solar〉, 그리고 캄보디아가 함께 진행한 3개국 합작 프로젝트였다.

일단 생산자 방문, 기초 조사, 리플렉터의 유용성 검토 등이 이루어졌다. 이어서 기존의 기술 이전 프로세스와 마찬가지로 시장 조사와 부품 가공, 시스템 제작 및 설치 과정을 거쳐 기술 이전이 모두 완료되었다. 성능 테스트를 위해 리플렉터에서 생산되는 열로 수액을 끓인 다음 팜 슈거를 생산해 보았고, 결과는 성공적이었다.

기술 이전을 마친 뒤 그는 한국으로 돌아왔다. 그리고 이삭학교에서는 자체적인 소기업 활동을 시작했다. 그동안 배운 것들을 바탕으로 학생들은 이제 솔라 홈 시스템Solar Home System, 즉 가정용 독립형 태양광 발전설비를 80W~400W까지 직접 설치할 수 있게 되었다.

"이삭학교 아이들은 저를 '아카스AKAS' 라 부릅니다. 네팔어로 '하늘' 이라는 뜻인데, 하늘처럼 늘 모든 이들과 함께 존재하고픈 마음에서 저 스스로 지은 이름입니다.

*독일의 물리학자 볼프강 쉐플러에 의해 발명된 태양열 시스템. 태양의 이동경로를 자동 추적하여 정해진 초점에 태양에너지를 집중시킴으로써 열을 획득하는 방식이다. 반사판 면적이 10㎡ 이상이면 대용량으로 구분되며, 최근 인도와 파키스탄 등에서는 대용량 쉐플러 리플렉터를 난방과 조리에 이용하는 사례가 늘고 있다.

쉐플러 리플렉터 기술 이전은 한국-독일-캄보디아 3국 합작으로 진행되었다. ⓒ에너지팜

기술이전 기간 동안 저도 힘들었지만, 아이들도 많이 힘들었을 겁니다. 낮에는 이론으로 배운 것들을 현장에서 실습하고, 저녁에는 다시 태양광 발전설비를 비롯한 직징기술 이론들을 배워야 했으니까요. 그밖에도 이 학교에선 컴퓨터, 영어, 자연농법 등 다양한 수업들을 통해 배움의 폭을 넓혀 주고 있지요.

어느 날 썸밧이라는 친구가 와서 그러더군요. 그동안 배웠던 영어 단어들 중에서 뜻이 잘 이해가 되지 않는 게 하나 있었는데 비로소 완전히 이해하게 되었다고요. 그 단어가 뭐였을까요? 다름 아닌 '드림dream'이었습니다.

꿈을 가져야 한다느니, 꿈은 이루어진다느니 하는 말을 들을 때마다 그 친구는 늘 고민스러웠대요. 꿈이라는 건 원래 잠잘 때 꾸는 것인데, 왜 그 단어를 그런 맥락으로 사용하는지 이해할 수가 없었던 거지요. 하지만 이제 'dream'이란 우리로 하여금 보이지 않는 것을 꿈꾸게 하는 것임을 알게 되었다고 하더군요.

그리고 이렇게 말했어요. 아카스, 내게 꿈을 선물해 줘서 고맙다, 라고."

기술의 현지화, 그리고 자립

기술 이전 후 귀국한 그에게 어느 날 한 통의 전화가 걸려 왔다. 에너지팜이 타케오에 태양광 발전설비 기술을 이전했다는 신문기사를 봤는데, 혹시 그곳의 한 가정집에도 전기를 설치해 줄 수 있느냐는 것이었다. 처음엔 장난전화인 줄 알았는데 며칠 뒤 똑같은 내용의 이메일이 다시 날아왔다.

사연의 주인공은 대전에 사는 정 아무개(38) 씨였다. 2012년에 캄보디아 출신 여성과 결혼한 그는 친정집에 전기가 들어오지 않는다는 아내의 얘기를 듣고 안타까워하다가 우연히 에너지팜 기사를 보았다고 한다. 그래서 혹시나 싶어 문의 전화를 하고 메일을 보냈다는 것이다. 그는 2가구 정도가 사용할 만한 전기시설 설치를 원한다고 했다.

"그분에게 제가 그랬어요. 신문에서 보셨다시피 우리가 2년 반 동안 기술을 이전해 준 현지 학생들이 있는데, 그 친구들을 통해서 장모님 댁에 전기를 설치해 드리고 싶다. 한국인들을 보내서 시공하는 것보다 돈도 덜 들 거다. 그 대신 400W 전기 설치에 대한 기술보증은 에너지팜에서 하겠다고요. 그랬더니 흔쾌히 동의하더군요. 즉시 캄보디아로 연락해 사실을 알렸고, 이삭학교 아이들이 직접 독립형 태양광 발전설비를 구축하게 되었습니다."

정 씨의 장모님 댁에 전기를 설치하러 가는 날, 이삭학교 학생들은 마냥 들떠 있었다고 한다. 한국으로 시집 간 캄보디아 여성의 집에 한국인 사위가 전기를 선물해 준다는 것도 감동적이었고, 그들의 아름다운 사연에 동참하고 있다는 것 또한 학생들을 더없이 설레게 했던 것이다.

"그날 정 씨의 장모가 사위의 사진을 들고 나와서 동네방네 자랑을 했다고 하더군요. 한국인과 결혼한 캄보디아 여성들의 힘겨운 삶이 전해지면서 현지에서 우리나라에 대한 인식이 별로 좋지 않았었는데, 한국인 사위와 한국기업으로부터 기술 이전을 받은 학생들 덕분에 이미지가 많이 바뀌지 않았을까요? 이렇게 현지인들이 기술을 배워 스스로 시공까지 하는 것이야말로 에너지팜이 소망하는 지속가능한 적정기술의 모습이라고 생각합니다."

이렇게 자립의 첫걸음을 뗀 이삭학교 학생들에게 얼마 후 새로운 기회가 찾아왔다. 이번엔 캄보디아 현지의 다른 학교에 중소형 태양광 발전설비를 설치 시공하는 일이었다.

"2013년 봄, 한국에 돌아와서 국내 업무를 보며 바쁜 나날을 보내고 있는데 경희대 지구사회봉사단GSC에서 연락이 왔습니다. 캄보디아 현지업체로부터 태양광 발전설비 구축에 관한 견적을 받았는데 검토를 좀 부탁한다는 거였어요.
GSC는 KOICA와 함께 캄보디아 북부 씨엠리업의 한 마을에서 학교 보수, 정수시설을 통한 비즈니스, 주민 역량강화 등 다양한 지역사회개발

한국인 사위의 빛나는 선물과 캄보디아 장모님의 환한 웃음 ⓒ에너지팜

프로그램을 진행하고 있었습니다. 그중 하나로 컴퓨터를 가르치려 하는데, 컴퓨터 사용에 필요한 전기를 태양광 발전설비를 통해 생산하고자 현지 업체에 견적을 의뢰했던 겁니다. 죽 훑어봤더니, 배터리 용량을 조금 늘려야 하는 것 외에 견적서에 큰 이상은 없더군요.

GSC 담당자에게 정중히 물었습니다. 2년 반 동안 다양한 기술들을 이전한 캄보디아 현지 그룹이 있는데, 혹시 가능하다면 그들에게 중소형 태양광 발전설비를 구축할 기회를 주실 수 있겠냐고요. 물론 기술보증은 에너지팜에서 하기로 했지요. 그러자 GSC 담당자 역시 기분 좋게 허락해 주었습니다."

2013년 6월, 이삭학교 학생들은 단독으로 중소형 태양광 발전 시스템(4kW)을 구축하는 데 성공했다. 그간 소형 독립형 태양광 발전설비를 구축했던 경험을 바탕으로 이제 중형 설비까지 거뜬히 시공하는 모습을 보면서, 김대규 대표는 분명히 알게 되었다고 한다. 그가 그토록 원했던 '현지화된 기술'을 바탕으로 이삭학교 아이들이 어느새 자립 단계에 도달해 있다는 것을.

현지에 사회적기업을 설립하고 기업 활동을 통해 지속가능성을 확보해 나간다는 그의 꿈 역시 그만큼 더 현실에 가까워졌을 것이다.

멀리 보며 천천히 가기

여러 개발도상국에서 활동해 온 지난 5년간 끊임없이 그의 머릿속을 맴돈 문제가 하나 있다. 현지 청년들을 위한 일자리 창출이 절실하다는 점이다.

2013년 여름, 기술의 현지화를 통해 자립의 첫걸음을 내디딘 이삭학교 학생들 ⓒ에너지팜

"지금 개발도상국에는 젊은이들이 없습니다. 다른 나라로 가면 더 나은 일자리가 있으니까 다들 외국으로 나가고 있어요. 제가 캄보디아에 가서 강의를 한 뒤에 질문이 있냐고 하면 학생들이 여럿 손을 들어요. 다들 하나같이 한국에 가려면 어떻게 해야 하느냐고 묻지요. 그게 현실이에요."

적정기술의 중요한 요소들 중 하나가 현지 인적자원을 최대한 활용하여 그들 스스로의 힘으로 기술을 활용하도록 지원하는 데 있다면, 현재 우리나라의 기업들이 하고 있는 활동이 오히려 현지 적정기술의 성장을 방해할 수도 있다고 그는 지적한다.

"한국의 어떤 기업이 CSR의 일환으로 태양광 패널에 배터리와 LED를 연결하여 독립형 태양광 가로등을 설치해 준 적이 있었어요. 한국에서 재료를 다 가지고 가서 한국 직원들이 설치해 줬는데, 사실 이삭학교 학생들도 충분히 할 수 있는 작업이에요. 물론 디자인 같은 건 좀 부족할 수 있겠지만.
지금 캄보디아의 젊은이들이 일자리를 찾아 외국으로 떠나고 있는데 한국 기업이 CSR을 내세워 결과적으로 현지의 일자리 창출을 막는다면, 적정기술이라는 게 자칫 심각한 문화적 폭력이 될 수 있겠더라고요. 너희는 못하니까 우리가 해 주는 걸 쓰기만 하라는 식으로 접근한다면 말이지요."

에너지팜이 타케오 지역에서 기술의 현지 이전에 힘썼던 건 이런 문제의식이 바탕에 깔려 있었기 때문이다. 그건 이삭학교 김기대 대표를 비롯한 많은 분들의 헌신적 노력이 있었기에 가능했던 일이라고 그는 말한다.

"김기대 대표님은 캄보디아에 처음 가셨을 때 농과대학 앞에 집을 사서 지방 출신 학생들을 먹이고 재우며 공부시키셨어요. 그 학생들이 졸업하는 걸 보신 뒤엔, 시골에 학교가 없어서 아이들이 교육적 혜택을 못 받는 게 가슴 아프다며 이삭학교를 세우셨어요.
이삭학교 학생들은 학비로 자기들이 먹을 쌀 20kg을 가지고 와요. 그리고 1년간 기초적인 공부와 양계, 양돈을 배우죠. 6개월이 지나면 '방과 후 학교'를 통해서 또 다른 아이들을 가르쳐요. 이 학생들이 졸업하고 고향으로 돌아간 뒤 각자의 마을을 이끌 이장이 되도록 하는 게 이삭학교 교육의 목표예요. 이렇게 기초를 튼튼하게 다져 놓았기 때문에 제가 타케오 지역에서 사업을 할 수 있었던 겁니다."

그는 이삭학교에서 시작한 적정기술 사업이 더욱 발전하기를 간절히 원하고 있다.

"2011년에 만든 태양열 조리기는 한 대당 160달러에 판매되고 있어요. 여기서 가격을 더 올리면 구매력이 약화되기 때문에 인상은 어렵습니다. 어떻게 하면 현지인들의 급여를 올려 줄 수 있을지 고민하다가, 새로운 기술을 배우게 했어요. 엑셀 학원에 다니면서 재무회계를 배워 업무에 도움을 주는 친구들도 있고, 올해는 발전 설비까지 익혔지요. 앞으로는 컨트롤러나 LED까지 제작할 수 있고, 기술 이전이 진전되면 그들이 할 수 있는 일은 더 늘어날 거예요.

거시적인 장기 플랜을 가지고 현지인들을 교육해서 기술을 그들의 것으로 만들어 주는 게 결코 쉽지는 않아요. 하지만 학생들이 하고자 하는 열정이 있고, 또 김기대 대표님을 비롯한 많은 분들이 도와주시기 때문에 차근차근 해 나가고 있지요. 이런 분들을 만난 건 정말 너무나 큰 행운이라고 생각합니다."

그렇다면 앞으로 에너지팜이 나아가야 할 방향은 무엇일까?

"사실 저희는 전문기술을 보유한 회사는 아닙니다. 저희가 사용하고 있는 건 대부분 이미 오픈되어 있는 기술들이지요. 하지만 현지에서 필요한 '니즈needs'를 찾아내고, 현지인들에게 기술을 가르치고, 그 기술이 정착될 수 있도록 도와주는 건 저희가 할 수 있습니다.

기술을 이전할 때는 현지 업체를 반드시 고려합니다. 캄보디아의 경우, 프놈펜에서 태양광 설비 사업을 활발하게 하는 기업이 있었어요. 조사해 보니 그쪽이 제품도 월등하고 가격경쟁력도 갖고 있었는데, 이미 자생적인 인프라를 가지고 있는 기업을 우리가 훼방 놓는 건 아닌지 고민이 되더군요. 하지만 우리가 하려는 건 일자리 창출과 적정임금 지급이기 때문에, 또 프놈펜 지역의 기업은 타케오까지는 안 오기 때문에 결국은 계획대로 일을 진행했어요. 그렇게 사업을 하고 기술 이전을 해서 소비자층도 넓히고 일자리도 창출하고 생산가격도 낮추면, 장기적으로 그 나라에 도움이 될 거라고 봐요.

늘 고민합니다. 우리가 다른 회사와 어떤 점이 다른지, 에너지팜에서 독보적으로 할 수 있는 게 뭔지, 경쟁력은 어떻게 확보해야 하는지 등등.

하지만 '과연 누가 끝까지 이 길을 가겠는가'라고 생각하면 걱정이 사라지고, 잘하고 있다는 생각이 들지요."

힘들어도 기어이 이 길 위에 남을 거라는 믿음! 그렇게 그는 천천히, 그러나 멀리 보며 한 걸음씩 나아가고 있다.

인간을 위한 흙건축

한동대학교 친환경건축학회 '에코한울'
태국 | 흙건축

"이렇듯 흙은 관용적인 재료예요. 정말 가난한 사람들부터 정말 부자들의 집까지 다 만들 수 있는 게 이 흙이라는 재료거든요. 단지 우리가 그것에 대해서 잊고 있었죠. (…) 다시 우리가 조금만 더 관심과 애정을 쏟아 준다면, 수천 년간 인류의 주거지를 제공해 왔듯이, 오늘날에도 모든 사람들의 집을 지을 수 있는 좋은 소재로서 흙은 항상 우리 곁에 있습니다."

— 故 신근식 교수, TEDxBusan 강의 중

흙으로 집을 짓는다고 하면 사람들은 대개 의아해한다. 집은 당연히 돌이나 시멘트처럼 단단한 재료로 지어야 하지 않나? 흙이라는 부드러운 재료가 과연 집 구실을 제대로 할 수 있을까?

하지만 조금만 생각해 보면, 흙집은 늘 우리 곁에 있었다. 어렸을 때 놀러 갔던 시골 할머니 댁도 흙집이었고, 부모님이 은퇴 후 시골에 짓고 싶다는 집도 흙집이다. 우리나라만 그런 게 아니다. 예멘의 고도古都 시밤에는 세계문화유산으로 지정된 5백 년 넘은 흙빌딩이 있고, 미국 캘리포니아 뉴멕시코의 산타페에서도 예술적인 흙집을 만날 수 있다.

지금도 전 세계 인구의 30%는 흙집에서 살고 있다. 특히 개발도상국에선 농촌 인구의 절반 이상, 도시 인구의 20% 이상이 흙으로 만든 집에서 생활하고 있다고 한다. 남미 페루 건축물의 60%는 흙벽돌과 다짐공법으로 되어 있고, 아프리카 르완다의 수도인 키갈리의 주택들 중 38%가 흙으로 지어졌다.

이렇듯 흙은 오랫동안 다양한 형태로 인류의 주택 재료로 사용되어 왔다. 집의 형태와 건축 방식은 각 지역의 환경과 문화에 따라 각기 다르다. 최근엔 흙을 이용하여 개발도상국의 주거환경 문제를 해결하려는 움직임도 활발히 일어나고 있는 중이다.

故 신근식 교수는 '흙건축'이라는 지속가능한 건축을 통해 개발도상국에 지속가능한 삶을 가져다 줄 수 있다고 믿었다. 이와 관련하여 그가 자주 거론하던 두 개의 사례가 있는데, 하나는 인도네시아의 쓰나미 피해지역 얘기다. 모든 것이 무너진 자리에 시멘트 블록과 콘크리트를 이용해 주택을 재건했지만 결국은 주민들이 모두 떠나 버렸다는 것. 아무리 긴급한 상황에서 지었더라도, 현지의 상황에 맞지 않는 집은 오래 갈 수 없다는 것을 보여주는 단적인 사례다.

이와 반대로, 2001년 콩고 화산폭발 때 재난 지역에 흙으로 신속하게 지었던 구호주택들은 무너진 지역사회를 재건하는 결정적 계기가 되었다. 가장 손쉽게 다룰 수 있는 건축 재료인 흙이 주민들에게 새로운 기술을 가르쳐 주고, 경제활동을 이끌어 내고, 지역 발전의 기반까지 닦아 주었다는 게 그의 생각이다.*

2011년 여름 불의의 사고로 세상을 떠나기 직전까지, 그는 흙건축이 개발도상국의 주거환경 개선에 도움을 줄 수 있다는 것을 실천으로 보여주었다. 2010년 10월에 한동대학교 친환경건축학회 '에코한울' 학생들과 함께 시작한 태국 매해Mae Hae 지역 주택개선 사업이 바로 그것이다.

흙으로 지은 모델하우스

김주찬(한동대 공간환경시스템공학부 06학번) "매해 지역은 태국 북부 치앙마이에서 좀 더 북쪽으로 가면 나오는 해발 1천6백m의 고산지대예요. 주민들은 원래 태국과 인접한 미얀마나 라오스 출신인데, 종교적 이유나 정치적 이유 때문에 이곳으로 피난 와서 정착하게 되었대요. 마을에 살고 있는 여러 부족들 중 라오스에서 이주해 온 몽 족과 미얀마에서 이주해 온 카렌 족이 제일 규모가 커요.

그들은 예전에 살던 더운 지역의 주거 방식을 그대로 가져왔는데, 고산지대인 매해엔 전혀 맞지 않아요. 겨울이 되면 추위 때문에 고통 받고, 얼어 죽는 사람도 많다고 해요. 마을 안에도 빈부격차가 있다 보니 돈을 많이 버는 사람들은 제대로 된 집을 짓고 살지만, 그렇지 못한 대부분의 주민들은 늘 추위에 떨고 있어요."

　몽 족과 카렌 족의 주거 방식이 고산지대의 환경에 부적합하다는 건 그들의 가옥 형태와 재료만 봐도 쉽게 확인된다.

* 신근식, 「지속가능한 삶을 위한 지속가능한 건축 : 흙건축을 통한 주거환경 개선 사업에 관한 고찰」, 『적정기술』 제2권, 한밭대 적정기술연구소, 2010

카렌 족의 고상식 2층 가옥(왼쪽)과 몽 족의 단층 가옥(오른쪽)

김주찬 "몽 족은 단층 가옥을 짓고 살아요. 고산지대에 적합하게 땅을 약간 파서 집을 짓지요. 땅에서 올라오는 지열을 이용하려 한 것까진 좋은데, 나무로 짓다 보니까 마감이 제대로 되어 있질 않아요. 벽이 숭숭 뚫려 있어서 바람이 들어오니까 당연히 춥죠. 집이 추우니까 난방을 하려고 불을 때고, 불 때문에 집 안에 연기가 가득하고, 이로 인해 건강까지 해치고 있어요.

카렌 족은 저低지대 출신이라서 홍수가 났을 때 유용한 가옥 구조를 갖고 있어요. '고상식 가옥'이라고 하는데, 1층은 비워 놓고 2층에서 사는 거예요. 강이 범람하는 것에 대비할 수 있고 뱀이나 벌레를 피할 수도 있긴 한데, 난방이 어려워요. 그들 역시 나무를 이용하다 보니까 바람이 많이 들어와서 굉장히 춥더라고요."

나무를 이용하던 본래의 가옥 구조를 유지하기가 더욱 힘들게 된 것은, 태국 정부에서 벌목을 금지했기 때문이기도 하다.

김주찬 "가난하다고 해서 집에 대한 욕심이 없는 건 아니에요. 그들도 당연히 더 크고 더 좋은 집에서 살고 싶어해요. 보통 새로운 가족이 생길

때쯤 집을 증축하는데, 벌목이 금지되어 있고 목재가 비싸니까 몰래 조금씩 나무를 모은대요. 감시원의 눈을 피해서 조금씩 나무를 베어다가 집에 붙여 놓는 거예요. 원래부터 있었던 것처럼요. 어떤 할머니는 그런 식으로 자그마치 10년 동안 나무를 모았대요. 그런 다음 목수를 불러서 집을 지어요."

나무가 기후에도 안 맞고 가격도 비싸서 건축 재료로 부적합하다면, 대체할 수 있는 최선의 재료는 흙이다. 故 신근식 교수와 '에코한울'은 이곳에 흙집을 지어 주기로 결정하고 준비에 들어갔다. 첫 단계는 현지 흙의 특성을 정확히 파악하는 것이었다.

강성욱(한동대 적정건축기술연구소 연구원) "사람들은 흙이 건축 재료가 될 거라는 생각을 잘 못해요. 하지만 잘만 사용하면 시멘트보다 단단하고 오히려 그 이상의 품질을 낼 수가 있죠. 중요한 건, 흙에도 여러 종류가 있다는 거예요. 서울 흙, 포항 흙, 태국 흙, 아프리카 흙이 다 다른데 사람들은 다 똑같은 흙이라고만 생각하지요.
어떤 지역에서 흙을 건축 재료로 쓰려면 성분을 잘 분석해서 뭐가 많고

시공 전 다양한 크기의 체에 걸러 흙의 입자 크기와 성분을 분석한다.
ⓒ에코한울

뭐가 부족한지 알아낼 필요가 있어요. 그런 다음 필요한 것들을 적절히 첨가해 줘야 시공이 가능하거든요. 전문적으로 연구한 사람들은 몇 가지 간단한 방법만으로도 쉽게 성분 파악을 할 수 있고, 어떻게 가공해야 좋은 흙이 되는지도 알 수 있어요.

매해 지역의 경우엔 산간지역이라 자갈 같은 골재가 거의 없다는 게 문제였어요. 콘크리트에 자갈이 들어가듯 흙에도 자갈이 섞여야 강도가 높아지거든요. 생각 끝에 굵은 모래를 많이 첨가했고, 흙에 점성이 부족한 듯해서 시멘트를 3~5% 정도 섞어 줬지요."

2011년 1월의 첫 프로젝트는 버려진 집을 리모델링하는 것이었다. 짓다 만 채 방치되어 있던 그 집은 맨땅이 다 보일 정도로 바닥 틈새가 벌어져 있었고, 벽도 여기저기 갈라져 있었다. 게다가 지붕이 슬레이트여서 낮에는 덥고 겨울엔 몹시 추운 구조였다.

'에코한울'은 우선 바닥을 흙으로 바르고, 물흙벽돌*과 압축흙벽돌** 을 제작하여 벽체를 세우고, 화장실과 부엌 터를 새로 만들었다. 슬레이트 지붕에는 짚을 덮어서 직사광선을 가급적 덜 받도록 했다.

난생처음 지어 보는 흙집이라 어려움도 많았다. 처음엔 압축흙벽돌 생산이 제대로 이루어지지 않았고, 프로젝트 시작과 거의 동시에 생산이 시작되긴 했지만 원하는 강도가 쉽게 나오질 않았다. 첫 방문 당시

---

*Adobe Earth Brick. 점토를 30% 이상 함유하고 있는 흙에 함수율 30~40% 정도의 물을 섞어 반죽한 뒤 일정한 형태의 틀 속에 넣고 찍어 내어 햇볕에 말려서 사용한다. 해당 지역의 흙을 사용하고 특별한 공구나 기술이 필요치 않다는 장점이 있지만, 점토가 모자라거나 실트(모래보다 미세하고 점토보다는 거친 지름 0.002~0.02mm의 흙 입자) 성분이 너무 많은 경우 벽돌에 균열이 생기는 경우가 있으며, 양생 기간이 필요하다는 단점이 있다. 에코한울은 2010년 10월 매해 지역 방문 당시 물흙벽돌 틀 제작과 물흙벽돌 생산 방법을 현지에 전수하고 생산을 요청했으며, 2011년 프로젝트 초기에 현장으로 운반해서 사용했다.
**Compressed Earth Brick. 흙과 석회(시멘트)를 혼합하여 만든다. 다짐공법으로 강도와 내구성을 확보할 수 있고 시공도 편리하다. 다만 공극(흙 입자들 사이의 틈)이 작아 물흙벽돌에 비해 단열 성능이 떨어진다는 단점이 있다. 에코한울은 현지에서 약 1천 개의 압축흙벽돌을 생산, 활용했다.

첫 프로젝트 ①건조 중인 물흙벽돌 ②압축흙벽돌로 세운 벽체 ③실내 미장 작업 ④짚으로 지붕 덮기 ⓒ에코한울

주민들에게 부탁해 두었던 물흙벽돌은 평탄한 장소에서 제조되지 않아 표면과 두께가 고르지 못했고, 건조 과정에서 습기에 노출되어 곰팡이가 잔뜩 피어 있었다.

기술적인 문제 못지않게 힘들었던 건 주민들의 인식이었다. 흙으로 집을 지을 수 있다는 사실을 그곳 사람들은 좀처럼 믿으려 하지 않았다.

김주찬 "나중에 주민들이 그러더군요. 저희가 장난하는 줄 알았다고요. 하지만 막상 프로젝트가 시작되고, 많은 사람들이 왔다 갔다 하고, 자기들도 직접 참여하여 도움을 주면서 '아! 흙으로 정말 집을 지을 수 있구나' 하고 차츰 인식이 바뀌게 된 거죠.

흙건축에 대한 교육과 실습도 진행했는데, 마을 청년들이 여럿 참여했어요. 그중 한 명은 이걸 잘 배워서 사업을 하고 싶다고 하더군요. 돈도 벌고, 사람들에게 좋은 집도 많이 지어 주고 싶다는 거예요. 그래서 흙의 성질을 실험하는 방법이랑 흙벽돌 만드는 법을 가르쳐 줬어요. 물론 집도 같이 지었고요."

3주의 공사 기간을 거쳐 마침내 흙으로 만든 '모델하우스'가 완성되었다. 기술적으로나 현실적으로나 아쉬움이 많았지만, 매해 지역에 흙건축의 새로운 가능성을 제시했다는 점에서는 꽤 성공적이었다. 하지만 위치가 마을 외곽이라 주민들이 드나들기가 불편했고, 주인이 다른 곳에 살다 보니 나중엔 빈집과 다를 바가 없게 되었다.

아파트건 흙집이건, 모델하우스는 한 채면 족하다. 이번 경험을 바탕으로 좀 더 많은 사람들이 사용할 수 있는 실용적인 건물을 지어 보면 어떨까? 이번에 적용했던 공법 외에 다른 흙건축 공법들을 시도해 볼 수는 없을까? 선배들의 활동을 본 '에코한울' 후배들은 이런 생각을 하기 시작했고, 이는 2012년의 2차 프로젝트로 이어졌다.

다짐벽처럼 굳건한 적정기술의 꿈

2012년 1월, 다섯 명의 '에코한울' 멤버들이 태국 매해 지역을 다시 찾았다. 이번에 지을 건물은 경로당이었다. 기존 주택의 리모델링에 그쳤던 1년 전과는 달리, 이번엔 바닥부터 지붕까지 학생들이 직접 설계하고 시공에도 참여하기로 했다. 본격적으로 현지인들을 교육하고 전문 인력을 양성한다는 계획도 세웠다.

우선 경로당을 지을 집터부터 만들었다. 집은 흙으로 짓지만 기초는 콘크리트로 닦았다.

기초 공사
①터 파기 ②철근 구조물 제작 ③콘크리트 배합 ④거푸집 설치 및 콘크리트 타설 ⑤벽체 철근 고정 ⑥지붕 하중 지지 기초 설치
ⓒ에코한울

강성욱 "흔히 '흙집은 장화와 모자만 잘 씌우면 된다'고들 해요. 흙은 물을 빨아들이는 성질이 있으니까, 비가 왔을 때 물과 접촉하는 바닥과 지붕만 잘 만들면 오래 간다는 뜻이죠. 일단 땅을 파고 철근 구조물을 설치한 다음 콘크리트를 타설하여 기초를 만들었어요."

다짐벽 시공
①거푸집 제작 ②거푸집 조립
③흙 배합 ④다짐 공이로 흙 다지기
⑤PVC 제거 ⑥건조
ⓒ에코한울

　흙벽돌로 벽을 쌓아 올렸던 1차 때와 달리, 이번엔 콘크리트 기초 위에 다짐공법으로 벽을 만들었다. 먼저 목재로 거푸집(담틀)을 만들어 세운 후, 그 속에 흙을 한 켜씩 넣고 다짐 공이로 다져서 벽체를 시공한다. 그다음엔 거푸집을 해체하여 이미 만든 벽체 위에 재설치하고 흙을 넣어 다지기를 반복하며 벽을 높여 나간다. 압축할수록 단단해지는 흙의 성질을 이용한 공법이다.

다짐공법으로 만든 벽은 견고하기가 거의 돌벽 수준이라고 한다. 흙 배합비율에 대한 지식과 거푸집만 있으면 현지인들도 쉽게 시공할 수 있고 내구성도 강하기 때문에, 우기에 비가 많이 내리는 이 지역에 특히 안성맞춤이다.

벽을 세운 후에는 안쪽에 벽난로를 설치했다. 일교차가 심하고 겨울엔 유난히 추운 산간지역임을 고려한 시공 팀의 따뜻한 배려다. 서양에서 일반적으로 사용하는 형태를 본떠서 모양을 설계한 다음 벽돌로 시공하였다.

마지막으로 지붕을 올렸다. 흙은 벽체를 만들기엔 좋은 재료지만 지붕에는 적합하지 않다. 우리나라에서는 흙집 위에 기와로 지붕을 올리는 게 일반적이다. 하지만 기와를 올리려면 기와를 구울 연료가 필요한데, 기름은 너무 비싸서 사용할 수가 없다. 그렇다고 벌목이 금지되어 있는 나무를 사용할 수도 없다. 고민 끝에 이들이 선택한 지붕 마감 재료는 대나무였다.

강성욱 "현지 재료를 찾다가 대나무를 쓰기로 했어요. 이 지역엔 대나무가 굉장히 흔하고 벌목도 가능하거든요. 사실 대나무도 이곳에선 잘 쓰지 않는 건축 재료예요. 대나무 안에는 녹말과 당 성분이 있어서, 그냥 시공하면 벌레가 먹고 잘 썩거든요. 그러니까 썩지 않게 사전 처리를 한 다음 말려서 사용해야 돼요.

지붕 올리는 작업은 현지의 대나무 지붕 전문업체인 CLC(Chiangmai Life Construction)와 협력해서 진행했는데, 별로 어렵지는 않았어요. 대나무로 틀을 만들어 올린 다음 그 위에 가늘게 자른 대나무를 깔고, 그 위에 다시 방수포를 깔고, 마지막으로 대나무를 한 번 더 깔아서 마무리를 했지요."

지붕 올리기 ①대나무 속구멍 뚫기 ②소금물에 담그기 ③자연 건조 ④기초 철근 이용해 벽체와 연결 ⑤대나무 골격 완성 ⑥방수포 및 대나무 깔기 ⓒ에코한울

2012년 프로젝트에서는 현지인 리더들을 적극적으로 참여시켜 흙건축 기술을 배우도록 했는데 특히 쏨밧 3형제가 열성을 보였다. 원래부터 건축업에 종사해 온 사람들이라 함께 작업을 하는 것만으로도 쉽게 기술을 습득할 수 있었다.

강성욱 "뚝딱 지어 주고 가는 게 아니라 같이 지어야 의미가 있어요. 저희가 떠난 뒤에도 집을 새로 짓고 보수까지 할 수 있는 능력을 키워 주려면, 현지인들이 우리와 똑같이 참여해야 해요.

한국으로 돌아온 뒤에 연락이 왔어요. 같이 일했던 현지인들이 작은 기숙사 하나를 흙으로 지으려 한다는 거예요. 자기들끼리 한번 해 보겠다고 해서, 제가 잠깐 찾아가 조언을 해 주고 흙벽돌 기계를 기증하고 왔어요. 마침 거기에 한국인 선교사가 계시니까 그분을 통해서 계속 연락을 주고받을 생각이에요."

그렇다면 실제로 경로당을 사용하는 주민들의 반응은 어땠을까?

강성욱 "마을 사람들이 낮 동안 머물렀다 가는데, 굉장히 쾌적하고 따뜻하다는 얘기를 많이 한대요. 실내에 오염된 공기가 없고 흙벽이라 바람도 새지 않으니까요.

그분들은 흙으로 만든 건물이 얼마나 단단한지를 제일 궁금해해요. 저 흙이 과연 폭우에도 깎이지 않고 물에 씻겨 내려가지도 않을지 여전히 미심쩍은 거죠. 아직까지는 긴가민가하면서 지켜보고 있지만, 1년쯤 지나서 모든 계절과 상황들을 겪고 나면 그땐 확실히 믿을 수 있을 거예요."

벽난로가 놓여 있는 경로당 외부 전경(왼쪽)과 내부 모습(오른쪽) ⓒ에코한울

흙집이 쾌적한 건 흙이라는 재료의 특성 때문이다. 흙은 스스로 습도를 조절하는 기능이 있어서, 공기가 습할 때는 벽에 습기를 머금었다가 건조하면 내뿜는다. 또 시멘트 건물은 안팎이 완벽히 차단되어 바깥 공기가 전혀 유입되지 않지만, 흙집은 흙을 통해 외기가 들어오기 때문에 통풍도 되고 정화작용도 일어나게 된다. 흙은 또한 탁월한 축열재이기도 하다. 낮에 받은 햇볕의 온기를 잘 품고 있다가 추운 밤에 내뿜으면서 실내 공기를 한결 따뜻하게 만들어 준다.

태국의 오지까지 찾아와 흙집을 짓는 한국 대학생들을 보면서, 매해 지역 주민들은 흙이 건축 재료로 사용될 수 있음을 처음으로 알게 되었다. 또한 함께 작업하며 배운 기술로 자기들이 직접 흙집을 지을 수도 있게 되었다. 하지만 이런 뜻깊은 성과에도 불구하고, 학생 신분으로 진행한 프로젝트였기에 한계 또한 많을 수밖에 없었다.

강성욱 "학생들과 함께 일을 하면 좋은 점도 많지만 어려운 점도 많습니다. 제일 어려운 건, 태국에 가기 전까지 집을 직접 지어 본 경험이 없다는 거예요. 한국에서 대학생이 땅을 사고 기초를 닦고 집을 지어 보는 건 불가능에 가깝잖아요. 하지만 현지에선 그 모든 걸 한 번에 해야 해요.

학생들 입장에서는 단발적인 프로젝트 참여에 의미를 둘 수도 있지만, 함께 작업하는 현지인들은 다릅니다. 자기들의 삶과 인생이 달린 일이기 때문에 그렇게 단순하게 끝낼 수가 없지요. 그들이 기대하는 건 일정 수준 이상의 '결과물'이니까요.

제일 좋은 건 현지에 적정 인원이 상주하는 거예요. 그곳 환경에 맞는 주거 형태를 연구하고, 재료를 조사하고, 지속적으로 기술을 가르쳐 줄 수 있는 사람이 있다면 흙건축 보급이 지금보다 훨씬 수월해질 테니까요. 여기에 비하면 학생들이 다녀온 3주라는 시간은 많이 짧지요."

그러나 주어진 조건에서 계속 최선을 다하다 보면, 그 노력들이 담틀로 쌓은 흙벽처럼 다져지고 또 다져지다 보면, 머지않아 더 많은 사람들이 더 많은 곳에서 흙으로 집을 짓게 될 것이다. 故 신근식 교수는 흙건축을 가리켜 '인간을 위한 건축'이라고 했다.

> 인간을 위한 건축! 건축을 이해하는 첫걸음인 이 원론적인 담론에 건축을 시작하는 학생들은 더 관심을 가져야 할 것이다. 핍박과 박해로 얼룩진 역사의 상처를 가지고 살아가는 사람들, 기후변화와 사회구조적 변화로 더욱 더 삶의 극단으로 내몰리고 있는 사람들, 이들의 아픔을 같이 느끼고 이해하면서 지속가능한 삶을 위해 작은 생각들을 모아 직접 결과물들을 만들어 낸다는 것은 진실된 건축, 인간을 위한 건축의 가장 기본적인 자세인 것이다.
> ―「지도교수의 글」, 2010 겨울 GEM 과제수행 최종보고 중

그가 남기고 간 꿈은 현지인들에게도, 그리고 프로젝트에 참여한 학생들에게도 깊은 여운을 남겼다. 집으로 인해 고통 받는 이들이 지구 어딘가에 남아 있는 한, 그리고 그곳에 흙이 존재하는 한, 고인故人의 정신을 이어 가려는 후학들의 노력은 앞으로도 결코 중단되지 않을 것

인간을 위한 건축을 꿈꾸는 에코한울 회원들.
가운데는 태국 현지의 김태민 선교사
ⓒ에코한울

이다.

김주찬 "이 프로젝트에 참여하면서 저 자신의 비전을 많이 찾았어요. 제가 아직 부족해서 이쪽 일에 당장 뛰어들기는 쉽지 않겠지만, 인생의 후반기엔 좀 더 많은 사람들에게 적절한 집을 지어 주는 일에 종사하고 싶다는 생각을 많이 했어요."

강성욱 "개발도상국에 흙건축을 보급하는 프로젝트를 준비하고 있어요. 물론 어려움이 많죠. 현지에 상주하면서 어떻게 수입을 창출할 수 있는지가 제일 고민이지요. 지금 여러 가지 가능성들을 타진하고 있는 중이에요. 공부도 하고 연구도 하면서 실제 작업도 진행할 수 있는 시스템을 구축하기 위해 노력하고 있습니다."

도전! 연기 없는 집

(주)효성 & 기아대책 대학생 봉사단 '효성 블루챌린저'
베트남 | 연기 없는 화덕

　국제보건기구WHO에 의하면 전 세계 인구의 42%인 30억 명이 지금도 실내에서 장작을 때 난방과 요리를 하고 있다. 불완전연소로 인한 연기가 공기를 오염시켜 지금까지 약 20억 명이 관련 질병으로 사망했으며 그중 절반은 5세 이하 어린이라고 한다. 또한 10억 명 이상이 만성 호흡기 질환에 시달리고 있고, 남자보다는 가사를 맡고 있는 여성들의 발병률이 2~3배가량 높다.*

　베트남은 장작 사용으로 인한 실내 오염이 가장 심각한 나라들 중 하나다. 농촌 지역의 상황은 특히 심각해서 2007년 한 해에만 1만여 명이 관련 질환으로 사망했다고 한다. 2011년 여름, '효성 블루챌린저' 베트

* WHO, 2011, 'Indoor air pollution and health'

실내 장작 사용은 심각한 오염과 질병을 낳는다. ⓒ블루챌린저

남 팀이 빙타잉 마을의 띠 할머니(86) 댁을 찾았을 때 집 안은 온통 연기로 가득 차 숨 쉬기조차 힘들었고, 할머니는 줄곧 기침을 하고 계셨다.

문제는 연기다

효성 블루챌린저는 (주)효성이 소외된 지역에 적정기술을 통해 희망을 전하기 위해 2011년에 국제 NGO〈기아대책〉과 함께 출범시킨 대학생 봉사단이다. 학교별로 운영되던 기존의 봉사단들과 달리 여러 학교에서 다양한 전공자들이 모여 적정기술 개발 프로젝트를 수행했다는 점, 현지에 필요한 기술을 꼼꼼히 조사한 후 6개월에 걸쳐 제품을 개발했다는 점, 그리고 보급을 위한 현지 재방문이 포함된 장기 프로젝트였다는 점에서 기존의 프로그램들과는 많이 달랐다.

국내 최초로 대기업이 운영하는 적정기술 봉사단이다 보니 전국 각지에서 이공계 학생들의 신청이 쇄도했다. 20:1에 가까운 높은 경쟁률을 뚫고 최종적으로 32명의 블루챌린저 대원들이 선발되었다. 오리엔테이션, 적정기술 워크숍, 봉사활동 등을 통해 적정기술과 해외봉사에 대한 이해를 높이고 팀워크를 다진 다음, 대원들은 현지 조사를 위해 2011년 8월 베트남과 캄보디아로 떠났다.

이대영(기아대책 간사) "참가자들의 관심은 아주 다양했어요. 적정기술에 대해 잘 아는 친구들도 있었고, 어디서 한두 번 들어 본 친구들도 있었고, 봉사단이라고 해서 지원했을 뿐 적정기술에 대해서는 전혀 모르는 친구들도 있었죠. 그래서 오리엔테이션도 하고 '소외된 90%를 위한 창의공학설계 아카데미'에도 참여하면서, 적정기술에 대해 고민하는 시간들을 만들었어요."

정인애(DOMC 대표, 멘토) "블루챌린저의 가장 큰 장점은 현지에 가서 리서치를 하고 니즈를 발굴한 후에 제품을 개발할 수 있다는 거였죠. 원래 서비스 디자인의 개념에서는 유저 리서치를 매우 중요하게 생각해요. 적정기술 개발 과정에서 제일 범하기 쉬운 오류가 '우리가 필요하다고 생각하는 것을 그들 역시 필요로 할 것'이라고 단정 짓는 것이거든요.
사전 답사를 위해 베트남을 방문했을 때만 해도 우린 태양광, 에너지, 수질개선 같은 아이템을 생각하고 있었어요. 그런데 막상 가니까 전기가 잘 들어오고 깨끗한 우물도 있더라고요. 그래서 주민들과 인민위원회 사람들에게 이 지역의 가장 큰 문제점이 뭐냐고 물어봤더니 호흡기 질환이 많다는 거예요. 몇몇 가정집에 가 봤더니 하나같이 연기가 가득 차 있고 그을음이 심해서 주거환경이 문제라는 게 한눈에 보였지요. 나중에 블루챌린저 대원들이 방문했을 때도 연기 문제가 심각하다는 것을 금방 알 수 있었어요. 그래서 연기 제거가 베트남 팀의 목표가 되었던 거예요.

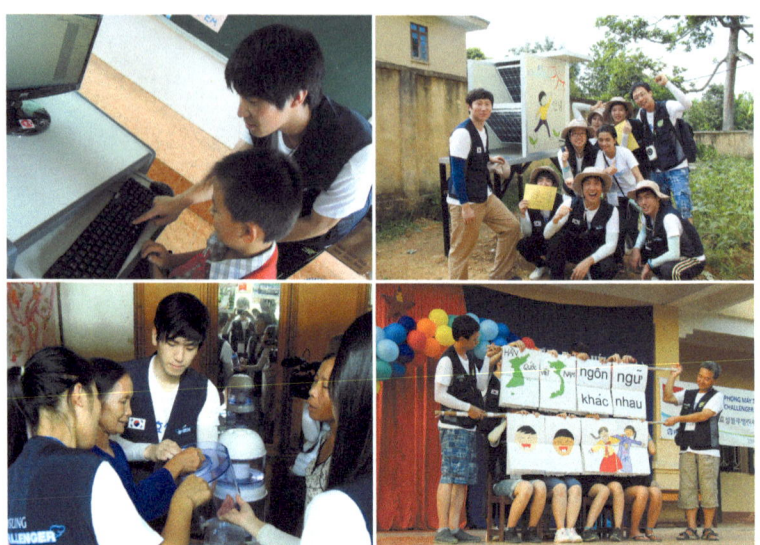
1차 방문 당시의 다양한 봉사활동들 ⓒ블루챌린저

현장에 가지 않은 채 머리로만 이러이러한 기술이 필요할 거라고 생각하면 안 돼요. 직접 현장을 다니면서 문제점이 뭔지, 그들에게 진정 필요한 것이 뭔지 찾는 과정이 모든 적정기술 개발의 첫걸음이 되어야 해요."

이대영 "2011년 8월의 1차 방문에서는 현장 조사와 함께 해외봉사를 했어요. 각 가정을 방문해서 태양광 랜턴이나 정수기 같은 적정기술 제품들을 보급하고, 어떻게 살고 있는지 자세히 살펴보고, 학교에서 벽화도 그리고 컴퓨터도 가르쳐 주면서 현지인들과 친해지고 그곳 상황을 이해할 수 있는 계기를 만들었어요."

대원들은 1주일 동안 타이응웬성 딩화현 빙타잉 마을을 중심으로 봉사활동을 벌였다. 동시에 그들이 진정 필요로 하는 게 뭔지 찾기 위해 관찰을 지속했다.

조해송(서울대 2) "유저 리서치를 위해 각 가정을 방문할 계획이었는데, 대부분의 봉사활동이 학교에서 진행되고 있어서 집까지 찾아갈 시간이 별로 없었어요. 하지만 버스를 타고 이동하는 자투리 시간에도 창밖을 바라보면서 그들이 어떻게 살고 있는지, 무엇이 문제인지 계속 생각했더니 조금씩 아이디어가 떠올랐어요. 가령 주거지역 옆에 웅덩이들이 많이 있는 걸 보면 말라리아 같은 전염병 위험이 있겠구나 싶었고, 전기가 나오는 동안 물을 모아 두기 위해 설치했다는 금속 물통을 봤을 땐 단전에 대비한 에너지 저장 시스템의 필요성을 떠올렸지요."

블루챌린저가 방문한 빙타잉 마을은 심각한 빈곤이나 기아로 인해 고통 받는 곳은 아니었다. 한국의 70~80년대 시골 풍경과 비슷한 인구 5천여 명의 작은 마을로 벼와 차 농사가 주요 수입원이며, 1인당 연간소득이 약 350달러 정도인 전형적인 베트남 농촌 마을이었다.

이대영 "이 지역의 현안은 '생존'이 아니고 삶의 질이에요. 우물이 있지만 지표수를 채취하는 수준이어서 위생에 약간 문제가 있고, 전기가 들어오기는 하지만 전력부족 때문에 정전이 잦고, 집에 환기시설이 없다 보니 취사할 때 나오는 연기를 밖으로 배출하지 못해 실내 오염이 심각하고……. 전반적으로 삶의 질이 열악했어요."

특히 장작으로 인한 실내 공기 오염 문제는 생각보다 훨씬 심각한 수준이었다.

김지훈 "오리엔테이션 때 현지 사진을 보긴 했지만, 실제로 보니까 정말 깜짝 놀랄 정도였어요. 나무로 된 삐걱거리는 집에 들어가 보니 연기 때문에 숨 쉬기가 힘들었고, 불에 그을린 흔적도 많이 남아 있었어요."

실내에서 조리 중인 빙타잉 주민(왼쪽), 시커멓게 그을린 벽과 천장(오른쪽) ⓒ블루챌린저

조해송 "흔히 베트남이 따뜻한 나라라고 생각하지만 북부지역은 추워요. 겨울 기온이 10~15℃ 정도 되는데, 우리에게는 시원한 정도지만 현지인들에겐 굉장히 추운 날씨여서 다들 두꺼운 점퍼를 입고 다녀요. 나무 틈새로 바람이 숭숭 들어오니까 실내도 춥고, 그래서 화덕 주변에만 모여 있으니까 연기로 인한 피해가 더 큰 것 같았어요.
사람들의 인식도 문제였어요. 천장이 온통 그을려 있는데도 주민들은 그게 사람 몸에 유익하고 벌레도 쫓아 주는 좋은 성분이라고 생각하더라고요. 보건위생에 대한 전반적인 교육이 시급해 보였어요."

한국으로 돌아온 대원들은 본격적으로 제품 개발에 착수했다. 제품명은 블루 스토브Blue Stove! 내부에서 완전연소를 시켜 연기가 나지 않는 화덕을 만든다는 게 대원들의 아이디어였다. 연소가 일어나는 환경의 온도가 높을수록 완전연소에 가까워진다는 원리에 착안하여, 단열재를 이용해 내부 온도를 높이기로 했다. 화덕 본체는 현지에서도 쉽게 구할 수 있는 철로 만들면 되지만, 문제는 단열재였다.

김지훈 "우리나라에서 화분 위에 올리는 흰색 돌이 있는데, 귀농하신 분들이 단열재로 많이 쓴다고 하기에 일단 그걸로 실험해 봤어요. 하지만 현지에 연락해 보니 그곳에선 구할 수 없는 재질이더라고요."

단열 효과가 있으면서 주변에서 쉽게 구할 수 있는 게 뭘까 고민하다가, 흙을 사용하기로 했어요. 저희가 화덕 속에 단열재를 넣어서 공급하면 무게가 많이 나가지만, 철공소에서 형태만 만들고 단열재로는 현지의 흙을 사용하게 하면 훨씬 가볍고 운반도 쉬워지겠죠. 게다가 자기들 손으로 블루 스토브를 완성한다는 자부심도 생길 테니 여러모로 좋다고 판단했어요."

블루 스토브는 지름 35cm, 높이 40cm의 원통형 철제 화덕이며 내부는 3칸으로 분리되어 있다. 맨 바깥쪽 칸에 흙을 채우고 중간 칸엔 나무를 넣고 밀폐한 다음 화덕 하부에서 장작을 때면, 맨 안쪽 구멍으로 불꽃이 올라온다. 단열재인 흙이 뜨거워지면서 완전연소가 일어나 연기가 줄어들고, 중간 칸에 넣어 둔 나무늘은 숯이 된다.

연기를 줄여 실내 공기 오염을 막는다는 목표를 실현한 것 외에도 블루 스토브는 여러 가지 효과들을 갖는다. 완전연소를 통해 연료 소비를 줄일 수 있고, 장작 채집으로 인한 산림 파괴도 막을 수 있으며, 부수적으로 만들어진 숯을 난방 및 취사용으로 사용할 수 있다. 기존 화덕이 있던 자리에 그대로 놓고 사용할 수 있기 때문에 현지의 주거 문화와도 잘 어울린다.

젊은 도전자들의 새로운 시선

블루 스토브는 2012년 1월 블루챌린저 최종 보고회에서 현장 전문가, 교수, 기업가들로 이루어진 전문가들의 심사를 통해 대상으로 선정되었다. 보고회가 끝난 뒤, 베트남 팀 대원들은 다시 빙타잉 마을을 찾았다. 자신들이 개발한 제품을 현지에 보급하고 피드백을 받기 위해서였다.

정인애 "적정기술에 대한 디자인적 접근은 사용자에 대한 충분한 이해를 바탕으로 해요. 대부분이 이공계생이었던 블루챌린저에게 이런 '디자인 프로세스'를 가르쳐 주고 싶었어요. 하지만 기술개발에만 익숙했던 친구들이라 많이 힘들어했죠.
자기들은 기술을 개발했으니, 지속가능한 비즈니스 모델은 경영자들이 알아서 만들어야 한다는 의견도 있었어요. 하지만 저는 비즈니스를 만드는 일도 전체 디자인의 일부라고 생각했고, 이런 방향으로 생각해 볼 수

블루스토브 사용 모습, 내부 구조, 사용 후 숯이 된 나무들 (위),
블루 스토브 소개(아래) ⓒ블루챌린저

있는 기회를 많이 주고 싶었어요.

디자인 프로세스에서 또 하나 중요한 건 피드백이에요. 블루챌린저도 최종 완성된 블루 스토브를 현장으로 가져가서 피드백을 받아 왔지요. 미리 만들어 간 설문지를 들고 주민들을 일일이 찾아다니며 직접 의견을 묻고 내용을 기록했어요."

베트남에 도착하여 가장 먼저 한 일은 현지 철공소에 의뢰하여 블루 스토브 20개를 제작한 것이었다. 한국에서 제품을 가져다 나눠 주는 것이 아니라, 현지에서 현지인들이 직접 만들도록 한 것이다. 처음에는 철공소 측과 의사소통이 잘 되지 않아 연기가 새어 나오기도 했지만, 현지 기술자와 계속 상의해 가며 작업한 끝에 결국 설계도와 똑같은 블루 스토브를 성공적으로 제작할 수 있었다.

빙타잉 마을에서는 촌장부터 인민위원장, 당 위원들, 마을 주민들까지 모두가 한국에서 온 적정기술 제품과 학생들을 반겨 주고 보급 활동을 도왔다. 대원들은 장작 태우는 연기가 건강에 얼마나 해로운지 그림까지 보여줘 가며 열심히 설명했다. 그리고 블루 스토브의 장점과 사용법을 자세히 알려 준 다음 주민들에게 나눠 주었다.

제품에 대한 피드백도 동시에 받았다. 정말로 연기가 나지 않는 것을 확인한 주민들은 마냥 신기한 표정이었다. 온 가족이 스토브 주위에 둘러앉아 구경을 하고, 냄비도 올려 보고, 장작도 더 넣어 보았다.

조해송 "예전에는 쇠로 된 삼발이 위에 냄비를 올려놓고 음식을 했는데 불이 너무 가까워서 타기도 하고, 재가 날리면서 온 집 안에 달라붙기도 했대요. 그런데 블루 스토브 위에 냄비를 올리니까 너무 편하고 안전하다며 좋아하셨어요. 또 처음에는 장작을 넣는 입구가 작아서 불편해하셨지만, 막상 불을 피워 본 뒤엔 나무를 적게 넣었는데도 화력이 좋다며 만

블루 스토브 보급 ①현지 제작 ②사용법 교육 ③주민들에게 전달 ④연기의 해로움 교육 ⑤기존의 개방형 화덕과 블루스토브 비교 ⑥보급가정 피드백 ⓒ블루챌린저

족해하셨어요.

덕분에 설문도 순조로웠어요. 이 제품을 구입하실 의향이 있는지, 구입하신다면 얼마까지 지불할 의향이 있는지, 가족은 몇 명이고 소득은 얼마나 되는지, 요리하는 시간이 하루에 어느 정도인지 등을 꼼꼼하게 알아봤지요."

하지만 그렇게 환대해 주는 집이 있는 반면, 블루 스토브를 반기지 않는 가정도 있었다.

김지훈 "어느 집에 갔더니 문 앞에 블루 스토브가 나와 있더군요. 무슨 일인가 싶어 들어가 보니 주인아저씨가 화가 많이 나 있었어요. 점심시간에 약주를 하셨는지 많이 취한 상태였고, 아주머니는 저희에게 블루 스토브를 받아 가셨던 분이었어요.
우리가 들어가니까 아저씨는 이런 거 필요 없다고 소리를 지르면서 나가라고 하셨어요. 어쩔 수 없이 다시 나오는데 갑자기 제 뒤통수를 때리시는 거예요. 다치지는 않았지만 너무 황당하더라고요. 처음엔 내가 왜 도와주러 와서 맞아야 되나 싶었는데, 시간이 지나고 찬찬히 생각해 보니 그럴 수도 있겠다는 생각이 들었어요.
우리는 주는 입장이니까 상대가 당연히 고마워할 거라고 생각하지만 그분 입장에선 공짜로 받는 게 싫었을지도 몰라요. 그걸 받으러 아내가 점심시간에 나간 게 싫었을 수도 있고, 제품 자체가 마음에 안 들었을 수도 있지요. 나름대로는 그들을 이해한다고 생각했고 어떤 상황이든 잘 맞춰 나갈 거라고 자신했는데, 제품을 만들면서 무의식중에 자만했던 건 아닌지 스스로를 다시 돌아보게 되더라고요."

블루챌린저의 임무는 적정기술 제품 개발에서 끝나는 게 아니었다. 자신들이 베트남을 떠난 뒤에도 블루 스토브가 계속 보급될 수 있도록 지속가능한 비즈니스 모델을 개발하는 일이 그들 앞에 남아 있었다.

김지훈 "저희가 생각한 비즈니스 모델 중 하나는 블루 스토브 사용자들이 숯을 판매하는 거였어요. 블루 스토브를 장기 리스로 임대해 주고, 숯을 판 돈으로 임대료를 조금씩 갚아 나가게 하는 거죠.

하지만 생각처럼 쉽진 않아요. 현지 조사를 해 봤더니 숯 가격이 매우 낮더라고요. 우리나라처럼 숯을 공기정화용으로 쓰지도 않고 숯불로 고기를 굽지도 않으니까, 수요가 별로 없는 거예요. 베트남 음식 중에 숯을 사용하는 요리가 있기는 한데 그것도 전문점이 따로 있는 건 아니었어요. 숯 시장이 형성되기만 하면 블루 스토브로 제작한 숯이 경쟁력이 있겠지만, 그 가능성은 매우 낮은 것 같아요."

이대영 "숯을 사용하는 대표적인 베트남 음식은 쌀국수 위에 숯불로 구운 돼지고기 바비큐를 올려서 먹는 '분 차'인데, 요리 자체는 인기가 있어요. 바비큐만 만드는 음식점을 찾아내서 숯을 단독으로 공급하면 되겠지만, 숯의 품질이나 유통구조의 문제점 때문에 아직은 실행할 수 있는 단계가 아닌 것 같아요.
그래서 생각해 낸 또 다른 비즈니스 모델은 블루 스토브 자체를 파는 거예요. 현재 베트남에 약 150개가 보급되어 있는데 다들 잘 쓰고 있고 평판도 좋다고 들었어요. 대량생산을 하게 되면 1개당 가격을 20~30달러까지 낮출 수 있는데, 25불 정도면 현지인들도 살 수 있고 제조 원가도 보전이 되니까 비즈니스 모델로 검토해 볼만 하지요."

조해송 "보급 과정에서 주민들에게 구입비용으로 얼마 정도 낼 의향이 있는지 조사해 봤더니 최소 20달러에서 최대 50달러가 나왔고, 평균은 30~35달러 정도였어요. 그 정도면 제작비용보다 높으면서 현지 기준으로도 합리적 가격이니까 판매가 가능할 것 같아요."

블루챌린저가 주민들에게 나눠 준 블루 스토브는 그 후에 어떻게 되었을까? 현지에서 함께 프로젝트를 진행했던 〈기아대책〉 기아봉사단 박선종 씨의 전언에 따르면, 빙타잉 마을을 중심으로 높은 명성을 얻고 있다고 한다.

박선종 "블루챌린저가 돌아간 후 블루 스토브가 보급된 몇몇 가정을 방문해 사용 실태를 알아봤습니다. 한 곳은 할머니 혼자 사시는 집이었는데, 블루 스토브를 사용하지 않고 그냥 방치해 두고 있더군요. 쓸 줄을 몰라서 그런다기에 직접 불을 피워 보며 블루 스토브의 장점과 사용 방법을 가르쳐 드렸죠. 연기도 나지 않고 장작도 줄일 수 있다고 하니 할머니도 매우 기뻐하셨습니다.
마음 인민위원장의 경우엔 다른 집에 블루 스토브를 보급하느라 정작 본인의 집에는 가져갈 수 없었다며, 자기도 다음에 하나 가질 수 있게 해 달라고 부탁을 해 왔어요. 처음에는 익숙하지 않아서 망설였던 사람들도 직접 사용해 보고 효과를 확인한 뒤부터는 다들 잘 쓰고 있었습니다. 입소문도 꽤 널리 퍼져서, 어떤 NGO에서는 자신들도 보급이 가능한지 문의를 해 오기도 했어요."

다양한 소속, 전공, 지식을 가진 학생들이 모여 블루 스토브라는 하나의 작품을 만들어 내기까지 가장 중요했던 요소는 '화합'이었다.

정인애 "맨 처음 우리 팀원들이 모였을 때, 월남쌈에 빗대어 서로의 별명을 지었어요. 모두를 품어 주는 리더는 밀전병, 귀여운 막내는 새우, 아이디어가 샘솟는 친구는 새싹, 생각이 깊은 친구는 오이지, 상큼하게 분위기 메이커 역할을 한 친구는 파프리카였지요. 월남쌈이라는 음식이 그렇듯 다양한 개성들이 조화를 이루면서 각자의 역할을 해낸 것이 좋은 제품을 만들어 낸 원동력이었던 것 같아요.
학생들뿐만 아니라 이 프로젝트에 관련된 단체들의 화합도 컸어요. 기아대책이라는 NGO, 효성이라는 기업, 그리고 멘토 역할을 해 주신 학계의 전문가들, 게다가 현지 정부와 인민위원회까지 함께 움직인 덕분에 블루 스토브의 개발과 보급이 가능했다고 생각해요. 요즘 ODA 사업과 관련하여 많은 사람들이 PPP(Public-Private Partnership)를 이야기하는데, 진정한 PPP를 이루어 내려면 기업과 정부, 학계가 각자 자신들의 장점을 살릴 수 있는 시스템을 만들어 낼 필요가 있어요."

그의 말대로 블루챌린저는 적정기술과 해외봉사에 대한 기존의 관심과 노력을 바탕으로 NGO, 기업, 학계가 한데 모여 이룬 성과였다. 시작 단계부터 남달랐던 이 프로젝트는 적정기술 활동에서 사전 준비가 얼마나 중요한지 보여주는 생생한 사례이기도 하다.

이대영 "블루챌린저를 기획할 때 염두에 뒀던 건 기존 해외봉사나 적정기술 봉사와의 차별성이었어요. 그래서 적정기술 전문가들을 멘토로 모시고 이야기를 들어 봤지요. 기존 공학봉사의 문제점을 해결하려면 우선 철저한 리서치를 하고, 제품을 한국에서 만들고, 현지에 가서 적용해 보는 게 중요하겠더군요. 이를 반영하여 블루챌린저 활동 구성도 리서치와 제품 개발, 현지 적용을 모두 포괄하게 되었습니다. 기존의 해외 봉사활동들이 대개 1회성 활동에 그쳤던 것과 비교하면 확연히 차별화된 방식이지요.

활동 지역 선정을 위해 전 세계의 기아대책 사업장을 대상으로 적정기술 관련 설문조사를 했고, 기아봉사단 중에서 관심이 높은 단원들을 모집했어요. 현지와의 긴밀한 협력이 없다면 막상 봉사하러 가서 할 일이 없을 수도 있고, 결과적으로 아무런 도움을 못 줄 수도 있으니까요.

효성은 이공계를 바탕으로 하는 기업이어서 그런지 적정기술에 대한 관

---

* '공익을 위하여'라는 뜻의 라틴어 'pro bono publico'에서 나온 말. 의사의 의료봉사나 변호사의 무료 법률상담처럼 전문가들이 자신의 전문성을 활용하여 사회적 약자와 소외계층을 돕는 활동을 말한다.

심이 높았어요. 담당하시는 분들은 특히 열정적이어서, 프로보노* 형식으로 휴가를 반납하고 저희와 함께 베트남과 캄보디아 현지로 가서 여러 가지로 도움을 주셨지요."

블루챌린저는 블루 스토브라는 멋진 결과물을 낳았다. 하지만 그보다 더 중요하고 의미 있는 성과는 '사람'일 것이다. 이번 활동을 통해 적정기술에 새로이 눈을 뜬 사람들, 예전엔 당연하게 여겼던 것을 다시 되돌아보고 예전엔 보지 못했던 것을 볼 수 있게 된 사람들, 그리하여 세상을 향해 이름처럼 도전장을 던진 사람들! 그들은 바로, 블루챌린저의 젊은 대원들이다.

김지훈 "블루챌린저는 1년에 걸친 긴 활동이있어요. 도중에 중간 보고회와 최종 보고회가 있어서 아이디어를 발전시키는 데 많은 도움이 되었지요. 사실 중간 보고회 때 저희 제품은 신랄한 비판을 받았어요. 심사위원들이 아닌 것은 아니라고 분명하게 지적해 주신 덕분에, 또 저희가 놓치고 있었던 비즈니스적 시각을 강조해 주신 덕분에 문제점을 보완해 가면서 여러 가지를 시도해 볼 수 있었던 것 같아요.
멘토링도 많은 도움이 되었어요. 이공계에서 공부하면서 저희는 제품을 만드는 것만 생각하고 시스템이나 체계를 구축할 생각은 못 했는데, 그런 부분에 대한 피드백을 받을 수 있어서 아주 좋았습니다."

조해송 "자칫하다가는 우리들의 발명 욕구를 사용자들에게 강요하는 생뚱맞은 발명대회가 될 수도 있었는데, 그들에게 정말로 필요한 게 뭔지 찾아낼 수 있도록 우리의 시선을 돌려주는 데 멘토들이 중요한 역할을 하신 것 같아요."

김지훈 "블루챌린저 활동을 하면서, 상대방을 '도움을 받아야 하는 사람'이라고 생각했던 것에 대해 되돌아보게 되었어요. 단지 도움을 주려는 마음으로 끝났다면 정말 발명대회가 되고 말았을 수도 있는데, 현지 활동을 통해 이 프로젝트가 '더불어 살기 위한 일'임을 깨달을 수 있었거든요. 적정기술은 거창한 게 아니에요. 함께 밥 먹고, 교감하고, 그들의 눈으로 세상을 보고, 그들이 굳이 말하지 않더라도 뭘 원하는지 알고, 그걸 충족시켜서 함께 잘사는 세상을 만드는 것. 바로 그게 적정기술이고 사회공헌이죠."

참고자료
블루챌린저 활동보고서 (2012, 기아대책)
블루 스토브 소개 자료 (2012, 기아대책)
(주)효성 블로그 (http://hyosungblog.tistory.com)

태양광에서 아궁이까지

(주)LG전자 '친환경 적정기술 연구회'
아프리카 | 태양광 충전기, 연기 없는 아궁이

    최근 적정기술에 대한 사회적 관심이 높아지면서 학생뿐만 아니라 직장인들 중에도 참여를 원하는 사람들이 늘고 있다. 하지만 바쁜 직장생활 속에서, 게다가 기업이 추구하는 '이윤'과는 한참 멀어 보이는 적정기술을 시간을 내어 연구한다는 건 쉬운 일이 아니다. 많은 직장인들이 "활동에 참여하고 제품도 개발하고 싶지만 회사 일 때문에 여유가 없다"라고 이야기한다.

    하지만 만약 회사 안에 비슷한 관심을 가진 동료들이 있다면 어떨까? 그들과 함께 회사 안에서 적정기술 연구를 하게 되면 어떨까? 더 나아가, 회사의 기술개발과 신사업 창출 과정에서 적정기술이 일익을 담당할 수 있다면? 얼핏 비현실적으로 들리는 이 질문들에 대한 답을 LG전자의 '친환경 적정기술 연구회'에서 찾아보기로 한다.

다양한 출발, 하나의 깃발

연구회의 시작은 2010년으로 거슬러 올라간다. 당시 LG전자 환경전략 팀의 박병주 책임연구원은 건강에 심각한 이상이 있다는 1년 전의 건강검진 결과를 계기로 죽음에 대해 진지하게 생각하는 중이었다. "그것을 위해 기꺼이 죽을 수 있는 무언가가 없다면 살아도 사는 게 아니다"라는 T.S. 엘리엇의 시를 볼 때마다, 죽기 전에 뭔가 의미 있는 일을 해야겠다는 생각이 불쑥불쑥 들었다고 한다.

그러던 중 후배가 보내 준 소식지를 통해 모교인 포항공대에서 적정기술 관련 세미나가 열린다는 것을 알았고, 그 길로 포항에 내려가 세미나 강사였던 장수영 교수의 강의를 듣게 되었다. 회사에서 환경전략 분야 신사업을 찾는 업무를 담당하고 있던 그는 "시장창출market creation이라는 적정기술의 콘셉트로 대기업 안에서도 할 수 있는 일이 있을 것"이라는 장수영 교수의 조언을 가슴에 새겼고, 이듬해인 2011년 1월에 장 교수를 회사로 초청하여 'LG가 할 수 있는 적정기술'이라는 주제로 세미나를 열었다.

세미나엔 LG전자 곳곳에 숨어 있던 많은 연구원들이 참석했다. 회사 안에 자기 말고도 적정기술에 관심 가진 사람들이 많다는 걸 놀라움 반 기쁨 반으로 확인한 그들은, 곧바로 정기 모임을 갖기로 합의한다. 그리고 다음 달부터 'LG 친환경 적정기술 연구회'라는 이름으로 매월 한 차례 모임을 진행하고 있다.

현재 이 연구회엔 사내 R&D 연구원, 디자이너 등 20여 명이 참여하고 있고, 외부에서도 장수영 교수와 여러 NGO 활동가들, 디자이너, 연구원 등이 참여하여 활발한 활동을 벌이고 있다. '적정기술'이라는 공통분모를 갖고 모이긴 했지만, 그들이 적정기술을 알게 된 경로나 연구에 관심을 갖게 된 계기는 저마다 달랐다고 한다.

박용진(책임연구원) "이전 직장에서 개발도상국의 온실가스 감축과 지속가능한 개발을 동시에 추구하는 청정개발체제CDM* 탄소배출권 사업에 참여했었습니다. 그 과정에서 친환경적이면서도 현지인들의 삶의 질을 개선시킬 수 있는 방법들, 이를테면 기술, 금융, 제도 등에 관심을 갖게 되었지요. 그전까진 몰랐었는데, 국제개발 사업에 이용되는 선진국 기술이 개발도상국에서 잘 활용되지 않거나 지속적 효과를 내지 못하는 사례들이 굉장히 많더라고요. 외부에서 지원해 주는 기술은 반드시 현지의 문화와 기술 수준에 맞아야 한다는 걸 깨달으면서 적정기술에 관심을 갖게 되었습니다."

하윤(책임연구원) "저는 사람들의 생활을 편리하게 하는 데 도움이 되고 싶어서 LG전자 UX디자인 팀에 입사했어요. 우리가 일상적으로 쓰는 제품들을 더 편리하고 유용하게 개선하는 곳이죠. 그런데 어느 날 문득 이런 생각이 들었어요. 내가 만드는 제품을 사용하는 사람들도 따지고 보면 전 세계 인구 중 극히 일부 아닌가? 그 제품들을 사용할 기회조차 못 갖는 사람들이 훨씬 더 많지 않은가?
그러다가 우연히 적정기술이라는 키워드를 알게 되었고, 개인적으로 줄곧 관심을 갖고 있었어요. 회사에서 적정기술 세미나가 열린다는 소식을 들었을 땐 그렇게 반가울 수가 없더라고요."

김상훈(선임연구원) "휴대전화 사업부에서 근무할 무렵 LG경제연구원에서 발행한 '모바일 혁명이 아프리카를 바꾼다'라는 보고서를 우연히 읽은 적이 있습니다. 아프리카 국가들의 휴대전화 보급 현황과 그곳에서의 휴대전화의 역할, 사용의 어려움 등을 소개하는 내용이었지요.

---

*Clean Development Mechanism. 2005년 발효된 교토의정서에 근거하여, 온실가스 감축 대상인 선진국이 개발도상국의 온실가스 배출량 감축에 협력하면 그 감축분을 선진국의 것으로 인정해 주는 제도.

아프리카인들에게도 휴대전화는 이미 생활의 일부다.

제게 그 보고서는 큰 충격이었습니다. 아프리카 사람들이 휴대전화를 사용할 거라는 생각을 한 번도 해 본 적이 없었거든요. 늘 가난과 기아에 허덕이는 모습으로 각인되어 있던 아프리카에서 휴대전화를 쓴다는 건 상상 밖의 일이었으니까요. 하지만 제 예상과 달리 그곳의 휴대전화 보급률은 이미 상당한 수준에 달해 있었고, 그들의 삶에서 굉장히 중요한 역할을 하고 있었어요. 문제는 전력이었습니다. 국가 기반시설에 해당하는 전력망이 제대로 구축되어 있지 않다 보니, 휴대전화가 있어도 충전을 제대로 못 해서 어려움이 많다는 거였어요.

그때 생각난 게 태양광이었습니다. 마침 우리 회사에서 태양광 사업을 신사업으로 키우고 있으니까, 잘만 연결하면 문제를 해결할 수 있겠다는 생각이 들더라고요. 그래서 여기저기 졸라 댄 끝에 근무처를 〈솔라 연구소〉로 옮겼고, 아프리카 프로젝트를 추진하기 위해 이것저것 알아보다가 지금의 연구회 멤버들을 만나게 되었습니다.

사실 저는 적정기술이라는 개념조차 모르고 있었습니다. 그런데 제가 하고자 하는 일을 소개했더니 그게 바로 적정기술이라고 하더군요. 남들처럼 개념을 알고 난 뒤에 일을 추진한 게 아니라, 일부터 추진하고 나중에 제목을 얻은 셈이지요."

상위 10%를 위한 제품을 생산하는 기업, 그리고 나머지 90%를 위한 적정기술. 멀게만 느껴지는 이 두 단어의 접점은 무엇일까? 연구회 회원들은 그것을 '지속가능성Sustainability' 이라고 말한다.

박병주 "대기업과 적정기술의 접점은 '지속가능성'입니다. 적정기술은 지속가능한 사회를 만들고자 하는 이들의 방법론이자 철학이고, 대기업은 세계가 지속가능하게 유지되어야만 살아남을 수 있으니까요. 경쟁이 날로 격해지는 기업환경에서 시장 창출은 곧 생존의 문제입니다. 대기업에겐 특히 더 그렇지요."

김상훈 "적정기술이 '기술'에만 머무른다면 지속가능성을 확보할 수 없습니다. 지속가능성이 확보되지 못하면 세상을 변화시킬 수도, 사람을 도울 수도 없지요. 그렇지만 적정기술을 비즈니스와 연결시킬 수 있다면 어떨까요? 적정기술을 통해 적정한 수익을 창출할 수 있는 사업체가 생겨나고 일자리가 만들어진다면? 그렇다면 충분히 지속가능할 수 있지 않을까요? 그래서 저는 늘 적정기술과 비즈니스를 함께 생각하고 있습니다."

그렇다면, '친환경 적정기술 연구회'는 대기업이라는 틀 안에서 어떻게 운영되고 있을까?

박병주 "대기업에서 지속가능성 관련 활동은 대개 CSR(Corporate Social Responsibility, 기업의 사회적 책임) 부서에서 다룹니다. 하지만 사업을 하는 기업의 입장에선 신사업 또한 소홀히 할 수 없지요. 그래서 우리 연구회는 '신사업'과 'CSR'이라는 두 개의 축으로 운영되고 있습니다. 신사업 측면에서는 CTO(Chief Technology Officer, 기술최고책임자) 산하 연구원들의 모임인 기술플랫폼 커뮤니티에 '친환경 적정기술 커뮤니티'를 등록하여 운영 중이고, CSR 측면에서는 '친환경 적정기술 Life's Good 봉사단'을 등록하여 운영하고 있습니다.

연구회 자체는 회사에선 비공식 모임입니다. 그렇지만 회사 업무를 통해 쌓은 노하우로 봉사를 하려는 분들과 신사업에서 미래의 먹거리를 찾으려는 분들 모두에게, 뭔가 해 볼 만한 '꺼리'가 있는 모임이 된 것 같아요. 아직 부족함이 많긴 하지만, 다양한 분야의 다양한 사람들이 함께 참여할 수 있다는 건 퍽 다행스런 일입니다."

'LG 친환경 적정기술 연구'는 얼마 전 자신들의 제1호 개발품인 '솔라 멀티 차저Solar Multi Charger'를 말라위와 에티오피아에 전달했다. 김상훈 선임이 적정기술에 관심을 갖는 계기가 되었던 바로 그 문제! 아프리카에서 휴대전화를 쉽게 충전할 수 있는 시스템을 개발하기 위해 모두가 노력한 성과였다. 태양광 패널과 컨트롤러, 배터리, 인버터로 이루어진 솔라 멀티 차저로는 휴대전화뿐 아니라 LED 램프도 충전할 수 있다.

태양광 패널과 휴대전화, LED 등 첨단기술이 등장하는 '솔라 멀티 차저'에 대해 누군가는 그게 적정기술이 맞느냐고 되물을 수도 있다. 하지만 기술의 최첨단을 달리는 대기업 연구원들에게 적정기술이란 단지 저렴한 기술만을 뜻하는 게 아니었다.

김상훈 "첨단기술도 적정기술이 될 수 있느냐는 건 적정기술의 의미를

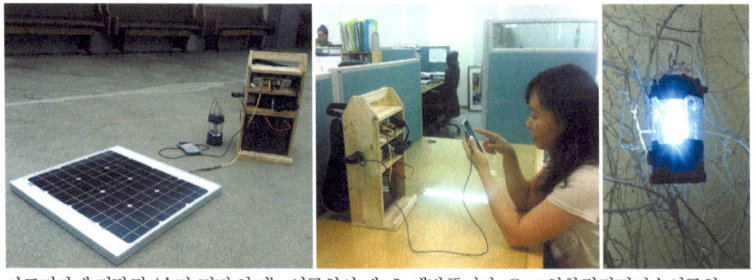

아프리카에 전달된 '솔라 멀티 차저'. 연구회의 제1호 개발품이다. ⓒLG친환경적정기술연구회

너무 협소하게 생각하는 데서 나오는 질문이 아닌가 싶어요. 저는 적정기술을 단지 기술에 대한 접근 방식으로 보지 않고, 하나의 세계관으로 보고 있습니다.

개인적인 차원으로만 보면 첨단기술은 당연히 비싼 기술이죠. 하지만 좀 더 넓게 보면 꼭 그렇지만도 않아요. 휴대전화가 바로 그런 경우입니다. 휴대전화는 아프리카에서 금융, 교육, 의료 등 많은 사회적 인프라 역할을 대신하고 있어요. 아프리카에서 휴대전화를 소유한다는 게 사치스럽게 느껴질 수도 있지만, 전체 인프라 구축 비용과 비교해 보면 오히려 훨씬 경제적인 선택일 수 있습니다.

솔라 기술도 마찬가지입니다. 개인이 솔라 패널을 설치하려면 상당히 비싼 게 사실이죠. 하지만 국가가 발전소를 건설하고 인프라를 구축하는 비용과 비교하면 얘기가 달라지지 않겠어요? 결국 적정기술은 단순히 기술 수준의 높고 낮음으로 정의되어서는 안 되고, 어떻게 해야 더 많은 사람들이 기술의 혜택을 누릴 수 있는지를 기준으로 삼아야 한다고 생각합니다."

'솔라 멀티 차저'를 연구하면서 이들은 기술 개발뿐 아니라 제품 디자인에 관한 연구, 기술 교육, 매뉴얼 제작 등을 함께 진행했다. 또 단순히 마을에 시스템을 기증하는 방식을 택하지 않고, 현지 업체를 선정하여 충전 사업을 계속 이어가도록 했다. 적정기술의 핵심 요소인 '지속가능한' 비즈니스 모델과 운영 방식을 고안해 낸 것이다.

이렇게 개발한 기술과 디자인, 비즈니스 모델은 개발도상국 학생들의 교육에도 활용되었다. 2013년 7월에 UNDP 후원으로 한국을 방문한 15명의 몽골, 캄보디아, 미얀마 학생들은 '솔라 멀티 차저' 제작에 대한 연구원들의 생생한 강의를 들을 수 있었다. 〈나눔과기술〉이 주관한 이 '개도국 지역사회 리더 교육 프로그램'에서는 비즈니스 모델 개

개발도상국 학생들을 위한 '솔라 멀티 차저' 강의와 실습과 토론 ⓒLG친환경적정기술연구회

발을 위한 '비즈니스의 기초' 교육, 그리고 각국의 상황에 맞도록 디자인을 개선하기 위한 디자인 교육도 함께 이루어졌다.

2013년 3월엔 하윤, 김상훈 두 연구원이 SBS 〈희망 TV〉의 요청으로 다른 전문가 2명과 함께 말라위의 차세타 마을을 1주일간 방문했다. 아프리카의 최빈국 말라위에서 현지인들이 필요로 하는 제품을 개발하는 '인디(인간을 위한 디자인) 프로젝트'의 일환이었다. 두 사람은 말라위의 많은 여성들이 조리 도중 발생하는 연기 때문에 고통 받는 것을 목격했고, 곧바로 연기 없는 아궁이 개발에 착수했다.*

하윤 "처음엔 우리나라의 전통 아궁이에서 출발했어요. 오랜 역사를 통

---

*방송 당시 아궁이 외에 폐타이어로 만든 신발, 땔감 운반용 지게 등도 현지에서 제작되었다.

해서 다듬어진 것이니까 좋은 출발점이 될 수 있다고 생각했죠. 물론 현지의 요리 문화와 주거 문화에 맞게 일부 변형하긴 했지만요. 그래서 만들어진 게 1차 디자인이었어요.

하지만 완전한 건 아니었습니다. 현지 활동 시간이 짧다 보니 디자인에 반영해야 할 요소들에 대한 정보가 충분하지 못했거든요. 1차 디자인은 솥을 부뚜막에 끼우는 방식이었는데, 우리가 가마솥에 밥을 하는 것과는 달리 현지 음식들은 조리 중에 계속 솥을 잡고 저어 주어야 하기 때문에 불편한 점이 많았습니다. 또 가마솥보다 훨씬 작은 솥을 쓴다는 점, 훨씬 적은 땔감을 써야 한다는 점, 진흙 벽돌로만 만들어야 한다는 점 등 여러 조건들을 고려한 개선된 디자인이 필요했죠.

귀국하는 즉시 관련 서적과 자료들을 꼼꼼히 살폈습니다. 전통 아궁이 전문가와 전 세계 다양한 화덕에 대한 전문가에게 조언도 들었고요. 이를 바탕으로 새롭게 설계를 하고 여러 차례 실험도 하면서 문제점을 개선해 나갔지요. 그 결과 1차 때보다 재료가 적게 들면서 화력은 더 강한, 그리고 현지 요리 문화에도 더 잘 맞는 디자인을 완성할 수 있었습니다."

아궁이 제작을 위한 표준 매뉴얼은 한 달 후 재방문을 통해 현지에 전달되었고, 이제 그 기술은 말라위 사람들의 것이 되었다. 앞으로 그들 자신의 아이디어를 통해 더 훌륭하게 개량되면서 널리 퍼져 나갔으면 하는 게 두 사람의 바람이다.

말라위 방문을 위해 금쪽같은 연차 휴가를 쓸 필요는 없었다. 회사에서 7박8일간의 일정을 공가로 인정해 주었기 때문이다. 이런 특별한 경우 외에도, 평상시 적정기술 활동을 위해 사용하는 시간 중 일부는 회사로부터 인정받을 수 있다. LG전자가 얼마 전부터 CSR 활동의 일환으로 실시하고 있는 평일 봉사휴가 제도 덕분이다.

평일 봉사휴가 제도는 임직원들의 사회공헌활동 활성화를 위해 평일

말라위에서 진행된 SBS 〈희망TV〉의 '인디 프로젝트' ⓒSBS

근무시간 내 자원봉사 활동을 연 8시간까지 인정해 주는 제도다. 다른 기업에선 찾아보기 힘든 이 제도를 'LG 친환경 적정기술 연구회' 회원들은 최대한 활용하고 있는 중이다.

김상훈 "어쩌면 우리가 최초로, 그리고 유일하게 평일 봉사휴가를 사용하고 있는지도 모르지요. 하지만 좋은 선례가 될 것이라 생각합니다."

회의실이나 봉사휴가제 등 회사로부터 받고 있는 유형, 무형의 지원들이 활동에 도움이 되긴 하지만, 연구회의 진정한 힘은 회원들 개개인의 자발적 의지에서 나온다. 이들은 퇴근 후의 개인적 시간을 기꺼이 쪼개어 모임을 갖고, 새로운 제품의 개발과 시험과 개조를 위해 소중한 월급을 기꺼이 덜어 낸다. 연구회 멘토인 장수영 교수는 바로 그게 연구회의 저력이며 지속가능성의 원천이라고 힘주어 말한다.

장수영 교수 "회사에서 지원해 주는 모임은 오래 가지 못합니다. 하지만 자발적으로 나서는 사람들의 모임은 지속가능하고, 말릴 수도 없습니다. 자기 시간 쪼개고 자기 돈 써 가면서 '우리가 알아서 하겠다'는데 그걸 누가, 어떻게 말리겠어요?"

대기업과 적정기술

'LG 친환경 적정기술 연구회'가 LG전자 연구원들의 모임이긴 하지만, 이를 두고 대기업이 '직접' 나섰다고 말하긴 어렵다. 대기업이 적정기술의 개발과 보급에 나서기에는 현실적으로 어려운 점들이 많다.

김상훈 "대기업의 신사업은 수요나 시장이 일정 규모 이상 되어야만 추진이 가능합니다. 하지만 적정기술 사업은 '일정 규모' 이상이 되기 힘든 게 현실이에요. 대기업의 의사결정 방식이 수직적인 Top-down인 점을 고려하면, 적정기술이 대기업의 사업들 중 하나로 추진되는 건 아무래도 기대하기 어렵지요."

박용진 "대기업이 나서기 어려운 이유는 또 있습니다. 국제개발에 관련된 사업들은 대개 소규모인 경우가 많은데, 대기업이 그런 사업에 직접 뛰어들면 사회적 비난을 받을 수 있어요. 의도가 아무리 좋더라도, 대기업이 적정기술을 사업화하면 적정기술이 지향하는 목적과 가치가 훼손될 가능성이 높습니다. 그보다는 개발도상국 시장 개척에 적정기술을 활용하는 '전략적 사회공헌'을 하거나, 소셜 벤처처럼 적정기술을 기반으로 하는 소규모 사업체의 재정·기술·마케팅을 지원하는 역할을 하는 게 더 적절하다고 봅니다."

기업이 적정기술에 접근할 수 있는 또 하나의 방법은 CSR이다. 이미 많은 기업들이 CSR 활동을 통해 지역사회와 국제사회에 봉사하고 있다. 하지만 기업의 전문성을 효과적으로 발휘한 CSR 활동은 좀처럼 찾아보기 어렵다.

장수영 교수 "많은 기업들이 CSR 차원에서 밥도 하고 청소도 하고 다양한 봉사활동을 하고 있습니다. 물론 그런 활동들도 의미는 있지만, 각 회사가 가진 전문성은 전혀 발휘되지 않지요. 가령 전자회사라면 거기에 맞는 전문성을 봉사에 활용하는 게 더 좋지 않겠어요? LG가 할 수 있는 적정기술을 찾고자 하는 'LG 친환경 적정기술 연구회'의 활동은 그런 의미에서 시사점이 많습니다.

기업이라는 존재가 갖는 진정성이 무엇인지 생각해 봅시다. 기업은 돈을 버는 조직이고, 모든 활동들이 돈과 연결되어 있습니다. 하지만 광고를 보면 돈 얘기는 전혀 없죠. 우리의 삶을 풍성하게 해 주고 인류의 미래에 기여한다는 식으로 얘기하는데, 거기에 과연 진정성이 담겨 있는지 되돌아볼 필요가 있어요. 적정기술은 '우리 삶을 풍성하게 해 준다'는 기업의 말에 진정성을 부여하는 계기가 될 수 있습니다."

'LG 친환경 적정기술 연구회'는 기업이 적정기술 개발에 기여할 수 있는 가장 큰 자산이 무엇인지를 우리에게 보여준다. 그건 바로 '전문성을 가진 인재들'이다.

박병주 "대기업의 가장 큰 장점은 우수한 인력이죠. 대기업 조직에서 수년 이상 훈련된 전문 인력들은 어디에 내놓아도 빠지지 않습니다.
적정기술 현장에서도 마찬가지입니다. 전문성을 지닌 인재들이 좋은 마음을 갖고 활동하면 생각보다 훨씬 큰 성과를 낼 수 있어요. 예를 들어, 대기업 연구원 한 명이 정신을 똑바로 차리고 있으면 저소득층에게 냉장고를 무상으로 제공하는 일도 가능해집니다."

그가 말한 사례는 2010년에 박용진 연구원이 추진했던 '저소득층 냉장고 교체사업'이다. 당시 LG전자는 국내 저소득가구 5천 가구의 노후 냉장고를 고효율 친환경 냉장고로 교체해 주었다. 한국에너지재단과 함께 실시한 이 사업을 위해 LG전자는 에너지 효율 1등급인 소형 일반 냉장고를 특별히 개발했다. 이전까지, 그리고 이후에도 3백 리터짜리 소형 일반냉장고는 비용 때문에 1등급이 시판되지 않으며 3~5등급인 경우가 대부분이다.

새로 개발한 냉장고엔 녹색기술 인증을 받은 고효율 컴프레서가 장착되었으며, 최신형 대형냉장고에 쓰이는 천연물질 이소부탄(R600a)이 냉매로 사용되었다. 노후 냉장고 5천 대가 이 제품으로 교체되면 연간 약 5.25MWh(메가와트)의 전력과 3천150톤의 이산화탄소 감축 효과가 있다고 한다. 또한 한국에너지재단이 이 사업과 관련하여 UN에 탄소배출권 사업 추진의향서를 제출함으로써, LG전자는 국내 제조업체 가운데 탄소배출권 사업에 솔루션을 제공한 첫 번째 사례가 되었다.

박용진 "생활가전 중에서 에너지를 가장 많이 소비하는 제품이 냉장고입니다. 저소득층이 심하게 노후되어 극악할 정도로 효율이 낮은 냉장고를 이용하고 있다는 건 잘 알려진 사실이죠.
미국에서는 2000년부터 저소득층의 노후 냉장고를 교체해 주는 프로그램을 에너지부 주관으로 진행해 왔고, 독일의 국제협력기관인 GIZ에서도 2007년 브라질의 저소득층 노후 냉장고 교체사업을 CDM으로 추진한 바 있습니다. LG전자는 냉장고를 생산하는 기업이니까 에너지 절감, 탄소배출권 사업 개발, 사회복지 지원 등 여러 측면에서 냉장고 교체 사업이 의미가 있겠다 싶어서 그 사업을 추진하게 되었습니다.
당시 우리나라엔 이런 사업을 할 수 있는 기반이 전혀 없었습니다. 저소득층이 주로 사용하는 소형냉장고에는 고효율 모델이 없어서 신규 제품 개발 프로세스를 거쳐야 했지요. 또한 정부 차원의 정책 수립, 실태 조사, 정책 타당성 평가, 예산 수립과 집행까지 모든 것들을 한국에너지재단과 함께 제로 상태에서 새로 시작해야 했습니다.
이 사례는 딱히 적정기술이라고 말하기는 어렵지만, 대기업의 전문성을 이용해 사회에 기여하는 새로운 접근법을 보여줬다는 점에서 의미가 있다고 생각합니다."

대기업의 장점인 '우수한 인력'은 개개인의 능력만을 의미하는 게 아니다. 다양한 전공과 배경을 지닌 인재들이 함께 모여 협업할 수 있다는 것 또한 빼놓을 수 없는 장점이다.

하윤 "적정 '기술'이라고 표현하긴 하지만 기술적인 접근만으로는 충분하지 않습니다. 현지 상황과 현지인들의 특성에 맞는 적정한 결과물을 만들어 내려면, 디자인과 비즈니스를 포함한 다양한 요소들이 여러 측면에서 다각적으로 고려되어야 해요. 저희 모임에는 엔지니어 외에도 디자이너 등 여러 분야의 사람들이 함께하고 있기 때문에 그런 점에서 장점을 갖고 있습니다."

사업 과정에서 형성된 글로벌 네트워크 또한 대기업에서 적정기술 활동을 하는 데 커다란 자산이 될 수 있다.

박병주 "2012년 'Life's Good 봉사단' 활동의 일환으로 개발한 솔라 멀티 차저가 소문이 나다 보니 CSR 담당 부서의 높은 분들도 알게 되었습니다. 회사 차원에서 진행하던 에티오피아 자립마을 건설 프로젝트에도 적용해 보라고 하시더군요. 솔라 차저 외에 다른 아이템 발굴까지 추가로 부탁하셔서, 연구회 활동의 일환으로 이것저것 검토하고 있습니다. 이를테면 물 정수, 교육용 영화관 같은 것들이죠.
회사의 글로벌 네트워크 안에 적정기술의 현장이 있다 보니, 뭐 하나라도 제대로 만들기만 하면 곧바로 테스트해 볼 기회가 생깁니다. 대기업 소속이어서 누릴 수 있는 큰 혜택이 아닐까 싶어요."

대기업은 조직이 보유하고 있는 인력과 전문성을 적정기술에 일방적으로 제공하기만 하는 것일까? 그렇지 않다. 적정기술이 거꾸로 기업과 개인의 역량 강화에 도움이 되는 측면도 있다고 연구회 회원들은 입을 모은다.

하윤 "적정기술이 필요한 지역은 다른 지역들에 비해 자재, 디자인, 가격, 유지·보수 등 여러 측면에서 제약이 굉장히 많아요. 어딘가에서 적정기술 제품이 사용되고 있다는 건 그런 제약들이 극복되었다는 뜻이죠. 그건 발상의 전환 또는 일종의 혁신을 의미해요. 그런 사례들을 자주 접하다 보면 일상 업무에서 기획이나 디자인을 할 때 많은 도움을 받을 수 있습니다.
사람에 대해서도 마찬가지예요. 적정기술 제품을 개발하려면 그 제품을 사용할 사람들에 대해서도 새롭게, 더욱 심도 깊게 이해할 필요가 있어요. 기존에 우리가 알던 고객들과 다른 점이 많기 때문이죠. 그런 노력들은 현업에서 소비자들을 이해하는 데에도 여러모로 도움이 된다고 봐요."

대기업과 적정기술은 서로의 발전에 기여할 수 있다. ⓒLG친환경적정기술연구회

박용진 "개발도상국에서 활용되는 적정기술이 다시 선진국에 응용될 수도 있습니다. 그곳에서 사용되는 '현명한' 기술들은 화석연료나 전기를 거의 사용하지 않으니까. 그걸 잘 응용하면 선진국에서도 화석에너지 사용을 줄일 수 있을 것으로 기대합니다. 어쩌면 우리 회사에서 친환경 신사업을 개발할 수도 있지 않을까?"

'친환경 적정기술 연구회' 모임의 발표 자료 위쪽에는 '끝까지 함께 가는 친환경 적정기술 연구회'라는 문구가 적혀 있다. 끝까지 함께 간다니! 한번 들어오면 다시는 빠져나갈 수 없는 무서운 모임처럼 느껴지기도 하지만, 정작 당사자들은 연구회가 지금까지 계속 성장해 올 수 있었던 첫 번째 요인으로 '모호한 정체성과 느슨한 커넥션'을 꼽는다.

박병주 "연구회는 공식 조직도 아니고, 회원들이 필요 이상의 압력을 받으며 활동할 이유가 전혀 없습니다. 그냥 길게 바라보고 함께 가는 거니까."

지금 이 순간에도 수많은 기업들의 연구실에서 수많은 기술들이 연구되고 있다. 상품화되어 세상에 나온 기술들은 멋지게 포장된 광고를 통해 소비자들에게 전달되고, 그들에 의해 소비된다. 이러한 대기업 비즈니스의 틀 속에서 지금까지 소비자가 아니라고 인식했던 사람들을 위한 기술을 만든다는 건 분명 쉽지 않은 선택이었을 것이다.

하지만 '친환경 적정기술 연구회' 회원들은 적정기술을 통해 새로운 의미를 찾았고, 이는 소수를 위한 '더 나은 세상'이 아닌 모두를 위한 '더 나은 세상'을 만드는 데 일조하고 있다. 연구회를 맨 처음 만들었던 박병주 연구원은 적정기술을 통해 바라본 세상을 이렇게 이야기한다.

적정기술은 매력이 철철 넘친다. 한번 적정기술을 제대로 만나면 쉽게 헤어나기 어려울 만큼 멋진 세상이 펼쳐진다. 보통의 연구실에서 진행되는 연구와는 분명히 다르다.

"제가 하고 있는 연구의 목적이 무엇입니까?"

지도교수님께 여쭈었다.

"인류 복지의 증진이다."

곧바로 대답이 돌아왔다.

멋진 일이었다.

근데 왠지 2% 부족했다. 허전한 느낌이 있었다. 그 허전함의 이유를 적정기술을 만나고서야 깨닫게 되었다. 내가 하던 일이 특정 인류만을 위한 연구였기 때문이다. 구매력이 있는 일부 사람들이 그 대상이었다. 지구상의 인류를 구성하는 대다수 사람들은 구매력이 없다. 그들은 내가 하던 연구가 어떤 것이건 그 결과물에서 소외될 수밖에 없었다. 돈이 없다는 이유에서다. 그렇게 구조가 견고하게 짜여 있는 곳에 내가 몸담고 있었고, 거기에서 연구하고 있었다.

자유로워졌다는 것은 나를 둘러싼 구조를 바꾸는 힘이 된다. 소외되었던 사람들을 경계 안에 포함될 수 있게 하는 실낱같은, 그야말로 일말의 희망이 된다. 자유를 얻음으로써 구조를 뛰어넘을 수 있는 기회를 얻게 되기 때문이다. 그래서 적정기술은, 자유케 된 자들에게 보다 의미 있는 삶의 공간을 보여주는 창문이 된다.

| 제3장 | **산업 및 지역개발**

Industry &
Local
Development

스스로 일어서게 하다

미나마타 병을 막아라!

인도네시아 반둥공과대학 이형우 박사
인도네시아/ 탄광지역 수은 증기 회수

1950년대 초, 일본 쿠마모토 현의 작은 어촌 도시인 미나마타에서 이상한 일이 일어나기 시작했다. 하늘을 날던 새가 갑자기 땅에 떨어지고, 고양이가 입에 거품을 물고, 주민들의 눈이 멀고 손발이 마비되며 죽어가는 초유의 사태가 벌어진 것이다. 원인조차 알 수 없었던 이 병의 실체는 1968년이 되어서야 밝혀졌다. 인근 신일본 질소비료 공장에서 방출한 폐수에 함유된 수은이 도시 전체를 오염시킨 것이었다.

'미나마타 병'으로 불리는 수은 중독은 대표적인 공해병의 하나로 알려져 있다. 수은은 그 치명적인 위험성 때문에 여러 나라에서 규제를 통해 사용량을 줄이고 있으며, 산업현장에서는 수은을 사용하지 않는 기술에 대한 연구를 강화하고 있다. 하지만 중금속 사용에 대한 적절한 규제와 기술이 없는 개발도상국에서 수은의 안전한 사용이나 사용량

20세기의 대표적 공해병으로 꼽히는 미나마타 병의 참상

감축은 당분간은 기대하기 어렵다.

수은을 사용하는 대표적인 산업은 금광업이다. 수은과 금의 화합물인 아말감을 만들고 그것을 가열하여 수은을 증발시킴으로써 금을 추출하는 제련기술을 혼홍법渗汞法이라고 부른다. 추출 과정에서 수은뿐만 아니라 청산염, 카드뮴, 납 등의 중금속 오염을 유발하지만, 적절한 규제가 없는 개발도상국에서는 환경과 인체에 심각한 부작용을 일으키는 이런 채굴 방식이 지속되고 있다.

2000년에 루마니아에서는 금광 채굴 과정에서 발생한 오염물질이 다뉴브강 지류로 유입되어 1천 톤 이상의 물고기가 폐사했다. 2004년엔 세계적인 금 생산업체인 '뉴몬트 광업'이 인도네시아의 광산에서 수은 증기를 방출한 혐의로 주민들에 의해 고소당했다. 주민들은 1996년 뉴몬트 광업이 채광을 시작한 직후부터 현기증과 호흡곤란, 피부질환 등을 앓아 왔고, 내부 보고서에 의하면 4년간 무려 33톤의 수은이 근처 바다와 하늘에 버려졌다고 한다.* 몇십 년 전 선진국에서 산업화의 부산물로 발생했던 공해병이 오늘날 개발도상국에서 더 대규모로, 더 심각하게 발생하고 있는 것이다.

국제사회는 범지구적 차원에서 문제 해결을 위한 프로젝트를 시행하고 있다. UNIDO(유엔산업개발기구)와 UNDP(유엔개발계획), GEP(지구환경기금)가 2002년부터 시작한 '글로벌 머큐리 프로젝트The Global

Mercury Project'도 그중 하나다. 소규모 광산 지역의 환경보호 및 보건을 위해 해당 국가에 수은 사용을 줄이는 기술을 제공하고, 수은 배출을 모니터링할 수 있는 시스템을 구축하고, 현지 주민들에게 수은 중독의 위험성을 교육하고 있으며, 수은을 안전하게 사용하기 위한 매뉴얼도 개발하여 보급하고 있다.**

하지만 국제사회의 손길이 지구촌 전역에 닿는 건 아니다. 이런 지원에서마저 소외된 지역들이 곳곳에 존재하고 있다. 인도네시아 반둥공과대학의 이형우 박사가 눈길을 주는 곳이 바로 그런 곳들이다. 국제사회와 국가의 관심에서 소외된 반둥 인근의 소규모 금광 개발 지역을 돕는 게 적정기술자로서 그의 프로젝트다.

수은에 중독된 마을

"반둥시市 남부의 P마을은 70여 가구가 사는 조그만 산촌이에요. 벼농사가 주업이고, 마을에서 많이 자라는 대나무를 이용해 '사떼'라는 꼬치요리에 쓰이는 막대 만드는 걸 부업으로 하는 가난한 마을이죠.

3~4년 전부터는 마을 뒷산에 작은 구멍을 뚫고 들어가 흙과 돌을 캐내어 금을 추출하는 소규모 금광업에 7~8 가구가 종사하고 있어요. 정기적으로 금을 사러 오는 업자에게 순도 65~70%의 금을 판매하면 제법 큰돈을 만질 수 있다고 해요. 제일 큰 규모로 금 정제를 하는 M씨는 자가용까지 구입해서 이웃의 부러움을 사기도 했지요.

그런데 작년부터 금광 일을 하는 사람들이 아프기 시작했어요. 총 십여 명 중 2명이 몸에 이상이 생겼고, 그중 한 명은 아예 자리에 누워서 일어

* 〈한겨레신문〉, '뉴몬트, 인도네시아에서 수은 무단 방류' (2004.12.23)
** Global Mercury Project, http://www.globalmercuryproject.org (2012. 9. 27)

나지도 못하는 상태예요. 집에 찾아가 봤더니 그의 아내는 손가락 마디가 죄다 휘어서 일상생활에 어려움을 겪고 있었어요. 사람뿐만 아니라 동네 개들을 봐도 털이 다 빠져 있어요. 수은 중독 때문이지요."

금광 개발은 보통 채굴, 파쇄, 아말감화, 아말감 가열의 순서로 이루어진다. P마을 주민들은 뒷산에서 금이 포함된 돌과 흙을 캐내고, 이를 원통형 파쇄기에 물과 함께 넣고 슬러지sludge(찌꺼기) 형태로 파쇄한 후, 여기에 수은을 넣고 섞는다. 슬러지 안의 금과 수은이 결합하여 합금 형태의 아말감이 되고, 이를 회수하여 토치로 5~10분간 가열하면 수은이 증기로 빠져나와 순도 65~70%의 금만 남게 된다. 이 과정에서 배출되는 수은이 주민들의 건강과 지역의 환경을 심각하게 해치고 있는 것이다.

"작업 현장을 보니 수은의 보관과 처리에서부터 문제가 있었어요. 수은은 대기압에서 자연증발할 수 있기 때문에 반드시 1cm 이상의 물이 담긴 밀폐용기에 보관해야 하는데, 이곳에선 뚜껑 없는 용기에 보관하고 있더군요. 또 아말감화 과정에서 대부분의 작업자들이 장갑을 끼지 않고 맨손으로 작업을 하다 보니 수은이 피부로 침투하기 쉬워요. 상처가 있

아말감 가열 과정에서 수은에 무방비로 노출되는 작업자 ⓒ이형우

는 경우엔 더더욱 그렇지요.

수은에 가장 심하게 노출되는 때는 아말감을 가열할 때입니다. 수은 증기는 무색, 무취여서 대량으로 발생해도 문제점을 자각할 수 없기 때문에, 다들 대수롭지 않게 여기고 보호장비 없이 작업을 하고 있었어요. 집 밖에 내놓으면 도둑맞을 위험이 있다고 집 안에서 일을 하다 보니 가족들까지 모두 수은 증기에 노출되어 있는 상황이에요. A씨의 아내가 수은에 중독된 것도 그 때문이지요."

수은을 비롯한 중금속의 가장 큰 문제는 시간이 지날수록 축적된다는 점이다. 방출된 수은은 물, 토양, 공기 등을 오염시킨 후 식물이나 생선 등에 쌓이고, 당연히 사람에게도 그 영향이 이어진다. 즉, 수은 대기에 노출되는 경우뿐 아니라 수은이 함유된 음식을 통해서도 중독이 될 수 있다.

"아말감화 작업을 마친 슬러지 폐수는 별도 처리 없이 곧바로 마을 하천으로 방류합니다. 그 물로 벼농사를 짓고 있으니 결국 마을 전체가 수은 중독의 위험에 처해 있는 셈이죠. 게다가 산간지역에 위치해 있어서, 폐수가 흘러 내려가는 아랫마을 주민들까지 연쇄적으로 수은에 노출되어

하천으로 무단 방류되는 슬러지 폐수는 지역 전체를 수은으로 오염시킨다. ⓒ이형우

있어요. 이 지역에서 생산되는 농산물이 인도네시아 전역, 특히 수도 자카르타를 포함한 서부자바 지역에 유통되고 있는 걸 감안하면, 수은 중독의 범위는 그야말로 상상을 초월할 수도 있습니다."

금광업은 이 작은 마을에 '눈에 보이는' 이익을 가져다 준 산업이었다. 반면 수은은 오염물질이 눈에 보이는 것도 아니고 중독 증상이 금방 나타나지도 않는다. 그러니 가난한 주민들로서는, 설령 위험성을 어렴풋이 알고 있다고 해도, 미래의 중독을 피하기 위해 눈앞의 금광을 포기할 수는 없는 일이었다.

다른 방법이 없었다. 작업 과정에서 발생하는 수은 증기를 회수하여 작업자들과 주민들이 수은에 노출되는 것을 최대한 막는 것만이 이곳에서 시도할 수 있는 유일한 기술이었다.

소규모 증기를 회수하는 기술은 이미 남미 국가들에서 진행되고 있는 '글로벌 머큐리 프로젝트' 등을 통해 널리 알려져 있었다. 이형우 박사는 UNIDO의 매뉴얼에 따라 만든 수은 증기 회수장치를 이 지역에 적용해 보기로 했다.

"아말감 가열 과정에서 발생하는 수은 증기 제거엔 레토르트retort(증류기)형이나 드럼환풍기형 장치가 사용되는데, 저는 레토르트형을 만들어 봤어요. 물과 아말감이 담긴 레토르트 하단부를 토치로 가열하면, 아말감에서 증발된 수은 증기가 컨덴서를 통해 응축되어 액체 상태로 회수통에 배출되지요. 충분히 가열하여 수은이 회수통에 모두 모이면 레토르트를 식히고, 열이 완전히 제거된 후 열어서 수은이 제거된 금을 회수하는 장치예요."

그가 만든 레토르트형 장치는 확실히 효과가 있었지만 문제는 실용성이었다. 작업자들은 이 장치가 불편하다면서 좀처럼 사용하려 들지 않았다.

"기존 장치는 3~5분 정도의 가열로 모든 작업을 완료할 수 있었어요. 하지만 이 장치는 간접가열이다 보니 30~40분의 시간이 소요됩니다. 작업자들이 인내하기엔 상당히 긴 시간이에요. 게다가 토치 가열은 석유를 이용해 발로 펌프를 밟으면서 하는 것인데, 30분 넘게 계속 작업하려면 아무래도 힘이 들지요.
시각적인 문제도 있었어요. 예전엔 작업을 마친 후에 노란색 금이 남았거든요. 하지만 레토르트를 사용하면 거무스름한 금이 남으니까, 작업자들이 보기엔 뭔가 믿음이 안 가는 거예요. 그래서 사용하고 싶지 않다고들 하더라고요. 금 색깔이 검은 건 성분이나 함량과는 상관이 없고, 직접 가열을 하면 금세 노란색으로 바뀌어요. 하지만 이 과정에서 또 수은 증기가 발생한다는 문제점이 있지요.
고민 끝에 레토르트의 재질을 바꿔서 작업 시간을 10분 정도 단축했지만 여전히 긴 시간이었어요. 발 펌프질의 고충을 줄이기 위해 부탄가스를 이용하거나 화덕을 제작하기도 했는데, 이것 역시 시간과 비용이 많이 소요되니까 하기 싫다고 하더군요."

레토르트형에 이어 그가 두 번째로 시도한 건 박스형 회수장치였다.

"박스 상부에 블로워blower(송풍기)를 부착하고 스테인리스 관으로 블로워 출구를 수은 회수통과 연결한 장치입니다. 토치를 박스에 삽입하여 직접 가열하되, 수은 증기는 블로워를 통해 배출하는 방식이지요. 작업 시간은 단축할 수 있었지만 스테인리스 재질의 박스가 열을 고스란히 전달하면서 블로워가 고장 났고, 벽면에 수은이 흡착되기도 했어요.

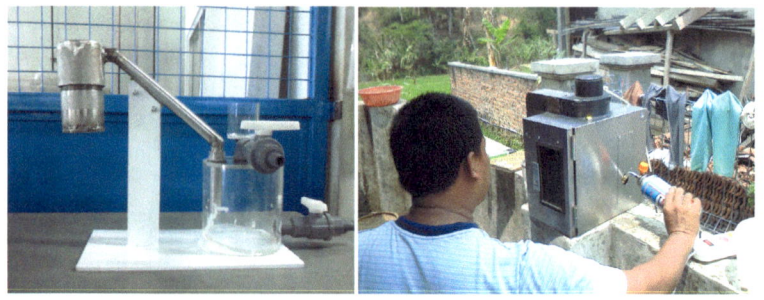

수은 증기 회수를 위해 개발한 레토르트형 장치(왼쪽)와 박스형 장치(오른쪽) ⓒ이형우

이를 개선하기 위해 강화벽돌로 가열로加熱爐를 만들고 안쪽엔 스테인리스 판을 부착한 장치를 만들려고 했지만, 제작비가 너무 비싸요. 대충 만드는 데도 15만 원 넘게 들었고, 제대로 만들려면 50만 원 이상 들 것 같아요. 그럼 아무도 안 사겠지요."

뭔가 새로운 실마리가 절실히 필요한 상황이었다.

재앙의 도미노를 막기 위하여

P마을이 직면한 수은 오염 문제는 적정기술의 일반적 사례들과는 많이 다르다. 이곳엔 당장 굶어 죽을 만큼 가난한 사람도 없고, 물이 없거나 심하게 오염되어 있는 것도 아니고, 그렇다고 전기가 안 들어오는 것도 아니다. 좀 더 잘살기 위해 시작한 지역산업이 그들 자신과 환경을 오염시키고 있는 상황에서, 이 산업을 환경적·사회적으로 그리고 경제적으로 지속가능하게 하기 위해 조금 더 나은 기술이 필요한 것이었다.

그렇다고 기술을 새로 개발해야 하는 것도 아니다. 기술은 이미 존재하고 있고, 단지 그것을 이미 익숙해져 있는 시스템에 어떻게 적용시키느냐의 문제였다.

제품을 만들어도 해결의 실마리가 풀리지 않자 이형우 박사는 이 기술을 적용시킬 수 있는 다른 방법을 찾기 시작했다. 첫 번째 시도는 지역정부와의 협조였다.

"이 지역을 맡고 있는 관리들과 지방 공무원들을 만나 봤어요. 우리나라로 치면 면장 정도 되는 사람들은 수은의 위험성을 진작부터 알고 있더군요. 그런데도 수은을 이용한 채금을 금지할 수는 없다는 거예요. 그걸 금지하면 일자리가 없어지는데, 대체할 만한 일자리가 없는 상황에서 덜컥 금지부터 해 버리면 항의를 감당할 수 없다는 거죠.

채금 지역에서 버려지는 폐수도 지방정부에서 관리는 해요. 가끔 공무원이 나와서 물을 떠 간다고 하더라고요. 그런데 검사 결과는 언제나 이상 없다고 나온대요. 제가 봤을 때는 절대 그럴 리가 없는데, 검사하는 시늉만 하고 면죄부를 주는 셈이지요."

국제개발 사업에서 가장 어려운 점들 중 하나는 현지의 부정부패라고 한다. 개발업자들이 현지 정부를 움직이기 위해 뒷돈을 뿌리고, 개발에 투자되는 많은 돈들이 누군가의 뒷주머니로 들어가다 보니 정작 도움이 필요한 사람들은 제대로 혜택을 받지 못하는 경우가 비일비재하다는 것이다.

인도네시아 역시 예외가 아니다. 2010년 홍콩의 한 컨설팅 회사가 조사한 바에 따르면 인도네시아는 아시아-태평양 지역 16개국 중 부정부패가 가장 심한 국가로 평가되었다. '인도네시아 부패감시ICW'에 의하면 부정부패로 인한 2011년도 국가 손실이 무려 2억3천만 달러(약 2천5백억 원)에 달한다고 한다.

이토록 극심한 부정부패의 바람은 P마을 같은 작은 산간마을마저 그냥 지나치지 않았다.

"레토르트형으로 수은 증기 회수장치를 개발하면 50달러 정도에 시장에 내놓을 수 있어요. 원가가 30달러니까 이익이 20달러쯤 되는 셈이지요. 처음에 지방정부 공무원과 미팅을 했을 때, 그 사람은 저희 사업에 별로 관심이 없었어요. 그런데 이 사업을 비즈니스화해서 1대당 수익의 절반인 10달러를 주겠다고 했더니 눈빛이 확 달라지더군요. 갑자기 활짝 웃으면서 그러는 거예요. 이 마을에만 도입하지 말고, 자기가 관리하고 있는 지역에 더 큰 마을이 있으니 거기에도 도입하고 또 다른 마을들도 추진해 보자면서 적극성을 보였어요."

지방 공무원과의 협력 외에 수은 증기 회수장치를 보급하기 위해 선택한 또 하나의 방법은 대학의 힘을 이용하는 것이었다. 이형우 박사가 몸담고 있는 반둥공과대학ITB, Institut Teknologi Bandung은 1920년 네덜란드에 의해 설립된 공업학교에 기원을 두고 있으며, 인도네시아에서 가장 오래된 공과대학이자 전국적으로 가장 명망 높은 대학들 중 하나다. 인도네시아 정부가 지정한 우수 거점 5대 대학 중 하나로 과학기술, 경영학, 예술 분야에 특히 경쟁력이 있다고 한다. 2010년 기준으로 약 1만3천500명의 대학생과 4천640명의 대학원생이 재학하고 있다.

"인도네시아는 우리나라보다 더 권위주의적인 사회입니다. 윗사람이 말하면 아랫사람은 설령 반대하는 입장이어도 따르는 게 이곳의 문화지요. 저 같은 외국인이 얘기를 하면 귀담아듣지 않지만, 권위 있는 학교나 기관에서 교육을 하면 좀 달라지지 않을까 싶더라고요. 사실 우리나라 시골도 마찬가지죠. 카이스트 같은 곳의 교수님들이 와서 소득 증대와 환경보전을 위해 이러저러한 것을 해 보자고 제안한다면, 낯선 외국인이 애기하는 것보다 훨씬 효과적이지 않겠어요?

다행히 ITB는 우수한 인재들이 모여 있는 최고의 공과대학이고 열정적인 교수님들도 많아요. 그중 몇몇 교수님들과 상의를 했지요. 학교 안에 적정기술센터를 만들고 첫 프로젝트로 수은 증기 제거 사업을 해 보자고요. ITB가 움직이면 나중엔 정부도 움직일 수 있을 거라는 나름의 복안도 있었어요."

이런 시도가 가능했던 건 그가 2012년 한국연구재단의 '개도국 과학기술지원단TPC,Techno Peace Corps' 단원으로 선정되었기 때문이다. 이공계 학사 이상 학위 소지자를 중심으로 구성되는 TPC는 개발도상국의 관련 기관에 파견되어 과학기술과 관련된 강의, 기술지도, 컨설팅 등을 수행하는 해외봉사단이다. 2006년 17명이 처음 파견된 이래 2011년까지 총 130여 명이 14개 국가로 파견된 바 있다. TPC 단원이 됨으로써 그는 앞으로 ITB에서 더욱 안정적으로 연구 및 교육활동을 수행할 수 있게 되었다.

하지만 일은 여전히 순조롭지 않았다. 현지 교수들과의 협력을 통해 주민들을 설득하려던 그의 계획은 뜻밖의 장벽에 부딪히고 말았다.

"ITB 교수진과 함께 마을을 방문하여 상황을 조사했는데, 기대와 달리 의외의 상황에 막혀 버렸어요. P마을의 채금 작업은 정부에 등록되지 않은 불법 활동이라 ITB 같은 기관에서 공식적으로 개입할 수가 없다는 거예요. 주민들 또한 자신들의 일이 외부에 공개되는 걸 굉장히 꺼리고 있어서, ITB와의 공동작업을 더 이상 진행할 수 없게 되었지요. 이후 적정기술을 통한 작업환경 개선 의지가 있는 마을을 찾아 공식 활동을 재개하기로 했고, 지금은 잠정적으로 중단된 상태입니다.

굉장히 아쉽지요. 한국 정부로부터 적정기술 관련 프로젝트를 통해 지원

받을 계획을 세우고 한국에 계신 교수님들과 애기를 시작한 상태였는데, 당장은 좀 어렵게 되었습니다."

이 계획과 동시에 추진했던 TPC 차원의 지원 프로젝트 역시 큰 진전을 보지는 못했다.

"2012년 하반기에 TPC 단원 지원 프로젝트를 통해 레토르트형 수은 증기 회수장치 개선을 시도했고, 그 결과 작업 시간을 20분 안쪽으로 줄였어요. 하지만 작업자들은 여전히 자기들의 기존 방법을 고수하고 있는 상황이에요. 그게 더 빠르고, 아말감이 금으로 변하는 과정을 눈으로 직접 볼 수 있다는 이유에서죠."

그러는 사이 상황은 점점 악화되어 그가 우려했던 일들이 하나둘씩 현실로 드러나기 시작했다. 다음은 2013년 8월에 그가 이메일로 보내온 소식이다.

"수은 중독으로 건강이 악화되었던 두 명의 근로자들 중 한 명은 이미 사망했습니다. 그래서 마을의 작업자들이 다들 두려움 속에서 일을 하고 있어요.
작업장 인근 논과 하천의 토양 샘플을 채취하여 분석해 봤는데, 예상대로 모두 수은에 오염되어 있더군요. 1차 오염(작업자 중독)에 뒤이은 2차, 3차 오염의 가능성이 현실화되고 있음을 확인한 거지요. 자신들의 문제가 외부에 공개되는 걸 주민들이 원치 않고 있어서 구체적 데이터를 밝힐 순 없지만, 아주 심각한 상태인 건 분명합니다."

소리 없이 다가오는 재앙! 그걸 막으려는 이런저런 시도들이 아직 제자리걸음이긴 하지만 이형우 박사의 노력은 여전히 진행형이다. 1분이라도 더 작업 시간을 줄이기 위해, 한 명의 작업자라도 더 설득하기 위해, 그리하여 한 명이라도 더 희생자를 줄이기 위해. 자칫 걷잡을 수 없이 확산될 수도 있는 죽음의 도미노가 다행히 어딘가에서 멈추게 된다면, 그 장소는 아마도 반둥시 남부의 P마을이 될 것이다.

지속가능한 기술의 조건

인도네시아에서 연구하는 동안 이형우 박사의 관심은 수은 증기 회수장치뿐만 아니라 현지에 필요한 다른 기술들로 계속 확장되고 있다. 이는 적정기술이라는 게 과연 무엇인지, 인도네시아에 필요한 적정기술은 어떤 것인지에 대한 깊은 고민의 과정이기도 하다.

"인도네시아는 1950년대 기술과 2013년의 기술이 공존하는 나라입니다. 자동차만 봐도 그래요. 예전에 〈무한도전〉에 나와서 모두가 신기해했던 40년 전의 폭스바겐 마이크로버스도 흔하게 다니지만, 최신형 벤츠나 스포츠카도 도로에서 쉽게 볼 수 있지요. 지난번엔 어떤 강에서 배를 타고 가는데, 몸에 닿으면 피부가 썩을까 봐 걱정될 만큼 더러운 물에서 주민들이 목욕하고 빨래하고 이도 닦고 있었어요. 이 닦다가 전화가 오니까 스마트폰을 꺼내서 통화를 하더라고요. 여긴 그런 나라예요.
실제로 인도네시아는 경제 규모가 세계 18위이고, G20의 회원국이기도 하고, 1인당 국민소득도 2천 달러 정도 되니까 최빈국은 아니에요. 필요한 기술이 있으면 살 수 있어요. 문제는 그 기술을 활용하려는 사람들의 의지입니다.
물을 예로 들어 볼까요? 인도네시아엔 물을 정수해서 파는 가게가 마을

현지에 설치한 정수용 1차 필터. 왼쪽부터 사용 전, 1주 후, 2주 후, 4주 후 ⓒ이형우

마다 있어요. 18리터에 한국 돈으로 400~500원 정도 하는데, 서민들의 한 달 임금이 100~150달러 정도니까 40~50센트짜리 물을 사 먹는 게 크게 부담스럽진 않아요. 지하수나 강물을 그냥 마시면 안 된다는 건 이곳 사람들도 다들 알고 있어요. 반드시 정제된 물을 마셔야 한다는 사실을 잘 인식하고 있고 몸에도 배어 있지요. 원한다면 얼마든지 자기에게 알맞은 가격에 깨끗한 물을 살 수 있고요.

하지만 식수 말고 설거지나 샤워용으로 사용하는 물은 이야기가 좀 달라요. 개인 정수시설 없이는 깨끗한 물을 얻을 수 없거든요. 인도네시아 수돗물은 진흙을 많이 포함하고 있는데 이것을 걸러 내는 시스템이 없어요. 필터는 여기서도 쉽게 구할 수 있으니까, 흔히들 사용하는 샤워기나 수도꼭지에 이온교환수지칼럼을 설치해서 생활용수 필터시스템을 만들어 봤어요. 인도네시아에 있는 한인들은 그 필요성을 인식하고 만족스럽게 사용하고 있는데, 현지인들에게 설명해 줬더니 저를 아주 이상한 사람 취급을 하더군요. 그런 장치가 대체 왜 필요하냐는 거예요. 돈이 없는 게 아니라 기술을 사용하려는 의지가 없는 거지요."

결국 중요한 건 기술의 필요성에 대한 당사자들의 인식과 사용 의지다. 물이든 수은이든, 그게 전제되지 않으면 어떤 문제도 근본적으로 해결될 수 없는 것이다. 생존 자체보다는 삶의 질 개선이 문제인 P마을 같은 곳에서는 더욱 그렇다.

"인도네시아는 많은 섬으로 이루어져 있고 다양한 사람들이 살고 있지만, 적어도 제가 경험한 자바섬 및 도시 근교 지역엔 기술이나 사회기반시설이 없어서 '소외된 90%의 삶'을 살아가는 지역은 그리 많지 않아요. 그들의 생활을 좀 더 낫게 개선하는 건 결국 돈의 문제고 의식의 문제입니다. 의식이 바뀌지 않는 상태에선 그 어떤 훌륭한 적정기술도 지속가능할 수 없지요.

연구나 개발만으로는 문제를 해결할 수 없는 이유가 바로 거기에 있습니다. 하나의 기술이 지속가능한 기술로 자리 잡으려면 얼마나 효율적이고 편리한가도 중요하지만, 새로운 기술을 사용할 사람들의 의식과 생활방식을 바꾸는 교육이 반드시 필요하다고 봅니다."

아프리카에 농업혁명을

상지대학교 이호용 교수
아프리카 | 친환경 농업, 축산업 기술 교육

 적정기술은 2차산업인 제조업 분야에만 적용된다고 생각하기 쉽지만 개발도상국에서는 1차산업인 농업도 그에 못지않게, 어쩌면 그보다 더 중요하다. 그들 국가에서 농업은 산업구조의 근간을 이룰 뿐만 아니라, 식량생산 증가를 통해 MDGs(Millennium Development Goals, 2000년에 UN이 정한 새천년개발목표) 중 하나인 빈곤퇴치를 이룰 수 있는 중요한 산업이기도 하다.
 최근 우간다를 비롯한 많은 개발도상국의 농촌 지도자들이 농업기술을 배우기 위해 우리나라를 찾고 있다. 강원도 원주의 가나안 농군학교에서 그들을 지도하고 있는 상지대학교 생명과학과 이호용 교수를 만나, 적정하고 지속가능한 농업기술에 대해 들어 보았다.

기아 해결과 농업기술

교수님, 왜 농업이 중요한가요?

"오늘날 많은 사람들이 농업을 구시대의 산업 혹은 하찮은 산업으로 여기고 있지만, 사실 농업은 세계에서 제일 규모가 큰 산업이지요. 자그마치 10억 명이 농업에 종사하고 있고, 매년 약 1조 달러가 농업을 통해 유통됩니다. 경작지와 목축지 등 농업에 사용되는 땅은 인류가 사용하는 지구 면적의 약 50%를 차지하고 있고요. 농업의 중요성은 선진국보다 개발도상국에서 더욱 두드러집니다.

근대 이후 농업기술이 발전하면서 단위면적당 수확량도 급속히 증가했지만, 지금도 전 세계엔 굶주리는 사람들이 2010년 기준으로 약 9억2천5백만 명이나 됩니다. 굶주림은 개인의 생사를 좌우할 뿐 아니라 때로는 한 국가의 운명에도 영향을 끼치죠. 예를 들면, 2011년의 이집트 반정부 시위도 처음엔 빵에서 시작되었습니다.

그 나라에선 1977년과 2008년에도 대규모의 시위와 폭동이 있었지만 정부가 빵값을 잡으면서 사태가 잦아들었어요. 하지만 2011년엔 이집트에 많은 식량을 수출하던 러시아에서 주요 곡물 수출을 금지하는 바람에 정부가 빵값을 조절할 수 없었고, "빵을 달라"던 군중들의 구호는 시간이 흐르면서 "자유를 달라"로 바뀌었지요. 굶주림이 나라의 정치 구도를 바꾸는 계기가 되었던 겁니다.

20세기가 되면서 세계 각국은 정치적 혹은 경제적 정책에 의해 식량 공급량을 조절하기 시작했어요. 식량의 대량 비축은 강대국의 힘과 영향력을 입증하는 수단이 되었고, 그 나라들은 식량 수출국이라는 위치를 이용하여 공급량과 가격을 조절하고 있지요. 쉽게 말해서, 식량이 무기가 된 것입니다."

많은 선진국 정부, 국제기구, NGO 등이 기아 해결을 위해 식량 원조를 하고 있잖아요. 그런데 왜 아직도 식량 문제를 해결하지 못한 나라가 많은 건가요?

"맞아요. 많은 국가들과 국제기구들이 '원조'라는 이름으로 기아 문제 해결을 위한 사업을 하고 있지요. 하지만 결과는 신통치 않습니다. 『왜 세계의 절반은 굶주리는가』의 저자 장 지글러는 토지 개량, 사막화 대책, 빈민가의 인프라 정비는 물론이고 농업 지원마저도 기아 문제를 근본적으로 해결하지 못하는 응급조치에 불과하다며, 사회구조가 근본적으로 바뀔 필요가 있다고 지적한 바 있어요.

식량이 부족한 나라들의 가장 큰 문제는 부패한 정부입니다. 그들은 정권 유지를 위해 내전을 일으키고, 해외 지원금과 자원 판매액을 빼돌려 그 돈으로 도리어 국민을 공포와 기아로 몰아넣고 있어요.

또 하나의 문제는 인구증가입니다. 아프리카 지역은 지난 30년간 매년 2% 이상의 인구 증가율을 기록해 왔습니다. 이집트만 해도 1960년대 3천만 명에 불과했던 인구가 지금은 9천만 명으로 세 배나 증가했어요.

하지만 농업의 발전은 정체되어 있습니다. 정부 때문이지요. 이집트의 독재자였던 무바라크는 미국과 'PL-480'이라는 협정을 맺었는데, 겉보기에는 이집트를 위한 정책 같지만 사실은 미국의 농민 유권자들을 위한 계획입니다. 대량 생산되는 미국의 잉여 농산물을 공짜나 다름없는 가격으로 이집트에 팔아넘기다 보니, 경쟁력을 잃은 이집트 농민들 대다수가 농업을 포기했어요. 그렇게 외국 식량에만 의존하다가 러시아처럼 식량 수출을 중단하는 나라가 나오니까 식료품 값이 급등하면서 극심한 기아에 처하게 된 것입니다.

'원조'의 개념은 도와준다는 것이지만 결과적으로는 그들을 원조에

가나안 농군학교에서 실습 중인 개도국 농민들(위), 현지 농민들과 경작지(아래) ⓒ이호용

기대게 만들었어요. 받는 게 습관화되어서 안 주면 기다리고, 뭔가를 스스로 개척하려는 의욕이 없어지고, 감사할 줄도 모르게 된 거죠. 그러다가 원조가 끊기면 식량 문제는 전혀 해결되지 않은 채 그대로 남게 됩니다. 많은 원조사업들이 실패로 끝난 건 이런 이유 때문이에요.

식량 문제의 근본적 해결을 위해 가장 필요한 건 스스로 해내겠다는 의지입니다. 내 땅은, 내 나라는, 내 식량은 내가 만든다는 주인의식이 있어야 해요. 그래서 저희는 교육을 할 때, 열심히 노력하고 일을 해야만 도와준다는 조건을 내걸고 있습니다. 콩 하나를 주더라도 그냥 주는 게 아니라, 먼저 밭을 갈아 놓아야만 콩을 주는 식이죠.

그럼 그 사람들도 조금씩 달라져요. 콩 농사를 성공시키면 다음번엔 더 좋은 콩, 더 소득이 많이 나는 콩을 주겠다고 하면 다들 아주 정성스럽게 콩밭을 돌보거든요. 바로 이런 의지가 필요한 겁니다."

스스로 식량 문제를 해결하고자 하면 정말 해결이 가능한가요?

"물론이죠. 농업 문제를 해결하려는 의지는 농민들 개개인에게만 필요한 게 아닙니다. 국가 또한 외부에 의존하지 않고 자력으로 해결하고자 하면 얼마든지 새로운 길을 찾을 수 있습니다.

브라질의 사례를 볼까요? 2002년에 브라질 대통령으로 당선된 노동자당PT의 룰라는 초등학교도 졸업하지 못한 극빈층 출신이었습니다. 당선 직후 그는 빈곤 극복 프로그램으로 'Bolsa Familia'라는 소득 지원제도를 실시했는데, 단순히 퍼 주는 복지가 아니었어요. 진료소에서 예방접종도 반드시 해야 하고, 자녀를 반드시 학교에 보내야 하고, 결석률이 15%를 넘으면 지원을 중단하는 조건부 복지였지요. 도입 초기인 2003년엔 250만 가구가 혜택을 보았지만 2008년에는 1천100만 가구로 늘었고, 그사이 브라질의 1인당 GDP는 2천825달러에서 8천535달러로 급성장했어요. 이를 통해 확보한 국가 재정의 상당액을 농지개혁에 투입한 덕분에 농업 생산력도 크게 높아졌지요.

아프리카의 작은 나라 부르키나파소에서도 비슷한 일이 있었습니다. 1983년에 쿠데타로 집권한 토마스 상카라 대통령은 1987년에 옛 동지이자 현 대통령인 블레이즈 콩파오레에게 피살되기 전까지 혁명적인 일들을 많이 진행했어요. 외세로부터의 독립, 지방자치제 실시, 철도 등 인프라 구축……. 그중에서도 가장 주목할 만한 업적은 농지개혁입니다. 그가 재임했던 4년간 부르키나파소의 농업 생산량은 거의 4~5배나 증가했다고 해요.

이처럼 오늘날의 농업은 단순히 식량을 생산하는 것에 그치지 않고 정치적·사회적으로도 많은 영향을 미치고 있습니다. 따지고 보면 '먹을 것'을 해결하는 게 곧 사회문제를 해결하는 길이기도 하지요. 하지만 지금은 그런 구조적 문제들보다는 일단 식량 생산을 통한 굶주림 해결에 대해 더 이야기하고 싶어요."

정치나 사회구조에 관한 얘기는 너무 거시적이니까 일단 제쳐 놓고요. 개개의 농부들이 식량 생산을 늘릴 수 있는 방안은 어떤 것들이 있을까요?

"농업 생산량 증가의 첫 번째 길은 농민에 의한 토지 소유입니다. 경작 종목의 강압적 결정, 파종 일정의 강제 조정, 과다한 세금 등은 농민들의 생산 의지를 꺾어 버리는 주범이거든요. 농민들이 주인의식을 가지고 스스로의 힘으로 작은 땅이라도 경작하도록 하는 게 무엇보다 중요합니다.

두 번째로 필요한 건 기술입니다. 개발도상국에 필요한 농업기술은 다름 아닌 '자연농업'이에요. 깊은 산이나 숲 속에 가 본 적 있지요? 거기엔 농부가 없는데도 온갖 열매들이 주렁주렁 열리고 수많은 식물들이 자라고 있어요. 다양한 동물들도 공존하고 있고요. 이와 같은 자연생태계의 원리와 질서를 그대로 따르는 농업이 바로 자연농업입니다. 내 논밭에 자연생태계를 그대로 재현하면 농부의 입장에서는 아주 손쉽게 농사를 지을 수 있습니다. 땅도 더 건강해지고 소득 또한 높아지게 되죠.

세 번째는 적정기술을 통한 지속가능한 농업입니다. 우간다 현지 시장에서 닭 한 마리의 가격은 약 5천 원이에요. 한국이랑 비슷한 가격이니까 꽤 비싼 거죠. 그럼 닭만 잘 키워서 팔면 돈을 벌 수 있을 것 같지만, 사료 값이 비싸서 절대 그렇게 되질 않습니다.

그곳엔 옥수수나 콩이 흔하기 때문에 사료를 만들 재료는 쉽게 구할 수 있어요. 문제는 그 재료들을 분쇄하는 기술이 없다는 거지요. 결국 방앗간에 의존할 수밖에 없는데 가공비가 턱없이 비쌉니다. 그러다 보니 사료도 비싸지고, 닭도 비싸지고, 닭을 팔아도 푼돈밖에 못 남기는 악순환이 계속되는 거예요.

하지만 만약 물레방아나 연자방아 같은 걸 도입하면 어떨까요? 전기나 기계 없이도 쉽게 곡물을 가공하던 우리 선조들의 지혜를 전수해 주면 우간다 농민들도 쉽게 사료를 만들고, 닭을 잘 키워서 돈을 벌 수 있고, 시장에서도 훨씬 저렴한 가격에 닭이 유통되겠지요. 농업에서 적정기술이 필요한 분야들은 아직도 많이 남아 있습니다."

그렇군요. 그런데 방금 말씀하신 자연농업은 유기농과는 다른 건가요?

"유기농업은 화학비료를 사용하진 않지만 대량생산을 위한 트랙터나 비닐 멀칭mulching은 사용합니다. 반면 자연농업은 어떤 기계적 방식도 사용하지 않는다는 점에서 일반적인 유기농업과 차이가 있어요. 개발도상국에 아주 적합한 농법이지요.

트랙터를 예로 들어 볼게요. 우간다의 농민들에게 트랙터를 공급한다고 쳐요. 그럼 그들이 과연 잘 쓸 수 있을까요? 트랙터에 넣는 기름은 어떻게 구할까요? 트랙터를 이용해 생산한 농산물이 헐값에 판매되고 있는 상황에서, 과연 그 수입으로 트랙터를 계속 이용할 수 있을까요? 이런 문제들 때문에 그 나라와 그 지역에 맞는, 생태계를 이용한 농업 방식이 필요한 것입니다. 지금도 그 방법을 계속 찾고 있는 중이고요.

멀칭도 생태계의 원리를 따르면 비닐을 사용하지 않고도 얼마든지 할 수 있습니다. 볏짚이나 바나나 잎으로 뿌리 덮개를 만들면 잡초를 완전히 덮어 버릴 수 있거든요. 잡초 씨앗이 발아하려면 가장 중요한 게 햇볕인데, 덮개가 햇볕을 차단하니까 땅이 아무리 비옥해도 발아가

비닐 멀칭 대신 볏짚이나 바나나 잎으로 만든 뿌리 덮개 ⓒ이호용

안 되는 거예요. 게다가 덮개 안쪽 흙의 온도와 습기가 고정되면 미생물이 더 잘 번식하고 해충이 발생할 확률도 줄기 때문에 훨씬 기름진 토양을 만들 수 있습니다.

이처럼 자연농업에서는 생태계를 잘 공부하고 그 원리를 적용하는 게 중요해요. 그래서 생태농업이라고도 하고, 미생물을 이용하기 때문에 미생물농업이라고 부르기도 합니다."

흔히 유기농이라고 하면 비용이 많이 드는 반면 생산량은 적다는 선입견이 있는데, 자연농업은 그렇지 않은가요? 손꼽을 만한 성공 사례가 있나요?

"개발도상국 중 대표적인 성공 사례는 쿠바입니다. 1991년에 쿠바는 기존의 대규모 관영농업을 소규모 가족농 중심의 유기농업과 자연농업 체제로 전환했어요. 그 결과 1990년에 불과 43%였던 식량자급률이 10년 후인 2002년에는 95%까지 치솟았지요.

쿠바의 성공 요인은 크게 두 가지입니다. 첫째는 가족농과 협동조합 경영방식으로 농업구조를 개편한 것이고, 둘째는 부존자원의 철저한 재활용과 순환농법 등 자연친화적 기술을 도입한 거예요. 그들은 많은 에너지가 소요되는 대규모 기계농업을 버리고, 그 대신 미생물을 농업에 이용했습니다.

미생물은 생태계에서 '분해자'라는 역할을 맡고 있어요. 흙 속에 섞여 있는 큰 분자의 유기물들을 눈에 보이지도 않을 만큼 잘게 부수지요. 몇 톤이나 되는 거대한 나무가 불과 몇 년 만에 흙이 되어 사라지는 건 미생물들과 작은 곤충들이 밤낮으로 노동을 하기 때문이에요. 미생물농업, 즉 생태농업은 이렇게 미생물을 증식시켜 사람이나 기계 대신 활용하는 것입니다. 따로 에너지를 제공하거나 비용을 들이지 않아도 작물이 잘 자라도록 농업의 패러다임을 근본적으로 바꾸는 거죠. 참 재미있는 발상이지요?

미생물의 또 다른 기능은 작은 곤충과 동물들의 먹이가 되는 것입니다. 미생물이 많아지면 지렁이 같은 생물들이 모여들게 되는데, 지렁이 역시 생태농부들이 사랑하는 우리의 동료랍니다. 녀석들은 땅속 3m 이하까지 흙을 뒤집어 놓는 살아 있는 경운기예요. 경운기가 흙을 30cm 밖에 못 뒤집는다는 걸 생각하면, 경유를 들이붓고 힘들게 경운기를 운전하지 않아도 알아서 깊숙이 경운해 주는 지렁이는 정말 최고의 일꾼이지요.

미생물을 키우면 이렇듯 토양이 비옥해지고 생물들이 늘어나 농장이 건강하고 아름다운 공간으로 바뀌게 됩니다. 이런 식으로 미생물을 이용하는 걸 IMO(Indigenous Micro-Organisms) 기술이라고 하지요."

개발도상국들이 쿠바의 사례를 배우는 게 가능할까요? 유기농업이나 자연농업보다는 이미 익숙해져 있는 일반적 농업 방식을 더 선호할 수도 있을 것 같은데요.

"아시아와 아프리카 토양의 가장 큰 문제는 유기물 함량이 부족하다는 것입니다. 그러다 보니 작물이 자라는 데 필요한 영양분을 흙에서 공급받지 못해요. 생산성도 당연히 낮을 수밖에 없죠.

제일 간단한 방법은 비료를 뿌려 주는 건데 그게 만만치 않아요. 한국처럼 개발된 나라에서는 요소 같은 질소비료를 싼 값에 공급할 수 있지만 개발도상국에선 너무 비싸서 사용하기가 어렵거든요. 게다가 화학비료는 쓸수록 의존성이 커지기 때문에 점점 많은 비료와 제초제, 살충제를 사용하게 되고 토양도 심하게 오염됩니다.

이와 달리 유기비료를 만들 수 있는 재료는 굉장히 풍부해요. 1년 내내 더우니까 풀도 잘 자라고, 수확 후에 남은 볏짚이나 옥수숫대 같은 것도 많지요. 지금까지는 쓰레기로 여기고 다 불태워 버렸지만, 그걸 미생물과 잘 섞고 물을 줘서 3개월 정도 숙성시키면 검고 기름진 퇴비가 됩니다. 어렵지 않기 때문에 누구나 쉽게 만들 수 있어요.

그러니까 우리나라에선 화학비료가 구하기 쉽고 싸지만, 개발도상국에서는 오히려 유기비료가 만들거나 구하기 쉽고 값도 훨씬 저렴해요. 화학비료와 달리 토양을 해치지 않는다는 장점도 있고요. 바로 이게 그들 나라에 유기농업이나 자연농업이 더 적합한 이유입니다."

개도국에선 화학비료보다 유기비료가 싸고, 친환경적이고, 지속가능하다. ⓒ이호용

지속가능한 농업의 길

토양이나 농법뿐 아니라 작물의 종류도 아주 중요할 것 같아요. 아프리카에선 주로 어떤 작물을 재배하나요?

"아프리카 지역은 우리와는 다른 식문화를 가지고 있어요. 주식으로 사용하는 식재료도 전혀 다르지요. 그들이 즐겨 먹는 식재료들의 생산량을 늘리는 것도 중요하지만, 식재료 자체를 다양화하는 것도 아주 중요하다고 생각합니다.

한번은 우간다 친구들이 자기네 음식 종류가 다양하다고 자랑을 했어요. 그래서 몇 가지 식재료를 사용하느냐고 물었더니 한참 헤아려 보다가 12가지라고 대답하더군요. 그게 무슨 얘기인가 하면, 그곳 사람들은 대체로 10개 이하의 한정된 재료만으로 음식을 만든다는 뜻이에요. 우간다는 온갖 식물들이 무성하게 자랄 수 있는 천혜의 자연환경을 갖고 있는데도 말이죠.

우간다에 '모링가Moringa'라는 나무가 있어요. 요즘엔 우리나라에서도 화장품 재료로 소개되고 있으니까 들어 본 적이 있을 거예요. 열대 지역에서 잘 자라는 나무인데, 굉장히 크고 모양도 괴기스러워서 우간다 사람들은 '악마의 나무'라고 부르며 다 베어 버린다고 해요. 그런데 이 나무의 잎사귀에는 굉장히 풍부한 영양분이 들어 있어요. 단백질이 달걀의 5배, 비타민C는 레몬의 7배나 되지요. 버리기엔 너무 아까운 식물이라 그걸 식용으로 재배할 방법을 찾아봤습니다.

모링가는 5~7m 정도로 높게 자라기 때문에 잎을 따기 힘들다는 단점이 있어요. 그래서 차茶나무처럼 밀집 재배하면서 1~1.2m 정도 자랐을 때마다 계속 잘라 주며 잎을 채취하는 방법을 개발했지요. 작은 가지들도 많이 생기고 나뭇잎도 큼직해서 제법 쓸 만하더라고요.

5m 이상 자라는 모링가 나무(왼쪽), 잎 채취를 위한 밀식 재배(오른쪽) ⓒ이호용

2013년에 부르키나파소를 방문했더니 그 나라에선 모링가 재배에 대한 연구를 이미 진행하고 있었어요. 하지만 단위 면적당 몇 그루를 심어야 하는지, 얼마만큼 자랐을 때 잘라 줘야 제일 효과적인지는 아직 알아내지 못했더군요. 그래서 그동안 연구했던 기본 자료들을 알려 주고, 현지에 적합한 기술을 함께 개발해 나가기로 했어요. 또 하나의 적정기술 사례가 되는 셈이지요.

모링가 활용 방안은 아주 많습니다. 잎이 지닌 탁월한 효능으로 당장 아프리카 아이들의 영양실조 문제를 해결할 수도 있어요. 가축들에게 먹이면 사료 값을 절약할 수도 있고요. 하지만 아무리 좋은 식재료라도 여태 안 먹던 걸 곧바로 먹긴 어려우니까, 스프로 만들거나 요구르트에 섞어서 먹는 법 등을 연구하고 있습니다."

기존 작물들의 재배 방식도 개선의 여지가 많을 것 같은데요.

"맞아요. 기존에 생산하던 식물의 생산량과 활용도를 높이는 것도 중요한 과제입니다. 아프리카에는 고구마처럼 생긴 '카사바cassava'라는 식물이 있는데, 잘 키우면 1ha당 40~70kg를 수확할 수 있다고 해요. 하지만 아프리카의 평균 생산량은 1ha에 겨우 6kg이고, 이마저도 식재료로 제대로 쓰이지 못하고 있어요. 올바른 재배법과 사용법을 모르기 때문이지요.

카사바는 씨 없이 나뭇가지를 잘라 심기만 하면 되고, 건조한 곳이나 비탈길 또는 고지대에서도 잘 자라는 나무입니다. 탄수화물 함량이 풍부하여 많은 지역에서 주식으로 사용하고 있는 작물이에요. 하지만 수확해서 몇 시간 놔두면 효소작용으로 인해 시안화 화합물이 생성되면서 독성을 갖게 되지요. 바로 먹으면 괜찮은데, 좀 지나서 먹으면 복통을 일으키게 되는 거예요.

이 문제를 해결하는 방법은 두 가지예요. 하나는 효소작용이 안 일어나도록 캐자마자 가공해서 저장하는 것, 또 하나는 시안화 화합물이 적게 생기는 새로운 품종을 보급하는 것입니다. 실제로 필리핀에서 수확량이 더 많고 맛도 좋은 신품종들이 개발되고 있어요. 그런 품종들을 아프리카에도 널리 보급할 필요가 있지요.

카사바 같은 작물은 유용하긴 하지만 재배하는 데 약 7개월이 걸리기 때문에 1년에 몇 번 수확하지 못한다는 단점이 있어요. 이를 해결하려면 1년 내내 필요한 식재료를 공급받을 수 있는 방법이 필요합니다.

가령 필리핀에는 FAITH(Food Always In The Home)라는 기술이 널리 보급되어 있어요. 약 100㎡ 땅에 4~6인 가족이 1년간 먹을 채소들을 심는 거예요. 5~6월에 나는 작물이 따로 있고 7~8월에 수확하는 작물이 따로 있으니 그것들을 골고루 재배하는 거지요. 그럼 1년 내내 채소를 섭취할 수 있고 어린이들을 비롯한 가족의 영양 불균형 문제도 쉽게 해결할 수 있어요. 카사바를 재배하면서 다른 작물들을 혼작하는 것도 하나의 방법인데, 가령 옥수수와의 혼작은 상당히 효과적인 것으로 이미 확인이 되었습니다.

결국 제일 중요한 건 재배 기술이에요. 카사바 생산량을 좌우하는 건 고랑을 얼마나 잘 만드느냐는 거예요. 뿌리 식물이니까 거기에 맞는 환

카사바 재배지와 큼직한 구근(위), FAITH 가든 풍경(아래) ⓒ이호용

경을 조성해 줘야 하거든요. 그런데 대부분의 아프리카 지역에선 편평한 땅에서 그냥 키워요. 당연히 씨알이 작을 수밖에 없지요. 이건 아주 간단하면서도 중요한 기술이에요. 한국 농부들한테 얘기하면 아마 껄껄 웃을 거예요. 어떻게 그걸 모를 수 있냐고 하면서요.

아프리카에만 이런 문제가 있는 게 아니에요. CIS(독립국가연합) 국가들에서 토마토를 밭고랑도 없는 땅바닥에 그냥 키우는 걸 사진으로 확인한 게 불과 몇 년 전이니까요."

아프리카에는 물이 부족하다고 알려져 있는데 농업용수는 부족하지 않은가요?

"물 문제는 매우 심각하지요. 식수뿐만 아니라 농업용수도 부족해서, 한 동이의 물을 긷기 위해 수많은 사람들이 매일 먼 길을 오가고 있어요.

아시아도 크게 다르지 않습니다. 언젠가 미얀마 만달레이 지방에서 차를 타고 언덕을 올라가는데, 중간쯤에 어떤 아주머니가 물독을 진 채 힘겹게 올라오고 있었어요. 몇 시간을 달려오는 동안 마을을 전혀 못 봤는데 대체 어디 사는 사람인가 했더니만, 조금 가니까 작은 마을이 하나 나오더군요. 그 마을에는 물이 없어서 다들 그렇게 언덕 너머로 물을 길러 다닌다는 거예요. 돈이 있는 사람은 마차를 이용해서 물을 실어 오지만, 대부분의 주민들은 그 아주머니처럼 물을 이고, 지고, 메고 와요.

내가 도와줄 일이 없겠냐고 하니까 그들은 가벼운 물통이 필요하다고 했어요. 물이 필요하면 우물을 파 달라고 하면 되는데 왜 물통 얘길 하느냐고 다시 물었더니 사람들이 깜짝 놀라요. 자기네 마을에서도 물이 나올 수 있느냐면서요. 이처럼 개발도상국엔 가까운 곳에서 물을 얻을 수 있다는 것 자체를 모르는 사람들도 많습니다.

한번은 필리핀에서 멀고 높은 산에 있는 물을 마을 근처의 산으로 끌어와 주민들에게 분배하는 사업을 견학한 적이 있는데, 많은 사람들이 혜택을 봤어요. 예전엔 물 긷는 데 하루 4시간을 썼지만 이젠 그 시간만큼을 작업에 투자할 수 있으니 당연히 생산성이 높아졌겠죠? 그건 각 농가의 소득증대와 어린이들의 취학률 증가로 이어졌고요. 농업용수의 접근성이 얼마나 중요한지 잘 보여주는 사례입니다."

물을 확보하는 것도 중요하지만 농사를 지으려면 다른 장비들도 필요하지 않나요?

"그렇죠. 우물을 파거나 물을 끌어온다고 일이 끝나는 건 아니에요.

미세한 구멍을 뚫은 대나무 관을 땅에 묻어 물 증발을 막으며 농업용수를 공급하는 '대나무 점적 관수' ⓒ이호용

같은 양의 물이라도 어떻게 활용하느냐에 따라 생산성을 크게 높일 수 있으니까요.

바로 이 대목에서 적정기술이 사용됩니다. 예를 들어 아프리카 케냐에서 사용하는 머니메이커는 발로 펌핑해서 물을 멀리까지 보낼 수 있는 장치예요. 비싼 모터 펌프를 사용할 수 없는 개발도상국의 농민들에게 꼭 필요한 물건이지요. 현재 케냐에서만 4만 명, 전 세계적으로는 24만 명이 사용하고 있는데, 이걸 사용한 농가들은 예전에 비해 10배 이상의 소득을 올렸다고 해요. 머니메이커라는 이름도 그래서 붙은 거고요.

'대나무 점적 관수'라는 방법도 있는데, 펌프를 사용하는 게 아니라 미세한 구멍을 뚫은 대나무 관을 땅속에 묻는 거예요. 그러면 물을 증발시키지 않으면서 필요한 최소한의 물을 공급할 수 있지요. 미얀마에서 시험적으로 사용해 봤는데 아주 효과적이었어요."

농업뿐만 아니라 축산업도 농가에서는 중요할 것 같아요. 개발도상국에 맞는 축산업은 어떤 건가요?

"많은 개발도상국에서 우리처럼 소나 돼지, 닭을 기릅니다. 하지만 그들은 '기른다'는 표현을 쓰지 않아요. 그냥 풀어 놓고 방치하는 경우가 대부분이거든요. 때맞춰서 먹이를 주지도 않고, 가축들을 모아 두는 장소도 따로 없어요. 그러다 보니 닭들이 나가서 안 들어오고, 도둑맞고, 도망가다 차에 치어 죽고, 이런 일들이 빈번하게 일어나요. 제대로 먹질 못하니 몸집도 작고 달걀 생산량도 아주 형편없지요.

우리나라 서양처럼 케이지를 만들어서 키우는 농가도 더러 있지만, 이 역시 그곳엔 적정하지 않아요. 자연환경 자체가 우리와는 많이 다르니까요. 아프리카는 온도가 높고 환경이 열악하기 때문에 케이지 안에 있는 동물들의 치사율이 매우 높아요. 특히 분뇨 처리를 제대로 하지 않으면 암모니아 같은 유독가스가 발생해서 가축의 건강을 해치고, 질병이 발생할 가능성도 굉장히 높지요.

자연농법을 적용한 자연축산 돼지우리(위)와 닭장(아래) ⓒ이호용

축산업에도 농업과 마찬가지로 자연농업을 적용할 수 있어요. 우선 사료를 직접 만들 수 있습니다. 아까 말했듯 사료를 만들 수 있는 재료들이 아주 흔하고 싸거든요. 옥수수나 콩, 바나나 등으로 사료를 만들면 경제적이면서도 건강하게 가축들을 키울 수 있어요.

우간다의 리처드라는 친구가 가나안 농군학교에서 공부한 후 귀국해서 자연농법을 적용한 양계사업을 시작했어요. 이전에는 닭들이 곧잘 병들어 죽었지만, 자연농법을 적용한 뒤로는 건강해졌을 뿐 아니라 숫자도 많이 늘었다고 해요. 옥수수와 작은 생선을 함께 갈아서 사료를 만들었고 바닥이 듬성듬성한 계단식 닭장도 지었답니다. 바닥 틈새로 닭똥이 떨어지면 밖에서 청소할 수 있으니 한결 청결하고, 비료로도 활용할 수 있어요. 작은 텃밭 정도는 충분히 꾸릴 수 있지요."

적정기술의 핵심 요소들 중 하나가 지속가능성인데요. 지속가능한 농축산업이란 구체적으로 어떤 것일까요?

"옛날이야기 중에 이런 게 있지요. 소에게서 우유를 짜고, 그 우유를 팔아서 달걀을 사고, 달걀을 부화시켜서 닭을 키우고, 그 닭을 팔아서 돼지를 사고, 돼지가 낳은 새끼를 키워서 판 다음 소를 사고……. 내가 원하는 게 바로 그런 것입니다. 오직 그런 시스템만이 지속가능하다고 생각해요.

실제로 가나안 농군학교 졸업생들을 통해 그런 시스템이 실현되고 있어요. 우간다 그레이스 초등학교 교장인 존 보스코의 업적은 아주 뛰어납니다. 진흙을 이용해 학교를 짓고, 학생들과 함께 같은 방식으로 양계장을 만들어 자연농업식으로 만든 발효 사료를 먹이고 있어요. 하루 4백 개씩 생산되는 달걀은 전교생들의 영양 문제를 충분히 해결해주고 있지요.

가축 대출 사업으로 마을 개발을 시도한 학생도 있습니다. 원하는 농가에 송아지를 빌려 주고, 2년 뒤에 같은 크기의 송아지를 돌려받는 거예요. 빌려 간 송아지를 잘 키워서 새끼를 얻은 다음 2년 뒤에 원금, 즉 새로 태어난 송아지를 갚으면 어미 소는 농가의 소유가 되는 겁니다. 빌린 송아지를 어느 정도 키운 뒤 적당한 가격에 시장에 내다 팔고, 그 중에서 송아지 값에 해당하는 금액만 갚아도 되고요.

이 프로젝트는 나부케에라 마리아라는 학생이 시작했는데, 돼지나 소 한 마리 키우는 데는 많은 공간이 필요하지 않고 사료도 채소 남은 걸 주면 되니까 축산에 익숙하지 않은 사람들도 쉽게 참여할 수 있었어요. 지금은 우간다 전역으로 퍼졌고, 우간다 정부에서도 적극적인 지원을 하고 있지요.

이렇게 여러 가지 자연농업을 활용해서 사업으로 성공한 사람들도 있지만, 현실적으로는 각 가정에서 최소한 자녀들에게 초등교육을 시킬 수 있을 만큼의 소득을 올리게 해 주는 걸 목표로 삼고 있어요. 그렇게 되면 다음 세대는 좀 더 나은 교육을 받을 수 있으니까 사회적 불균형을 조금이나마 개선할 수 있고, 상황이 좋아지면 주거 문제, 화장실 문제, 소득증대가 가능한 농축산업 기술 등을 하나씩 해결해 나갈 수도 있으니까요.

적절한 농업 보급은 그걸 가르쳐 주는 우리나라의 입장에서도 지속 가능하다고 생각해요. 유럽이나 미국, 일본이 전파하는 '선진 농업'은 사실 개발도상국엔 적절하지 않거든요. 하지만 우리나라는 1950~60년대를 거쳐 농촌개발을 해 온 경험과 노하우를 아직까지 보존하고 있기 때문에, 그런 기술들을 적절히 적용할 수 있게 가르쳐 주는 건 세계 어떤 나라보다도 잘할 수 있습니다."

아주 거시적인 문제에서부터 세부적 사항들까지 많은 말씀을 해 주셨는데요. 이제 마지막 질문을 드릴게요. 농업 분야에서 지속가능한 적정기술을 보급하려면, 우리에게 어떤 노력이 필요할까요?

"일찍이 마하트마 간디는 『힌두 스와라지Hindu Swaraj』(1909)라는 책을 통해 마을이 세계를 구한다는 개념을 내놓았고, 이 책 속에 들어있는 여러 이론들이 적정기술의 기본 개념이 되었지요. 거기에 덧붙여 저는, 운동movement이 세계를 바꾼다고 생각합니다.

한 나라의 주인은 그 나라의 백성입니다. 자기 나라에서 필요한 기술은 주인이 직접 개발해야 해요. 기술 의존적이고 경제 의존적인 기존 방식으로는 가난의 문제를 절대 해결하지 못합니다. 폼 폴락이 말한 바와 같이, 현지인들의 생각과 문화를 바탕으로 현지의 자원을 이용한 기술 개발이 필요한 것입니다. 그가 분명하게 지적했듯이 대기업도 기부도 빈곤을 근본적으로 해결해 주지는 못합니다. 빈곤 문제는 오직 당사자들의 주체적 참여를 통해서만 해결될 수 있어요.

바로 이런 관점에서, 작은 마을들을 중심으로 현지인들이 스스로 마을 사업을 일으키게 해야 합니다. 특히 주 산업인 농업에서부터 그 방법을 찾아내는 것이 지속가능한 경제 발전의 올바른 방안이라는 게 저의 생각이에요.

저는 자연농업을 가르치면서 만나는 사람들을 늘 '브라더' 또는 '시스터'라고 부릅니다. 가난한 형제들을 도와주는 최선의 길은 잘살 수 있는 방법을 가르쳐 줌으로써 스스로 일어서게 하는 것입니다. 감사하게도 그런 일을 할 수 있는 기회가 주어졌고, 뜻을 모아 함께하고자 하는 사람들이 주위에 많이 있으니까 좋은 마음으로, 기쁜 마음으로 하고 있지요. 이런 게 바로 저에게도, 개발도상국의 농민들에게도, 그리고 지구에게도 지속가능한 일 아니겠어요?"

그들에게 지도가 있다면

한국기술교육대학교 GEP 2기
필리핀 | 마을 지도 제작 프로젝트

"우리 마을 이름은 담페Dampe야. 마을에 큰 댐이 있기 때문이지."

2011년 여름, 필리핀 수도 마닐라의 서북쪽에 위치한 담페 마을을 방문한 한국기술교육대학교 GEP(Global Engineering Project) 2기 대원들은 '담페'라는 이름의 유래가 '댐Dam'이라는 사실을 주민들로부터 전해 들었다. 지역 개발에 필요한 중요한 정보다 싶어서 정확한 위치를 물어 봤지만, 뜻밖에도 주민들은 제각기 다른 얘기들을 꺼내 놓았다.

"그 댐은 마을 동쪽에 있어. 내가 본 적이 있어. 아주 큰 댐이야."
"아니야. 서쪽에 있어. 그런데 굉장히 규모가 작아서 댐이라고 부르기도 민망할 정도야."

"모르는 소리! 그 댐은 이제는 없어. 원래는 있었는데, 물이 다 말라 버렸거든."

지도를 보면 간단할 텐데 왜들 그럴까 의아해진 대원들이 다시 묻자 또다시 뜻밖의 대답이 돌아왔다.

"혹시 마을 지도를 볼 수 있을까요?"
"지도? 그런 거 없어. 관공서에나 가야 볼 수 있을걸?"

세상에 하나뿐인 지도 만들기

GEP 2기의 눈에 비친 담페 마을의 모습은 그들이 상상했던 것과는 많이 달랐다. 개발도상국의 여느 마을들처럼 마실 물이 부족하지도 않았고, 전기를 못 쓰는 것도 아니었고, 집이 없는 것도 아니었다. 하루 평균 수입이 100~200페소(2.3~4.6달러) 정도인 필리핀의 전형적인 시골 마을로서, 심각한 빈곤을 겪고 있진 않지만 딱히 소득을 늘릴 전망도 없어서 생활수준이 오랫동안 정체되어 있는 상태였다. 향후 개발 계획을 세우거나 수입 창출의 기반을 마련하려면 일단 마을의 전체적인 상황을 파악하고 어떤 개발이 가능한지 조사하는 게 시급해 보였다.

마을 현황을 파악하기 위한 가장 기초적인 도구는 지도. 하지만 담페 마을에는 아직 제대로 된 마을 지도가 없었다. 마을에 머무르는 동안, 대원들은 주민들과 함께 이곳의 정확한 지도를 만들어 보기로 했다.

어디까지가 담페 마을?

개발도상국의 많은 지역들은 행정구역이 잘 정비되어 있지 않다. 설

①구글맵으로 본 담페 마을 ②마을 입구 조형물 ③트라이시클로 돌아본 마을 ④평화로운 마을길
ⓒ김상우

사 정비되어 있다 하더라도 그건 관공서에서만 아는 것이고, 일반 주민들이 자기 마을의 위치나 범위를 정확히 알기는 어렵다. 누군가에게는 뒷동산이 '우리 마을'이지만 또 누군가에게는 아닐 수도 있는 것이다. 담페 저수지는 과거에는 담페 마을의 일부였을 수 있지만, 지금은 다른 행정구역에 속해 있을지도 모른다.

대원들은 우선 어디까지가 담페 마을인지부터 확인하기로 했다. 자료가 부족해서 쉽지 않을 거라는 애초의 우려와는 달리, 마을의 대략적 윤곽과 위성사진은 구글맵Google Map에서 쉽게 찾을 수 있었다.

담페 마을의 범위는 생각보다 넓었다. 주거가 밀집된 지역까지가 마을이라고 생각했지만 실제로는 넓은 경작지를 포함하고 있었다. 대원들은 주민들과 함께 트라이시클Tricycle을 타고 마을 경계를 직접 돌아보기로 했다. 하지만 도로 사정이 워낙 나빠서 그마저도 쉬운 일이 아니었다.

"여기서부터는 길이 없어서 더 갈 수가 없어요."

결국 다 돌아보지는 못했지만 그래도 의미가 없진 않았다. 대나무로 지은 집들, 열대 나무들, 그리고 끝없이 펼쳐진 사탕수수 밭을 가진 예쁜 담페 마을을 보면서 대원들은 마을에 한층 친근함을 느끼게 되었고, 이 마을을 위해서 멋진 지도를 꼭 만들어 주고 싶다고 생각하게 되었다.

지도에 무엇을 담아야 할까?

대원들은 마을 지도에 어떤 정보들을 담을지 의논했다. 통상적으로 사용하는 기호들을 이용해서 기본 정보를 담는 건 당장이라도 가능했지만, 그들이 원한 건 마을의 발전에 '실질적으로' 기여하는 지도였다. 어디에 무엇이 있는지 누가 봐도 쉽게 알 수 있고, 마을의 자원들을 어떻게 이용하고 있는지 한눈에 파악할 수 있고, 앞으로 마을을 어떻게 개발해야 할지 논의할 수 있는, 그러면서도 동시에 아름다운 지도를 만들고 싶었다.

"주민들이 어떤 색을 좋아하는지 조사해서 그 색으로 지도를 만들어요."
"마을의 주요 산업이 농업이니까, 어떤 농작물을 재배하는지 자세히 표시해 봐요."
"이 마을은 홍수가 잦대요. 홍수가 자주 나는 지역을 표시해 놓으면 효과적으로 예방할 수 있지 않을까요?"

다양한 의견들이 쏟아져 나왔다. 담페 마을에 처음 도착했을 때만 해도 대원들은 생각했던 것과 다른 마을 모습 앞에서 당황했었고, 어떤 프로젝트를 어디에서부터 시작해야 할지 몰라 머뭇거렸었다. 하지만 마을을 돌아보고 주민들과 대화를 나누는 동안, 대원들은 어느새 주민들의 입장에서 그들에게 필요한 것을 찾아 주려는 태도로 바뀌고 있었다.

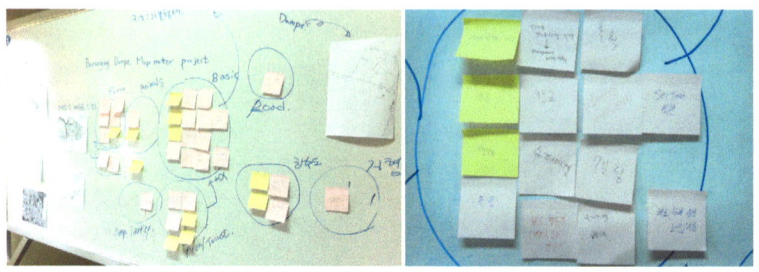

마을 지도에 담기로 한 다양한 정보들 ⓒ김상우

이윽고 회의가 끝났고, 결과는 풍성했다. 대원들은 집·교회·마을회관·역 등 마을의 기본 정보, 마을에서 재배하는 농작물에 관한 정보, 홍수 다발 지역, 개발 가능 지역에 대한 정보를 지도에 싣기로 했다.

구석구석 샅샅이

다양한 정보들을 지도에 넣으려면 마을을 구석구석 돌아볼 필요가 있었다. 대원들은 세 팀으로 나뉘어 마을 전체를 꼼꼼하게 답사하기로 했다.

첫 번째 팀은 큰 도로를 중심으로 마을 중심부와 강 지역을 도보로 돌아보고, 두 번째 팀은 바랑가이Barangay 홀을 중심으로 남동쪽 구역을 자전거를 이용해 답사하며 작물별 농경지를 조사하기로 했다. 마지막 팀은 바랑가이 홀을 중심으로 서쪽 구역을 현지 주민과 함께 오토바이를 타고 돌면서 소수 거주지역과 재배작물을 확인하기로 했다.

쉽지 않은 작업이었다. 마을은 생각보다 넓었고 주민들과는 말이 잘 통하지 않았다. 실제로 다녀 보니 구글 지도와는 달리 어디가 경계지역인지 분간하기 힘들었고, 농경지에서도 눈으로만 봐서는 작물 종류를 확인하기가 어려웠다. 게다가 한 번의 방문만으로는 모든 것을 충분히 조사할 수 없어서 같은 곳을 두 번 세 번 거듭 방문해야 했다.

이런 상황에서 큰 도움이 된 사람은 마을위원 체스터Chester였다. 그는 대원들을 태우고 마을을 함께 둘러보았고, 바랑가이 홀에서 제공한 자료를 바탕으로 마을의 역사에 대한 이야기를 들려주기도 했다.

"담페 마을의 어원이 된 댐은 1930년에 미국인이 지은 거야. 이 지역에서 많이 생산되는 사탕수수와 팔라이Palay 재배를 위해 만든 거지. 담페 마을에는 슬픈 역사도 있어. 마을에 교회가 하나 있었는데 1948년에 그곳에서 담페 대학살이 있었어. 그리고 참, 서쪽에 산이 하나 있는데 옆 동네 사람들이랑 서로 우리 산이라고 주장하고 있어. 정확한 경계지역은 없지만 내 생각엔 우리 동네 땅이 더 많은 것 같은데, 저쪽에서는 거꾸로 자기들 땅이 더 많다는 거야."

대원들은 댐과 교회가 어디쯤에 있는지 궁금했다. 그것을 지도에 표시하면 주민들이 지도를 통해 마을의 역사에 대해서도 알 수 있지 않을까 싶어서였다. 문서만으로는 정확한 위치를 알 수 없어 몇몇 주민들에게 질문을 건네 보았다.

"댐의 정확한 위치는 북서쪽에 위치한 산이야. 교회는 글쎄, 처음 듣는 이야기인데? 벤자민, 혹시 알아요?"
"음, 교회가 있었지. 북동쪽에 있었어. 1991년 화산폭발 때 부서져서 지금은 아마 계단 정도만 남아 있을 거야."

대원들은 댐이 있는 산으로 데려가 달라고 체스터에게 요청했다. 체스터는 "아무것도 안 남아 있을 텐데"라고 갸웃거리면서도 학생들을 태워다 주었다. 예상과는 달리 그곳은 관개수로가 시작되는 지점이었고, 댐은 잔해만 남아 있었다. 체스터에 따르면 1991년 피나투보 화산폭발 때 댐이 완전히 파괴되었다고 한다.

구석구석 샅샅이(위), 마을 이름의 어원이 된 댐의 잔해와 관개수로(아래) ⓒ김상우

그들과 이웃이 되다

담페 마을을 구석구석 돌아보면서 대원들이 만난 것은 마을의 풍경 뿐 아니라 그곳에 살고 있는 주민들이었다. 위성 지도나 문서에는 나와 있지 않은 마을의 지명, 경제 상황, 역사 등에 대한 생생한 목소리를 그들로부터 들을 수 있었다.

가장 큰 수확은 이곳에 따뜻한 사람들이 살고 있다는 사실을 몸으로 느낀 것이었다. 주민들은 지도 제작을 위해 뛰어다니는 대원들을 위해 사탕수수를 뽑아서 건네기도 하고, 땅콩을 선물로 주기도 했다. 대원들 또한 집집마다 돌아다니며 주민들의 사진을 찍어 주었고, 재방문할 때는 프린트한 사진을 선물했다. 그 과정에서 함께 웃고 떠들던 주민들의 모습은 담페 마을이 어느덧 친근한 이웃으로 다가왔음을 대원들에게 확인시켜 주었다.

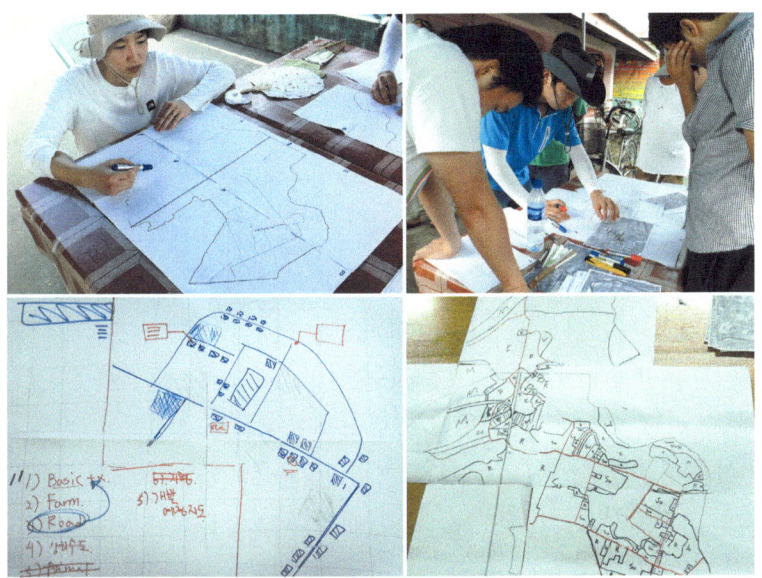
밑그림을 그리고 작은 지도들을 이어 붙여 전체 지도를 완성해 나가는 과정 ⓒ김상우

대원들은 직접 발로 뛰면서 만난 담폐 마을을 각자 작은 지도로 표현했다. 그렇게 각 지역의 작은 지도들을 모아 마을 전체의 개괄적인 모습을 그려 보면서, 담폐 마을 지도 만들기 프로젝트는 차츰 그 실체를 갖추어 나가고 있었다.

지도 제작과 지역개발

한국으로 돌아온 대원들은 본격적으로 지도 제작에 착수했다. 컴퓨터 프로그램을 이용해 만든 담폐 마을 지도엔 풍부한 현지 답사자료들은 물론이고 주민들의 취향까지도 섬세하게 반영되어 있었다.

대원들은 설문조사를 통해 주민들이 가장 선호하는 것으로 드러난

파란색을 메인 컬러로 정했고, 토지 이용 현황과 지형 등을 각기 다른 색깔로 구분해서 표시했다. 그리고 도로, 상점, 가옥 등을 표시하여 마을의 전반적인 정보를 파악할 수 있도록 했다. 또한 홍수 때 침수가 잦은 지역을 따로 표시하여 주민들의 토지 이용에 참고가 되도록 했다.

마침내 2011년 11월, 한국의 학생들이 만든 아름다운 지도가 가나안 농군학교를 통해 담페 마을 주민들에게 전달되었다.

지역 개발에 있어 지리 정보는 필수적이다. 이미 많은 국가에서 지리정보시스템, 즉 GIS(Geographic Information System)을 이용하여 지역의 현안들을 해결하고 있다. 서울시는 2012년 3월에 하수도 GIS를 통해 침수 지역을 관리하겠다고 발표했으며, IAEA(국제원자력기구)도 동위원소를 이용해 아프리카 지역의 수문 지도를 제작함으로써 물 부족 국가들의 효율적 수자원 관리를 도울 것이라고 밝힌 바 있다.

지리정보시스템은 사회문제 해결에도 활용할 수 있다. 예를 들어 GIS와 범죄율을 결합하여 범죄 지도를 만든다면, 시민들에게는 주의해야 할 지역을 알려 주고 경찰은 그 지역을 집중 관리함으로써 범죄를 예방할 수 있다. 현대화된 지리정보시스템은 이처럼 국가 및 지역의 이슈를 파악하고 미래 정책을 세우는 데 반드시 필요한 핵심 요소이다.

하지만 이런 시스템을 구축하려면 많은 시간과 자원이 필요하다. 개발도상국들이 국가적 차원에서 지리정보 구축과 활용에 나선다고 해도, 그 손길이 담페 같은 작은 마을에까지 닿으려면 아직도 갈 길이 멀다.

한국기술교육대학교 GEP 2기의 '담페 마을 지도 제작 프로젝트'는 개발도상국의 소규모 지역에서 지리정보시스템을 지역 개발에 이용하는 것이 충분히 가능하다는 것을 보여주었다. 학생들이 발로 뛰면서 만든 지도 덕분에 주민들은 마을의 경계가 어디까지인지, 우리 마을에서는 어떤 작물을 많이 재배하고 있는지, 상습 침수 지역은 어디인지를 한눈에 알 수 있게 되었다.

또한 이 지도를 보면 앞으로 어떤 작물을 어디에 경작하는 게 효과적인지 예측할 수 있고, 마을의 대표적인 농작물을 이용해 사업 아이템을 개발할 수 있으며, 새로운 관광지를 어디에 만들고 어떻게 접근할지 구상할 수도 있다. 인구 같은 통계적 데이터와 함께 사용하면 새 도로나 주민센터를 어디에 만들어야 가장 많은 사람들이 편리하게 이용할 수 있는지도 쉽게 파악할 수 있을 것이다.

지도 만들기가 적정기술 활동의 한 분야가 될 수 있는 건 바로 이런 이유에서다. 개발도상국 곳곳에서 주민들과 함께 마을 지도를 제작한다면, 그들에게 필요한 내용들을 지도에 충실히 반영함으로써 지역 개발에 적잖은 도움을 줄 수 있다. 봉사대가 떠난 뒤에 주민들이 스스로 지도를 개선해 나갈 수도 있을 것이다. 어쩌면 지금쯤은 담페 마을 주민들의 집에 그들이 직접 그린 새 지도가 걸려 있을지도 모른다.

담페 마을의 모든 것! 세상에 하나뿐인 아름다운 지도
ⓒ김상우

'죽은 심장'에 불어넣는 생명

굿네이버스 차드 지부 박근선 지부장
차드 | 망고 건조기, 숯탄 제조기 등

아프리카 지도에서 차드Chad를 찾아보면 이 나라가 왜 '아프리카의 심장'으로 불리는지 금세 알 수 있다. 북쪽으로는 리비아, 남쪽으로는 중앙아프리카공화국, 동쪽으로는 수단, 남서쪽으로는 나이지리아와 카메룬, 서쪽으로는 니제르와 국경을 접하고 있는 차드는 말 그대로 대륙의 심장부에 위치한다. 하지만 바다와 격리되어 있고 국토의 대부분이 사막인 탓에 수단·소말리아와 함께 세계 최빈국으로 꼽히고 있으며, 부족 간 분쟁까지 심각하여 흔히 '아프리카의 죽은 심장'이라 불리기도 한다.

그 심장을 소생시키기 위해 세계 각국의 NGO가 차드에서 활발하게 활동하고 있다. 굿네이버스 차드 지부도 그중 하나로, 2007년 차드 정부로부터 국제 NGO 허가를 받은 이후 지금까지 교육, 지역개발, 식량,

식수 제공, 화장실 개선, 위생교육 등 다양한 영역의 사업들을 진행해왔다.

굿네이버스 차드 사업장은 수도인 은자메나N'Djamena에 있다. 이곳은 전형적인 열대성 기후로서, 우기 전에는 하루에 25℃에서 47℃를 오가는 극심한 일교차를 보인다.

차드 지부는 왈리아, 암나박, 칼라와 등 10개 지역을 총괄하고 있는데 이 지역은 전체 인구의 절반 이상, 많게는 70% 이상의 주민들이 월 1달러 미만으로 생활하는 곳이다. 여기에서 차드 지부는 지역개발을 중심으로 교육, 식수제공 등의 사업을 벌이고 있다. 2010년부터는 적정기술 개발과 보급에도 눈길을 돌려 망고 건조기, 숯탄 제조기, 흙벽돌 등을 현지에 보급하였다.

이 기술들은 어떻게 개발되었고, 그들의 삶을 어떻게 변화시켰으며, 앞으로 어떻게 발전되어야 할까? 2000년부터 차드에서 활동하고 있는 박근선 지부장을 만나 현장의 생생한 이야기를 들어 보았다.

적정기술은 보급이 아니라 창조다

"은자메나는 '쉬었다 가는 곳'이라는 뜻이에요. 차드의 1천만 인구 중 150만 정도가 살고 있지요. 지금 이곳에선 도시화가 빠르게 진행되고 있습니다. 예전에는 공터였던 곳에 건물들이 속속 올라가고 있고, 경제가 활성화되면서 많은 사람들이 은자메나로 몰려들고 있어요. 물론 사헬Sahel처럼 굶어 죽는 지역이 여전히 있고 긴급구호가 필요한 지역도 많지만, 발전 중인 지역 또한 적지 않습니다.

얼마 전에는 차드가 중부아프리카 경제연합의 의장국이 되었습니다. 그러면서 의장국에 걸맞는 긍정적인 변화들도 많이 일어나고 있지요."

맨 처음 차드에서 지역개발 사업을 시작하던 때를 떠올리면서 그가 유난히 강조한 게 하나 있다. 현장에서 가장 중요한 것! 그건 바로, 그들에게 필요한 게 뭔지를 정확히 파악하는 일이다.

"처음엔 차드에서 농업개발을 하고 싶었습니다. 그런데 주민들에게 애기했더니 반응이 영 신통치 않더군요. 그래서 마을 주민 380명을 대상으로 투표를 했지요. 현지에 필요하다고 생각되는 사업들을 죽 늘어놓고 돌멩이 세 개씩을 준 다음, 남의 눈치 보지 말고 자기가 제일 원하는 것을 선택해 보라고 했습니다. 그랬더니 제일 많이 나온 게 학교였어요. 내가 농업개발을 생각했던 이유는 성과가 금방 눈에 들어오고 계량화도 가능하기 때문이었습니다. 하지만 현지인들은 교육을 훨씬 더 절실하게 원했던 거예요. 그렇다면 당장 학교를 짓자고 했죠. 단, 반드시 함께 지어야 한다고 했어요. 우리가 70%를 부담할 테니 그쪽에서 30%를 책임지라고, 벽돌도 함께 만들고 건물도 함께 짓자고 했습니다.
그랬더니 정말로 손수 벽돌을 만들고 흙을 날라서 결국 교실 두 칸짜리 학교를 만들어 냈어요. 학교가 없던 지역에서 340명의 아이들이 교육을 받을 수 있게 된 겁니다. 교사도 주민들이 직접 구하고, 1년에 우리 돈으로 2만 원씩 내서 월급도 줍니다. 자기들이 원했던 걸 함께 만들고 직접 운영하니까 자연스럽게 현지화가 되지요. 우리가 만들고 운영하는 것보다 훨씬 낫습니다."

우리가 생각하는 '그들에게 필요한 것'과 그들이 생각하는 '우리에게 필요한 것'이 전혀 다를 수 있음을 알게 된 그는, 적정기술 활동에서도 그들이 정말 필요로 하는 것을 개발하는 게 무엇보다 중요하다고 말한다.

"우리나라의 적정기술 개발자들 중엔 현지인의 관점에 충실하지 못한 사람들이 많습니다. 현지 상황을 잘 알지 못하고 현지인들에게 뭐가 필요한지도 모르는 상태에서, '그들에겐 아마 이런 게 필요할 거야'라는 짐작만으로 기술을 개발한다는 뜻입니다. 물론 이런저런 정보들을 참고해서 나름의 상상을 해 볼 수는 있겠지만, 상상은 결코 현실을 뛰어넘을 수 없는 법이지요.

예를 들어 볼까요? 사탕수수 즙을 먹는 나라들이 있습니다. 하지만 방법은 각기 달라요. 동남아시아에선 사탕수수를 기계에 넣고 짜서 마시지만 아프리카에서는 그냥 입에 넣고 씹거든요. 아프리카 사람들이 짜 먹을 줄 몰라서 그러는 게 아닙니다. 사탕수수를 씹어서 치아와 입을 닦아 내는 게 그들의 문화예요. 또 입이 심심하기도 하고요. 이런 위생적·문화적 이유 때문에 그들이 사탕수수를 씹어 먹는 것입니다.

만약 우리가 '그걸 왜 안 짜고 씹어 먹느냐'면서 사탕수수 짜는 기계를 주면, 그 사람들은 일단 고맙다고 하면서 사용할 겁니다. 상대의 체면을 생각해서 좀처럼 "노No"라고 안 하는 게 또한 그들의 문화니까요. 그러면 우린 사탕수수를 더 쉽게 먹을 수 있도록 도와줬다고, 적정기술을 보급했다고 여기면서 좋아하겠죠. 하지만 우리가 떠나고 나면 그들은 곧바로 기계를 치워 버리고 다시 사탕수수를 씹어 먹을 거예요.

실제로 많은 적정기술 제품에서 비슷한 현상들이 일어나고 있어요. 그들에게 필요하다고 우리가 생각하는 것과 그들이 진정 필요로 하는 게 다르기 때문이지요.

적정기술에서 일방적 태도는 절대 금물입니다. 애초에 사탕수수 짜는 기계를 '준다'는 생각부터가 문제예요. 그보다는 사탕수수를 왜 씹어 먹는지, 짜 먹는 것에 대해서는 어떻게 생각하는지, 그런 기계가 있다면 어떨 것 같은지 하나하나 질문하며 대화해 나가는 게 올바른 접근이지요. 그렇게 문화적 차이들을 충분히 고려하면서 현지인들과 함께 그들이 원하

한때 각광받다가 오래지 않아 보급이 중단된 '플레이 펌프'는 적정기술이 '현지의 요구'에 충실히 응답해야 함을 보여주는 생생한 사례다.

는 것을 만들어 낼 때, 바로 그게 참된 적정기술이 아닐까 합니다."

차드에서 오랫동안 활동하면서 그가 적정기술이 필요하다고 생각한 분야는 망고 건조와 사탕수수 숯 개발, 그리고 흙벽돌 제작이었다.

망고는 현지 과일 생산량의 절반을 차지할 만큼 흔하지만 수분이 많아서 오래 저장할 수가 없다. 만약 효과적인 저장 기술이 개발된다면 망고가 생산되지 않는 계절에도 주민들의 영양을 보충해 줄 수 있을 것이고, 버려지던 망고를 상품화하면 재배 농가의 수익도 크게 늘릴 수 있을 것이다. 또 사탕수수 숯은 국토의 대부분이 사막이라 장작을 구하기 어려운 차드에서 조리용으로 쓰기에 적합하다.

망고 건조기와 숯탄 제조기 개발 및 보급은 굿네이버스와 특허청, 〈나눔과기술〉의 합작품이었다. 소형 비닐하우스처럼 생긴 망고 건조기는 별도의 연료 없이 자연풍과 햇볕만으로 망고를 건조시킨다. 숯탄 제조기는 사탕수수 태운 숯가루를 뿌리녹말식물인 카사바 반죽과 잘 섞어 성형한 다음 압축해서 숯으로 만드는 기구다. MIT 적정기술 연구센터 디랩에서 개발한 숯 제조기술에 〈나눔과기술〉이 개발한 반자동 프레스가 결합되어 숯 성형과 압축이 한층 쉬워졌다고 한다.

망고 건조기의 외관과 내부(위), 숯탄 제조기로 압축한 사탕수수 숯(아래) ⓒ굿네이버스

그가 보기에 차드에 적정한 기술은 '자연의 속도'에 맞춘 기술이었다. 사탕수수 숯이 차드에서 적정한 기술이 될 수 있는 건 그런 이유에서다.

"자연의 속도에 대해 생각해 본 적 있습니까? 우리에게 시간이란 뭘까요? 대부분의 사람들은 '돈'이라고 생각해요. 하지만 차드 사람들에게, 아프리카 사람들에게 시간은 돈이 아닙니다. 자연이에요. 왜? 그들은 늘 자연의 속도에 맞춰서 살아가기 때문이지요.
가령 비가 온다고 쳐요. 그럼 그들은 일을 할까요? 안 합니다. 우리는 우비를 입고서라도 일을 하죠. 왜냐하면, 시간은 돈이니까요. 하지만 자연의 속도에 맞춰 사는 아프리카 사람들은 비가 오면 절대 일을 하지 않습니다.

그들에게 사탕수수 숯은 적정합니다. 피워 놓고 밥이 될 때까지 기다리면 되니까요. 하지만 우리처럼 왜 밥이 빨리 되지 않느냐고 보채거나 시간이 아깝다고 조바심을 내는 사람들에겐 적정하지 않지요."

그렇다고 사탕수수 숯이 언제까지나 차드에서 적정한 기술은 아닐 거라고 그는 말한다.

"모든 연료에는 그것의 시대가 있습니다. 우리도 장작을 때다가, 석탄을 쓰다가, 경유를 쓰다가, 지금은 LPG를 쓰잖아요? 그런 관점에서 아프리카를 바라봐야 해요. 아프리카에선 이거면 될 거라고, 그들에겐 이거면 충분하다고 생각하고 만족하면 안 됩니다. 차드 사람들에게 앞으로도 10년, 20년 동안 계속 사탕수수 숯을 쓰라고 하는 건 기본적으로 말이 안 되는 거지요. 언젠가는 그들도 숯이 아닌 다른 연료를 필요로 할 테니까요. 그때를 대비해서 가령 바이오가스를 개발해 준다거나, 다른 대안 기술을 함께 제시해 주는 게 반드시 필요합니다."

이런 맥락에서 그는 '적정기술'이라는 단어에 대해서도 다시 한번 생각해 봐야 한다고 주장한다.

"우리가 꼭 '적정기술'이라는 것을 이슈화하고 트렌드화하면서 거기에 맞춰서만 기술을 개발할 필요는 없다고 봅니다. 한계가 너무 뚜렷하거든요. 적정기술 개발에 참여하고 있는 사람들은 과학자 또는 기술자들인데, 고급 지식과 기술을 가지고 있으면서도 적정기술이라는 틀에 맞춰서 제한적으로 보려고 하니까 오히려 제대로 된 적정기술을 개발하지 못하는 것 같아요. 특히 '우리에겐 필요 없고 한물간 기술이 그들에겐 도움이 된다'는 식의 접근은 굉장히 곤란합니다.

언젠가 신문에 그런 기사가 난 적이 있어요. '한국에선 한물간 것, 제3세계에서는 유용하다'. 나는 이게 아주 제국주의적인 발언이라고 생각합니다. 난 필요 없으니 너나 쓰라는 식이잖아요. 좀 비약적인 표현이긴 하지만, 아프리카는 거지 나라도 아니고 쓰레기 처리장도 아닙니다. 나한테 필요 없는 걸 그들에게 주려고 하면 안 되는 거예요.

적정기술은 '보급'이 아닙니다. '창조'입니다. 창의적이어야 적정할 수도 있는 건데, 우리에게 쓸모없는 것들이 그들에게 유용하다는 생각이 가당키나 합니까? 아프리카 사람들은 좋은 물건 쓰면 안 되나요? 아프리카 사람들은 좋은 액정으로 TV 보면 안 되는 걸까요? 아직까지 숯을 쓸 만큼 가난한 사람들도 있지만, 몇 년치 월급을 모아서라도 스마트폰을 쓰는 사람들도 분명히 있어요. 그들도 좋은 건 다 알고, 갖고 싶어 합니다. 우리가 불편하다고 느끼는 건 당연히 그들도 똑같이 느끼고요."

격앙된 목소리로 이 얘길 계속 강조하는 데는 그럴 만한 이유가 있을 것이다. 아니나 다를까, 그가 곧바로 자신의 경험담 하나를 꺼내 놓는다.

"우리 집에 발전기가 하나 있었습니다. 성능이 좀 별로여서 아프리카 친구에게 '너 쓸래?' 했더니 그가 고맙다고 하면서 갖고 갔어요. 그런데 며칠 뒤에 확인해 봤더니 안 쓰더군요. 내가 그 발전기를 싫어했던 건 기름도 많이 들어가고 시끄럽기 때문이었는데, 그 친구 역시 며칠 써 보고 똑같이 느끼고 있더라고요. 그래서 아, 내가 좋은 발전기를 원하듯 애도 좋은 걸 쓰고 싶어 하는구나, 라는 걸 깨달았지요.

그다음부터는 절대 내가 쓰다 남은 것 남에게 안 줍니다. 멀쩡한 물건인데 내게 불필요하다면 물론 줄 수 있지요. 가령 물병이 10개 있는데 5개만 쓰고 5개를 안 쓴다면, 그건 줄 수 있습니다. 내게 스마트폰이 있는데 똑같은 게 하나 더 생겼다면 줄 수 있어요. 하지만 내 스마트폰이 배터리도 금방 닳고 통화도 뚝뚝 끊기는 걸 뻔히 알면서, 더 좋은 게 생겨서 이제 구형은 필요 없으니까 준다고 하면, 일단 받아는 가겠지만 그들도 곧 안 쓰게 될 겁니다. 그 발전기처럼요.

가끔 보면, 아프리카 사람들은 감정도 없고 욕망도 없다고 생각들을 하는 것 같아요. 그래서 아무거나 주면 마냥 좋아하면서 쓰는 줄 알아요. 하지만 그들도 우리와 똑같은 사람입니다. 그 사람들도 더우면 시원하게 지내고 싶고, 목마르면 물 마시고 싶어해요. 단지 형편이 열악하니까, 주어진 환경 속에서 참고 견디는 적응력이 우리보다 강할 뿐이죠. 그 과정에서 파괴되어 버린 인간적 삶을 회복시켜 주는 게 바로 우리가 해야 할 일이고요.

기술개발도 이런 관점에서 시작해야 합니다. 적정기술이 이슈고 트렌드니까 특별히 개발한다는 생각을 버려야 해요. 아프리카 사람들도 우리와 똑같다는 전제 아래, 그들이 어떤 물건을 사용하면 더 편리할까 고민해 가면서, 똑같은 레벨로, 평상시에 기술을 개발해야 합니다. 조금 전에 얘기했던 스마트폰 같은 경우에도 배터리가 문제라면 아, 뒤쪽에 솔라 패널이 있어서 충전을 할 수 있다면 좋을 텐데, 라고 생각할 수 있잖아요. 그러면 그런 제품을 개발해서 나도 편하고 그들도 편할 수 있는 길을 찾아야지, 우리가 더 우월하니까 그들에게 일방적으로 준다고 생각하는 건 옳지 않습니다."

우리가 아니라 그들이 주인

숯을 만들고 망고를 말리는 기술을 한국에서 개발하긴 했지만 곧바로 차드에 적용될 수는 없었다. 사용 지역에 적정하도록 현지화하는 작업이 반드시 필요했다.

"망고 건조 장치를 〈나눔과기술〉에서 개발한 뒤에도 제대로 된 건망고를 만들기까지는 좀 더 시간이 걸렸습니다. 현지에서의 다양한 실험들을 통해 차드에서 가장 적절한 방법을 찾아냈지요. 햇볕에 너무 오래 두면 안 된다거나, 그늘에 두는 편이 좋다거나, 설탕물에 절이면 더 맛있어지지만 너무 오래 하면 안 좋다거나, 약간 쫀득거리는 느낌을 주려면 소듐 sodium(나트륨)을 살짝 넣어야 한다거나 하는 식으로요."

기술을 개발하고 방법도 찾았지만, 그것을 농가의 수익 증대로 연결시키는 과정에서 또 다른 어려움이 찾아왔다.

"처음에는 건망고를 캐나다에 수출하려 했습니다. 그런데 알고 보니까 캐나다 식품안전청Canadian Food Inspection Agency에서 요구하는 리스트가 있더군요. 제조를 할 때는 어떻게 하고, 위생과 청결은 어떻게 유지하고, 어떤 성분은 함유되지 않아야 하고, 뭐 이런 것들이었어요. 차드 국내에서 판매하는 데엔 전혀 문제가 없던 것들이 수출을 하려고 하니까 문제가 되는 거예요.
물론 우리 망고는 태양으로 말리고 바람으로 건조한 유기농 제품이지요. 하지만 차드에는 식품의 품질을 검증하고 인증해 주는 공공기관이 없어요. 게다가 제조도 사람 손으로 직접 하니까 서양인들 눈엔 비위생적으로 보이겠지요. 결국 이런저런 이유들로 해서 캐나다엔 수출할 수가 없게 되었습니다.
그걸 보며 깨달은 게 있어요. 기술개발에만 집중할 게 아니라 이런 문제들, 가령 사업화나 관련 제도들도 고려하고 사회적으로 문제가 없는지도 살펴야 한다는 거지요. 그냥 잘 만들어서 팔면 될 것 같지만 그렇지가 않거든요. 사는 사람 입장에서는 그게 어떤 과정을 거쳐 만들어졌는지, 안에 뭐가 들었는지 궁금한 게 당연하지 않겠습니까?"

수출이 좌절된 건망고는 이후 내수용으로 판매할 예정이라고 한다. 그것 역시 간단한 일은 아니다. 가격 경쟁력도 갖춰야 하고 시장도 만들어 내야 하기 때문이다.

"차드 국내에서 판매하려고 하니 가격이 문제입니다. 비싸요. 그래서 이 기술을 현지인들의 가정에 보급하려 합니다. 각 농가에 망고 건조 기술을 보급해서 시장이 스스로 형성되게 만드는 거죠.
우리나라 시장에서 파는 손두부를 생각해 보세요. 공장 제품이 아니고 상인들이 소규모로 만든 걸 내놓고 팔잖아요. 그걸 사는 사람들은 어떤 성분이 들었는지, 어떻게 만들어졌는지 믿고 사는 거지요. 망고도 마찬가지입니다. 문제가 생기면 판매자가 책임져야 하니까 허투루 만들 수가 없고, 잘 팔리면 농가 소득에 보탬이 되고, 그러다 보면 소비자들도 어떤 집이 맛있고 어떤 집이 맛없는지 알게 되고, 그런 식으로 자연스럽게 시장이 형성되고 발전해 나갔으면 합니다."

개발 이후 실험을 통해 현지에 적정한 방법들을 찾아낸 망고 건조기와는 반대로, 숯탄 제조기의 경우엔 사용 과정에서 새로운 문제점들이 드러났다.

"사탕수수 숯은 현지에 필요하지만 프레스를 이용하는 게 적정한지는 다시 생각해 볼 필요가 있습니다. 한국에서 기계를 만들어 가져왔는데, 한동안 잘 쓰다가 어느 정도 지나니까 고장이 나기 시작했어요. 현지엔 교체용 부품도 없고 기계를 수리할 기술자도 없어서 결국 못 쓰는 물건이 되고 말았지요. 처음 개발할 때부터 차드에 와서, 차드 사람들과 함께, 차드에서 구할 수 있는 부품으로, 차드의 기술자가 관리할 수 있는 수준에서 만들었다면 지속가능하지 않았을까 하는 아쉬움이 있습니다. 원래 사탕수수 숯 제조 기술은 MIT 학생들이 처음 개발했는데, 그들은 손으로 만들었어요. 그것과 비교해 보면 프레스로 만드는 것이 더 간단하고 깔끔해 보일 수 있지요. 하지만 '함께' 만든다는 측면에서는 손으로 작업하는 게 더 적정하다고 봅니다.

만약 차드 사람들이 그 프레스를 '내 것'이라고 생각했다면 어떻게든 고쳐 보려고 노력을 했을 텐데, 기술을 모르기도 하지만 주인 의식이 없기 때문에 고쳐 볼 생각 자체를 하지 않아요. 적정기술을 개발할 때에는 현지인들과 함께하는 과정을 통해 주인 의식을 확실하게 심어 줄 필요가 있습니다."

그렇다면 주인 의식은 어떻게 생겨날까? 그가 가장 강조하는 건 교육이다. 현지인들에 대한 교육뿐 아니라 우리나라의 적정기술 교육에 대해서도 그는 할 말이 많다.

흙벽돌 제조법을 배우는 현지인들. 주인 의식은 함께하는 과정에서 생겨난다. ⓒ굿네이버스

"기술을 그냥 갖다 주는 게 아니라 그들이 직접 연구해 볼 수 있도록 터전을 마련해 주는 것이 중요하다고 생각합니다. 언제까지나 밥을 떠먹여 줄 수는 없으니까요. 현지 학생들을 선발해서 이런 기술이 있다는 것을 가르쳐 주고, 외부 지원 등을 통해 그들에게 연구 공간을 제공해 줘야 합니다. 실패를 하더라도 본인들이 직접 해 보고, 성공하면 성취의 기쁨을 누리면서 조금씩 발전해 나가는 거죠. 그 과정을 지켜봐 주고, 지원해 주고, 성공하면 함께 기뻐해 주는 게 우리가 해야 할 역할입니다.

어차피 주인은 그들입니다. 적정기술 개발의 주도권이 현지인들에게 있어야 실질적인 개발이 가능하다는 뜻입니다. 굿네이버스 차드 지부를 보면, 이제는 그들이 먼저 찾아와서 요청합니다. 화장실이 필요하니 화장실을 짓자! 그럼 이건 누구의 생각인가요? 그들의 생각입니다. 실패를 하면 누구의 책임이죠? 그들의 책임이에요. 성공하면 당연히 그들의 공이 되는 거고요.

이런 식으로 그들이 원하는 것들을 함께 개발하고 도와주는 게 진정한 적정기술이라고 나는 생각합니다. 그러려면 지식뿐만 아니라 장기적인 경험이 중요하죠. 겨우 2~3주 들러서 그들의 삶을 겉으로만 보는 건 큰 의미가 없어요. 좀 더 긴 호흡으로, 이를테면 대학원 과정에 적정기술 프로그램을 넣는 식으로 교육방식을 바꿔야 합니다. 2년 과정 중 1년간은 개발학, 지역학, 문화인류학, 경제, 자원, 과학. 기술 등을 가르치고, 6개월간 현지에 가서 직접 체험하며 현지인들과 함께 기술을 개발하게 하고, 그걸 논문으로 쓰게 해서 학위를 준다면 괄목할 만한 성과를 거둘 수 있다고 믿습니다."

그가 하는 얘기들은 적정기술 개발과 보급에 힘쓰는 사람들에 대한 질책이 아니다. 오히려 남다른 애정이 있기 때문에 할 수 있는 동지로서의 조언이 아닐까. 따뜻한 과학, 따뜻한 기술을 실현하는 길이 사실은 전혀 따뜻하지 않은 가시밭길임을 그는 지난 십수 년 동안의 활동을 통해 누구보다도 잘 알고 있다.

죽은 심장에 새로운 생명을 불어넣기 위해 애써 온 박근선 지부장에게 마지막 질문을 던져 본다. 현지인들의 삶을 오랫동안 가까이에서 지켜본 사람으로서, 지금 차드에 꼭 필요한 건 어떤 기술들일까?

"우선 하이드로릭 펌프Hydraulic Pump가 있으면 좋겠습니다. 물의 낙차와 진공상태의 공기 압력을 이용해서 전기로 물을 멀리까지 보내 주는 시설이지요. 차드에는 강도 있고 수자원도 곳곳에 있긴 하지만 마을과 많이 떨어져 있어서, 사람들이 물을 길러 멀리까지 가야 해요. 물을 마을 가까이까지 공급해 줄 수 있다면 굉장히 유용할 겁니다.

농업 개발을 위한 기술도 절실합니다. 단순히 망고를 건조시키는 것 외에, 망고를 가공해서 상품화할 수 있는 다양한 기술들이 있었으면 해요. 예를 들어 망고 껍질을 쉽게 벗긴다거나, 씨를 쉽게 빼낸다거나, 아니면 망고를 통조림으로 만든다거나……. 버섯을 배양하는 기술도 있으면 좋겠고요.

바다가 없는 차드에서는 민물고기 양식을 많이 하는데, 양식 기술이 전혀 없어요. 그런 걸 가르쳐 주는 곳도 없고요. 농업이나 양식업을 배울 수 있는 교육기관이 생겨서 그들이 직접 배워 가며 기술을 발전시킬 수 있다면, 차드의 미래에 많은 도움이 될 거라고 생각합니다.

또 하나 필요한 건 폐자원 활용 기술입니다. 작은 용광로를 이용해서 폐철을 재생시키는 기술, 또는 폐지를 모아서 재생지를 만드는 기술. 그러면 적은 자원을 가지고도 지금보다 훨씬 높은 효율을 낼 수 있겠지요."

| 제4장 | 교육
Education
미래로 가는 길을 가르치다

그들의 이야기로부터 시작하는 ICT

서울대학교 이중식 교수와 '샤디아' 팀
인도 | ICT 교육

친구들과 헤어지고 집으로 가는 길, 오늘도 Eye Care Hospital 앞에 발걸음을 멈췄다.
작년 눈이 아픈 엄마의 치료를 위해 병원에 같이 간 이후로,
매일 집에 가는 길에 병원 앞에 들렀다 지나가는 게 습관이 되었다.
대문 틈새로 병원 정원을 들여다보자 여기저기 하얀 가운을 입은 의사 선생님들이 돌아다닌다.
그 모습이 너무나 멋져 보여 의사 선생님들을 볼 때마다 가슴이 콩닥콩닥거린다.
나도 하얀 가운을 입고 안과 의사가 되어 이곳에서 일하면서
아프고 가난한 사람들의 아픈 눈을 낫게 해 주고 싶다.

그런데 의사가 되려면 무엇을 해야 될까?
지금처럼 학교에서 수업을 열심히 듣고, 시험 점수를 잘 받으면 될까?
그렇게 해서 대학교에 들어가면 내가 꿈꾸는 안과 의사가 될 수 있을까?
엄마한테 물어봐도, 학교 선생님한테 물어봐도, 정답을 아는 사람은 없는 것 같다.
친구들 이야기를 들어 보면 요새 의사 선생님들은 컴퓨터도 쓸 줄 알아야 된다고 하던데,
나는 컴퓨터를 만져 본 적도 없는데, 언제 배울 수 있는 기회가 생길까?

수업이 끝나고 학교 뒤에 있는 집으로 향한다.
오늘도 엄마는 나무로 만들어진 침대 위에서 삯바느질을 하고 계신다.
비좁지만 일하시는 엄마 옆에서 노트를 펴고 숙제를 시작한다.
바닥은 흙으로 되어 있기 때문에 글씨를 쓰기가 어렵다.
시작한 지 얼마 안 된 것 같은데 벌써 주위가 어두컴컴해졌다. 부랴부랴 어제 쓰고 남은 초에 불을 붙인다.
나는 참을 만하지만 작은 실과 바늘로 일하는 엄마는 아무래도 어려우신가 보다.

– 〈리나 이야기〉 중

이 이야기의 주인공은 인도 콜카타(옛 캘커타) 지역의 SHIS Girls Academy*에 다니는 14세의 꿈 많은 소녀 리나 카툰Rhena Cartoon이다. 그녀가 어떤 꿈을 꾸고 있고 어떤 환경에서 공부하고 있는지가 짧은 글 속에 또렷이 담겨 있다.

*인도 웨스크벵갈 지역의 현지 NGO인 SHIS(Southern Health Improvement Samity)에서 가난한 소녀들을 위해 운영하는 학교

리나처럼 가난한 인도 소녀들이 처한 어려움들을 함께 고민할 수 있도록 이끌어 낸 사람은 서울대학교 융합대학원 이중식 교수와 '샤디아Shadia' 멤버들이다. 이 교수는 서울대학교 사회봉사 팀 지도교수를 맡고 있던 2008년에 콜카타를 처음 방문했었다고 한다.

〈리나 이야기〉의 주인공 리나 카툰(오른쪽)
ⓒ샤디아

"제가 사회봉사 팀 지도교수를 2년 반 정도 했어요. 당시 콜카타 지역에 학생들을 데리고 갔는데, 가면 주로 하는 일이 놀이 봉사, 문화 봉사, 집 짓기, 보도블록 깔기 등이었지요. 물론 그것도 의미 있는 일이지만 좀 더 전문적인 봉사를 하면 좋겠다는 생각이 들었고, 제가 잘할 수 있는 게 뭘까 생각해 보니 ICT(Information & Communication Technology, 정보통신기술) 쪽인 것 같았어요. 그래서 ICT 분야 봉사활동에 관심이 있는 학생들을 모으기 시작했습니다."

그렇게 해서 지도교수와 대학원생, 학생 등 20여 명으로 구성되어 2011년에 탄생한 팀이 바로 샤디아. 서울대학교를 상징하는 '샤Sha'*와 인도India의 'dia'를 합친 이름이라고 한다. 이들의 목적은 기술의 혜택을 받지 못하는 집단, 즉 'Technology Underserved'에게 기술을 보급하는 것, 그리고 기술 활용 과정에서 부딪히는 장애요소를 극복하기 위한 솔루션과 개선점을 도출하는 것이었다.

*서울대학교 정문의 구조물 모양이 '샤' 자를 닮은 데서 비롯됨.

2011~2012 ; 시행착오로부터 배우다

2011년 겨울에 시작된 첫 활동의 파트너는 콜카타에 위치한 'SHIS(Southern Health Improvement Samity)였다. 웨스트벵갈 지역의 대표적 NGO인 SHIS는 1979년 콜카타 지역에 결핵 환자를 위한 서비스센터를 개설한 이후 보건 관련 프로그램, 교육 프로그램, 여성 인권향상 프로그램 등 다양한 사업들을 진행하고 있다.

그들이 운영하는 많은 시설들 중 '샤디아' 팀이 방문한 곳은 시력 치료를 위한 수술 서비스를 제공하는 〈Eye Care Hospital〉과 체계적인 교육을 받기 어려운 환경에 처한 소녀들에게 교육 서비스를 제공하는 〈Girls Academy for Underprivileged〉, 그리고 청각장애를 겪고 있는 학생들을 가르치는 〈Deaf & Dumb School〉이었다. 팀원들은 그곳 학생들에게 ICT를 가르치기 위해 컴퓨터, DVD 플레이어, 프로젝터, 포토프린터 등 하드웨어와 오프라인 백과사전, 수학 및 과학 교육 프로그램, 게임 등 소프트웨어를 가지고 갔다.

컴퓨터 보급과 교육이 크게 어렵지는 않을 것이라는 예상과 달리, 팀원들은 처음부터 난관에 부딪쳤다. 당장 컴퓨터와 프로젝터를 연결하는 것부터가 쉽지 않았다. 인도도 우리처럼 220V를 사용하기 때문에 별 문제가 없을 줄 알았는데, 똑같은 220V 플러그라도 크기가 다르다는 점을 미처 고려하지 못했던 것이다. 게다가 제대로 사용할 수 있는 멀티 탭도 없어서, 컴퓨터와 프로젝터의 연결은 결국 불가능했다.

어찌어찌 교육을 시작하자 이번엔 전원 켜는 법, 마우스 사용법 등 컴퓨터에 대한 초보적인 지식조차 갖추고 있지 않다는 사실에 또 한 번 당황하게 되었다. 소프트웨어를 사용하려 해도 벵갈어를 쓸 수 있는 프로그램이 거의 없고, 학생들의 수학과 과학 수준이 낮아서 다양한 콘텐츠를 활용할 수 없었다.

가장 난감했던 건 컴퓨터 활용에 대한 개념이 우리와 전혀 다르다는 점이었다. 백과사전을 이용할 때도 궁금한 것을 검색해 보라고 하면 자기 이름과 지역명만 계속 타이핑할 뿐 프로그램을 제대로 활용하지 못했다. '정보'라는 개념 자체가 아예 없는 탓이었다.

예상치 못한 상황을 보면서 이중식 교수와 팀원들은 고민에 빠졌다. 우리가 생각했던 '그들에게 필요할 것 같은 기술'이 그들에게 정말로 필요한 것이었을까? 그들에게 진정으로 필요한 ICT는 무엇일까? 이 문제에 대한 해답을 찾기 위해, 2012년에 새로 구성된 '샤디아' 팀은 우선 그들의 이야기를 듣는 단계부터 밟기로 했다.

그 전에 잠깐! 최첨단 전자기기를 떠올리게 하며 하이테크로만 보이는 ICT가 개발도상국의 발전에 정말로 필요한 것일까? 이중식 교수는 "그렇다"고 잘라 말한다. ICT와 교육은 밀접한 관련이 있으며, 개발도상국의 발전에 꼭 필요하다는 게 그의 생각이다.

"제가 ICT 쪽에 있어서 그런지 몰라도, 개발도상국의 이슈들 중에는 사회적 소통의 부재에서 비롯된 게 많다고 느껴 왔어요. 정치가 독재가 되고, 외부의 정보가 차단되고, 일거리가 있는데도 그에 대한 정보를 얻을 수단이 없어서 돈을 못 벌고, 어디에 위험 요소가 있고 어디에서 홍수 같은 재난이 일어났는지 전혀 모르고……. 이런 것들이 다 소통이 안 되어서 생겨나는 문제거든요. 다양한 정보통신 기기나 서비스가 도입된 이후 개발도상국이 성장하는 사례도 많이 있어요. 재스민 혁명*처럼요.

해외 원조를 할 때 우리가 100달러를 도와주면 정작 필요한 사람들에게

---

* Jasmine Revolution. 23년간 집권해 온 독재자 벤 알리에 반대하여 2010년 12월 시작된 튀니지의 민주화 혁명. 튀니지 국화인 재스민의 이름을 따서 서방 언론이 붙인 명칭이다. '아랍의 봄'의 기폭제가 된 재스민 혁명의 확산엔 아프리카 최고 수준의 IT 보급률에 기초한 소셜네트워크서비스(SNS)가 결정적 역할을 했다.

가는 액수는 겨우 1달러 수준이라고 하는데, 이를 해결하는 방법은 사회 구조를 바꿔 주는 거예요. 사회 구조를 바꾸기 위해 가장 필요한 건 다름 아닌 교육이고요.
국내 사례를 보더라도 경제력의 격차가 정보의 격차를 가져오기도 하지만, 정보의 격차가 다시 경제력의 격차를 심화시키기도 하잖아요. 그렇다면 정보의 격차를 해소해 주는 게 경제력 격차를 줄이는 데 도움이 되지 않을까, ICT가 그런 역할을 할 수 있지 않을까, 라는 생각을 하게 된 거지요."

실제로 ICT 교육의 필요성은 현지인들도 절실히 느끼고 있다고 한다.

손보연(2012 팀) "가기 전에는 저도 의구심이 들었어요. 하지만 SHIS 사람들을 직접 만나 봤더니 그분들도 ICT와 교육이 굉장히 중요하다고 생각하고 있더군요. 컴퓨터를 개인마다 하나씩 나눠 주진 못하더라도, 활용 방법을 가르쳐 주면 정보에 접근할 수 있는 기회를 주는 거잖아요. 우리가 필요한 정보들을 손쉽게 얻어서 활용하듯이 그들에게도 똑같은 기회가 필요하다고 생각해요."

표민기(2012 팀) "그들에게도 컴퓨터가 있었으면 좋겠어요. 2011년에 설치한 것도 있고 해서 이제 컴퓨터가 영 낯선 물건은 아니거든요. 다들 컴퓨터를 배우면 돈을 더 벌 수 있다면서 간절하게 배우고 싶어해요."

이중식 교수 "5~6년 전엔 고등학교를 졸업하고 직조기계를 배우면 하루에 10달러를 벌 수 있다는 얘기를 듣고 많은 사람들이 배우고 싶어했대요. 마찬가지로, 지금은 컴퓨터를 이용한 퍼블리싱이나 포스터 제작 등을 배우면 도시에 나가서 더 많은 돈을 벌 수 있다는 것을 다들 알고 있지요."

하지만 구체적으로 어떤 ICT 교육이 필요한지는 정확히 알기 어려웠다. 우리에게는 아무것도 아닌 컴퓨터 전원 켜기나 마우스 조작이 낯설고 '정보'라는 개념조차 없는 걸 보면, 우리가 생각하는 ICT와 그들이 생각하는 ICT는 어쩌면 전혀 다를 수도 있는 것이다. 이런 상황에서 단순히 "컴퓨터를 배우고 싶어요"라는 요구에 응하여, 팀원들이 떠난 뒤엔 지속 여부조차 불투명한 교육을 하는 게 과연 바람직한 일일까?

2012년 '샤디아' 팀의 활동이 그들의 요구에 대한 조사에서 출발한 건 이런 이유 때문이었다. 조사 도구로는 IDEO에서 개발한 HCD(Human Centered Design) Toolkit을 활용하기로 했다.

HCD Toolkit은 전 세계 사회적기업과 NGO의 혁신을 돕기 위해 빌 게이츠&멜린다 재단의 도움으로 개발되었으며 관찰Hear, 창조Create, 실행Deliver 등 3단계의 과정으로 진행된다. 현지 주민이야말로 현지 문제의 정확한 파악 및 해결책의 실마리를 가진 핵심 당사자라는 전제 아래, 디자이너와 스태프가 자연스럽게 현지 주민들과 생각을 나누는 데 초점을 맞추고 있다. 수많은 디자이너와 국제개발 현장의 활동가들이 개발도상국의 문제 해결을 위해 HCD Toolkit을 활용한다.

이걸 사용한다고 문제들이 저절로 해결되는 건 물론 아니다. HCD Toolkit은 실행 방법을 알려 주는 매뉴얼이 아니라 생각의 방향을 알려 주는 가이드라인이다. 그러므로 사용자가 자신들의 상황과 필요에 맞게 활용해야 한다. '샤디아' 팀 역시 마찬가지였다.

우선 영어로 되어 있는 조사 자료를 비영어권에서 활용할 수 있도록 바꿔야 했다. 현지 상황에 따라 필요한 부분과 필요 없는 부분을 구분해 내는 작업도 필요했다. 팀원들이 모두 학생이라는 점, 그리고 너무

듣고 또 듣고 – 교사 인터뷰(위), 학생 인터뷰(아래), 가정방문 인터뷰(오른쪽) ⓒ샤디아

는 기간이 길지 않다는 점을 고려하여 '샤디아식 HCD Toolkit'을 커스터마이징customizing(맞춤제작)해야 했다.

그렇게 2012년에는 관찰Hear에 중심을 두고, 그들의 스토리를 정확하게 도출하는 것을 활동의 목표로 설정하였다.

> **표민기** "조사 활동은 주로 세 가지로 이루어졌어요. 먼저 학교에 가서 학생이나 선생님을 인터뷰했고, 그다음엔 학생들의 수업과 실습을 관찰했고, 마지막으로 각 가정을 방문하여 학부모들과 인터뷰를 하고 생활환경을 관찰했습니다."

인터뷰의 중요성은 한국에서부터 충분히 숙지했고 연습도 많이 했지만, 막상 언어와 문화와 환경이 모두 다른 곳에서 관찰 조사를 진행하는 일이 쉽지는 않았다. 학생들은 교사와 함께 있는 자리에서 자신의 속내를 털어놓는 걸 주저했고, 통역을 통해 전달되는 이야기들은 애초의 인터뷰 의도에서 빗나가기 일쑤였다. 가정방문을 하려고 해도 적절한 사례를 찾기가 어려웠고, 생활이 어려운 집이라 여기고 찾아갔는데 멀리서 오신 손님이라며 자꾸 음식을 대접하려 해서 곤란했던 적도 있었다.

표민기 "인터뷰용 템플릿templete(서식)을 한국에서 미리 만들어서 가져갔었어요. 하지만 그대로 되지는 않더군요. 가정방문이 특히 어려웠는데, 학생들의 집에 갈 때마다 정말 예상치 못했던 여러 가지 모습들을 보곤 했지요. 그래서 사진을 수백 장 찍었는데 나중에 보니 맥락을 전혀 모르겠더라고요. 다른 팀원들과 공유도 안 되고요. 그래서 사진을 한 장 찍을 때마다 내용을 메모한 노트를 곧바로 같이 찍어서 제3자가 봐도 알 수 있는 자료들을 만들었어요. 그걸 매일매일 정리했는데, 안 그러면 다 날아가 버리거든요.
그렇게 저희는, 처음에 계획했던 대로 하는 게 아니라 카멜레온처럼 때와 상황에 맞춰서 변화하는 방식을 택했어요. 매일 겪은 일을 공유하고, 반성하고, 해결해야 할 점들을 정리하면서 조금씩 개선해 나갔습니다."

'샤디아' 팀이 활용한 방법들 중 하나는 시각적 자료를 이용하는 것이었다. 특히 사진과 드로잉 토크가 주로 사용되었다.

손보연 "디지털 카메라 사용법을 가르쳐 준 다음, 각자의 수준에 맞춰 놀이처럼 즐길 수 있도록 아이들에게 미션을 줬어요. 이러이러한 사진을 찍어 오라고 말이지요. 그리고 찍어 온 사진을 현장에서 프린트해 주면서 거기에 대해 얘기해 보라고 했어요. 우리는 싸이월드나 카톡을 통해

말하게 하라! — 사진 찍기(왼쪽), 사진에 대해 얘기하기(가운데), 드로잉 인터뷰 보드(오른쪽)
ⓒ샤디아

서 사진을 찍고 공유하고 이야기를 나누는 게 익숙하지만 이 친구들에게는 낯설잖아요. 가장 친한 친구가 누구인지, 가장 소중한 건 뭔지, 사진을 찍은 아이들에게 대화의 주도권을 주고 이야기를 풀어 나갔습니다."

이와 같은 인터뷰와 관찰 조사를 통해 팀원들은 그동안 들리지 않았던 아이들의 이야기를 들을 수 있었다.

이중식 교수 "청각장애 학생들의 수업에 들어가 봤더니 부모님이 수업을 같이 들어요. 그래야 수업시간에 배운 내용을 집에 가서 다시 가르쳐 줄 수 있으니까요. 한국에서 준비할 때는 그런 걸 전혀 알지 못했지요.
가정집을 방문했을 때 가장 특징적이었던 건 시간과 공간이 미분화되어 있다는 점이었어요. 우리는 시간표나 달력에 수업, 복습, 시험 준비 같은 내용들을 적잖아요. 공간적으로도 방, 주방, 거실 등이 분리되어 있고요. 그런데 그곳에선 이도 저도 아닌 상태로 지내고 있더군요. 엄마 일 도와주다가 공부하고, 공부하다 말고 또 다른 걸 하고, 그나마 공부방이 따로 있지도 않고……. 아무래도 이런 상황에서는 제대로 공부하기가 힘들지요.

그러니까 그들의 교육을 도와주려면 컴퓨터를 갖다 주는 것뿐만 아니라, 마을에 시계를 달아 준다거나 공부시간을 알려 주는 장치를 만들어 준다거나 하는 식으로 미분화된 시공을 구분해 줄 필요가 있어요. 꼭 공부와 상관있는 장치가 아니더라도, 문제를 해결하는 데는 여러모로 도움이 될 수 있지요."

고은정(2012 팀) "인터뷰를 할 때 장래 희망을 물어봤어요. 어린이들이라면 대답이 단순하겠지만, 그래도 그곳 아이들은 고등학생인데 어느 정도 다양한 직업을 이야기할 줄 알았거든요. 그런데 다 정해져 있더라고요. SHIS의 영향 때문인지 의사나 간호사가 되고 싶다는 아이들이 압도적으로 많았어요. 그만큼 그들에게 주어지는 정보의 양이 적다는 뜻이겠지요. 세상에 어떤 직업들이 있는지, 앞으로 자기가 뭘 할 수 있는지 모르니까 교육에도 어려움이 있는 것 같아요."

손보연 "그럼에도 불구하고 교육열이 높다는 사실이 아주 놀라웠어요. 리나 같은 경우에도 어머니가 삯바느질을 해서 한 달에 300루피(약 6천 원)를 버는데, 그중 절반인 150루피를 과외비로 쓴대요. 이렇게 교육에 대한 열의는 높은데 교육용 자재는 부족하고, 학교 도서관도 부실하고······. 하다못해 교실의 칠판만 바꿔 줘도 교육하기가 좀 더 쉬울 거라는 생각을 많이 했어요."

이중식 교수 "현지인들에게 뭐가 필요하냐고 물어보면 그냥 돈이 많으면 된다고 대답하는 사람들이 많습니다. 외부 지원을 많이 받으면 모든 문제들이 한꺼번에 해결될 거라고 생각하는데, 사실 그건 아니잖아요.
그쪽에서는 도움을 받는 것에 대해 1차원적으로 생각하는 경향이 있어요. "뭐가 필요합니까?"라고 물어보면 "밥을 사 주세요"라고 말하는 식

현지 교사, 학생들, 지역대표와 함께 진행한 워크숍 ⓒ샤디아

이죠. 하지만 밥을 사 줘서 해결되는 문제는 아주 지엽적이고 지속가능하지도 않습니다. 현지인들이 하는 얘기에 나름의 의미가 담겨 있더라도, 그게 전부는 아닐 가능성 또한 있는 거예요. 말보다는 행동에서, 또는 사용하는 물건들이나 생활방식 등을 통해서 그들이 진정 필요로 하는 걸 찾아내야 합니다."

2012년 '샤디아' 팀은 조사와 관찰을 통해 현지의 문제점들을 파악했다. 하지만 외부의 시선과 내부의 시선이 똑같을까? 설령 문제점의 목록이 같더라도, 그들은 그중 무엇이 더 중요하고 시급하다고 생각할까? 그걸 파악하기 위해서 팀원들은 학생들과 교사, 지역대표와 함께 'Co-creative Workshop'을 열었다. 목적은 그들의 충족되지 않는 욕구needs를 파악하는 것이었다.

먼저 팀원들의 조사 내용을 정리한 '팩트 북fact book'에 담긴 이야기들을 공유한 다음, 학생과 교사와 조사자가 함께 자신들이 진짜로 원하는 것을 펜과 크레용으로 그리는 방식으로 워크숍을 진행했다. 등교 시간이 빨라질 수 있는 자전거, 더 좋은 강의를 들을 수 있는 원격 동영상 강의, 도서관, 돈, 맛있는 음식, 의사 등 수많은 아이디어들이 나왔다. 팀원들이 중요하다고 생각한 이슈들에 대한 투표도 진행했다.

그렇게 현지인들과 함께 '정말로 필요한 것들'을 하나하나 찾아 나갔다.

샤디아의, 혹은 샤디아만의 힘

2012년의 활동은 현지 학생들의 이야기를 담은 '팩트 북'과 그들이 그린 그림들, 현지 모습을 담은 사진들로 남았다. '샤디아' 팀은 무엇을 위해 이 자료들을 남겼을까?

이중식 교수 "적정기술 봉사를 하는 팀들의 이야기를 들어 보면, 많은 팀들이 최근 2~3년 사이에 굉장히 성숙하고 진화했다는 생각이 들어요. 단순히 제품을 갖다 주는 게 아니라 현지에 비즈니스 생태계를 구축하려는 것이 보이고, 한 번 가는 것에서 여러 번 가는 것으로 바뀌고 있고, 빈곤문제뿐 아니라 후기산업사회적인 이슈들에 대해서도 많이 고민하고 있거든요. 목마른 사람들에게 물을 떠다 주는 걸 넘어서, 이 물이 현지에서 어떤 역할을 하고 향후 어떤 방향으로 발전하게 될지 고민하는 모습이 역력하지요.

저희의 활동에 대해 '많은 돈을 들여서 가는데 한 번 갔던 곳을 또 가면 괜히 두벌일 하는 거 아니냐'고 생각할 수도 있어요. 하지만 현지에서 조사를 하다 보면 한국에선 짐작조차 할 수 없던 문제점들을 많이 발견하게 됩니다. 절대 시간 낭비나 돈 낭비가 아니라는 얘기입니다."

표민기 "샤디아의 멤버는 매번 바뀌어요. 한 번 갔던 멤버들 중 이듬해에 또 가는 멤버는 15% 정도지요. 그러다 보니 갈 때마다 같은 문제에 부닥치고, 현지 상황을 파악하는 데 시간이 너무 많이 걸려요. 2011년에 다녀왔던 멤버들이 만든 간단한 보고서와 설명을 저희도 참조했는데, 현지에 어떤 문제들이 있는지 좀처럼 파악이 안 되는 거예요.
그래서 저희는 일단 조사를 철저히 한 다음, 그걸 통해서 다음 팀이 한 발 더 나아갈 수 있도록 꼼꼼하게 문서화하는 데 중점을 두었어요."

서울대 융합대학원 디지털정보융합과정의 한 세미나실에는 '샤디아' 팀이 만든 자료들이 보관되어 있다. 네 벽을 가득 메운 SHIS 학생들의 사진, 현지 상황, 당시 조사하고 기록했던 포스트잇, 인터뷰이 interviewee들이 그렸던 그림들이 당시의 활동 내용을 생생히 보여준다. 2012년 멤버들도, 2011년 멤버들도, 그리고 2013년과 2014년 멤버가 될 누군가도, 지나가다가 혹은 연구가 잘 안 풀릴 때면 이 방에 들러 현지인들에게 필요한 게 무엇인지를 곰곰이 생각해 볼 수 있다.

팀원들이 조사하고 발굴해 낸 이야기들은 〈리나 이야기〉라는 인상적인 스토리로 세상에 공개되었다. 또 현지에서 사용했던 조사방법들의 정리와 발표를 통해 많은 사람들과 '샤디아'의 활동을 공유하고 있다.

표민기 "저희의 조사방법들이 얼마나 일반적으로 사용될 수 있고 어느 정도나 효용성이 있을지 약간 의문이 들기도 했어요. 하지만 그걸 자료집으로 엮어서 발표했더니 해외 봉사를 나가거나 적정기술을 개발하는 많은 분들이 저희의 방법에 호응해 주시더군요. 샤디아식 방법론을 발표하고 공유할 수 있는 기회들이 종종 생기는 걸 보면, 그래도 참 잘했다는 생각이 이제는 들어요."

손보은 "저희는 인도에서 ICT 관련 조사를 해 왔지만 다른 지역이나 다른 분야에도 응용될 수 있다고 생각해요. 인도 콜카타 지역에 맞는 조사방법론이 있다면 아프리카의 어느 지역, 혹은 다른 아시아 지역에 맞는

어디서나 기록, 또 기록(왼쪽), 한밤중의 리뷰와 토론(오른쪽 위), 샤디아의 조사방법론과 활동 보고서(오른쪽 아래) ⓒ샤디아

방법론도 있겠지요. 저희의 방법이 다른 분들에게 도움이 되어서, 다들 그 나름의 방법을 발전시켜 나가면 좋겠어요."

흔히 적정기술이라고 하면 사람들은 유형의 제품만을 생각한다. 하지만 적정기술을 개발하는 과정에서 고민했던 것들, 경험들, 노하우들 역시 하나의 적정기술이 될 수 있다.

물론 이 무형의 적정기술은 현장에 곧바로 적용될 수 있는 것은 아니다. 그렇지만 다음 사람이 적정기술 제품을 개발하는 데에 좀 더 단단한 기초를 만들어 줄 수 있다. 이중식 교수와 '샤디아' 팀이 인도에서 만들어 온 건 바로 그런 것이었다.

많은 적정기술 팀들이 자신들의 활동을 기록하기 위해, 그리고 현지 상황을 알리기 위해 보고서를 작성하고 발표를 한다. 하지만 그 어떤 팀도 이렇게 꼼꼼하고 체계적인 기록을 남기지는 않았다. 우리가 필요하다고 '생각'하는 것이 아니라 그들에게 '실제로' 필요한 것을 찾아가는 방법! 이것이 '샤디아'의 힘이자 장점이자 결과물이다.

2013 ; 새로운 시작

관찰Hear에 이은 HCD의 다음 단계는 창조create와 실행deliver이다. 여기에 대응하는 '샤디아' 팀의 활동 내용은 무엇일까? 2012년 귀국 직후에 이중식 교수는 이렇게 말한 바 있다.

"지금까지 해 온 조사를 바탕으로 그들에게 필요한 것을 만드는 팀을 구성할 계획입니다. 새로 개발한 제품을 가지고 2013년에 다시 SHIS를 찾을 예정이에요. ICT라고 해도 꼭 PC나 노트북이 아닐 수도 있어요. 더 단순한 장치가 필요할 수도 있다고 생각하고 있습니다."

그리고 2013년. 그의 계획대로 '샤디아' 팀은 현지에 꼭 맞는 적정 디바이스를 개발해 보급했다. 학습용 기자재가 부족해 가르치고 싶어도 못 가르친다던 교사의 목소리, 교과서로만 공부해서 지루하고 이해도 잘 안 간다던 학생들의 목소리를 두루 반영한 IT box를 제작한 것이다.

이 박스는 프로젝터와 배터리, 넷북의 결합을 통해 이동식 멀티미디어 환경을 만들어 낸다. 물론 현지에서 사용할 수 있도록 적절히 커스터마이징했고, 특히 청각장애아동용 교육 커리큘럼을 함께 보급해서 교육 환경을 눈에 띄게 개선시켰다.

두 번째로 보급한 건 접이식 책상 '스터디 폴Study Pole'이다. 여러 명이 하나의 방에서 생활하느라 공부할 공간이 따로 없는 아이들을 위해, 평소엔 접어 두었다가 사용할 때만 펼 수 있도록 제작했다. 책상 앞쪽엔 칸막이가 있어서 자연스럽게 공부에 집중할 수 있는 환경을 만들어 준다.

깊은 고민과 치밀한 조사를 거쳐 제품 개발로 이어진 3년 동안의 활동. 그러나 보급은 프로젝트의 끝이 아니다. 오히려 새로운 시작이다.

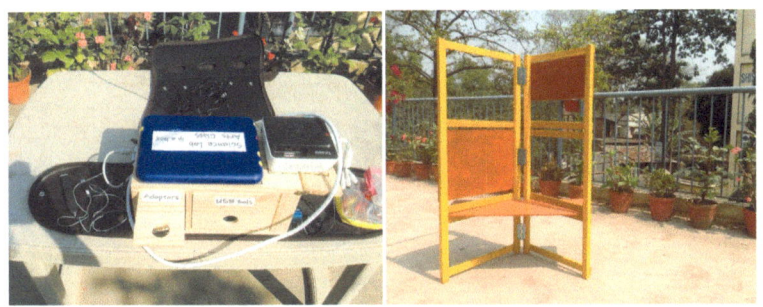
2013년에 현지에 보급한 제품들. 이동식 멀티미디어 환경을 제공하는 IT Box(왼쪽)와 접이식 책상(오른쪽) ⓒ샤디아

보급 과정에서 수집한 생생한 피드백을 바탕으로, 이중식 교수와 '샤디아' 팀은 더 적정한 제품을 향한 재설계와 수정 제작을 준비 중이다.

마지막으로, ICT 교육을 통해 적정기술의 새로운 영역을 개척하고 있는 이중식 교수에게 이 활동의 의미와 전망에 대해 물었다. 리나를 비롯한 콜카타의 주민들은 컴퓨터로 뭘 할 수 있을까? 컴퓨터는 그들에게 어떤 의미가 있을까? 그리고, '샤디아' 팀이 이뤄 내고자 하는 궁극적 목표는 무엇일까?

"저희의 프로젝트는 두 가지입니다. 하나는 현재의 컴퓨터를 잘 사용할 수 있도록 도와주는 거예요. 이건 인도 측에서도 요청하는 것인데, 예를 들어서 워드나 스프레드시트를 잘 사용할 수 있게 되면 병원에서 환자 관리가 더 편해지니까 그런 걸 가르쳐 달라고 해요. 그래서 인도에 있을 때도 조사 관찰을 하면서 아침저녁으로는 병원에서 강의를 했어요. 또 하나는 '위드with 컴퓨터'인데, 이건 저희의 궁극적 목표이기도 해요. ICT 교육엔 세 단계가 있습니다. 맨 처음은 '어바웃about 컴퓨터'예요. 컴퓨터가 무엇으로 구성되어 있는지 알려 주는, 말하자면 하드웨어에 관한 교육이지요. 그다음은 '바이by 컴퓨터'인데, 컴퓨터를 도구로 활

현지인들에게 컴퓨터 교육 중. ICT 교육의 최종 목표는 '바이By 컴퓨터'를 넘어서는 '위드with 컴퓨터'이다. ⓒ샤디아

용하여 인터넷 강의를 보거나 유튜브 동영상을 보는 게 여기에 해당합니다. 최종 단계인 '위드 컴퓨터'는 우리 생각의 연장선상에서 컴퓨터가 함께 움직이는 거예요. 예를 들어 사람들이 컴퓨터로 글쓰기를 시작하면서부터 글 쓰는 방법이나 생각하는 방법들이 많이 바뀌었지요. 저희가 지금 가르쳐 주는 것은 '어바웃'과 '바이'지만, 궁극적으로는 '위드 컴퓨터'를 통해 그들의 삶에 도움을 주고 싶어요."

후기

'샤디아' 팀은 KOICA와 국제개발협력학회의 후원으로 2013년 여름부터 국내외 ICT4D(Information&Communication for Development) 분야 전문가들을 모아 일반인 대상 포럼을 진행하고 있다. techunder.snu.ac.kr 참조.

디자인, 그들의 삶으로부터

'케이스틱 프로젝트' 팀
필리핀 | 칫솔 제작 및 보급

무대에는 커다란 이빨 모형과 한 아이 그리고 망고나무가 있다.
주인공 아이가 망고를 먹는다.
망고나무는 이빨 모형 안에 망고를 던진다.
망고를 다 먹은 아이는 늘 그렇듯 이빨을 닦지 않는다.
이빨 모형(하얀 풍선)이 펑! 하고 터진다.
이빨 모형 안에서 하얀 풍선 대신에 검은 풍선이 나온다.
천사가 나타나 아이에게 이빨을 닦으라고 권한다.
하지만 충치 악마가 나와 천사를 막는다.
아이는 과연 이빨을 잘 닦고 우리에게 새하얀 미소를 보여줄 수 있을까?

2012년 여름, 필리핀의 빠야타스Payatas. 교실에 모인 아이들이 혼신의 연기를 펼치는 한국 대학생들을 보며 다 함께 까르르 웃는다. 아이들은 지금 아무도 가르쳐 준 적이 없는 양치질의 중요성을 연극을 통해서 배우고 있다. 연극이 끝난 뒤엔 필리핀 아이들과 한국 대학생들이 손을 잡고 따갈로어語로 '치카치카 송Chika Chika Song'을 부른다.

Mag-sipilyo pagkatapos mag-agahan, pagkatapos mananghalian chika-chika
아침 먹고 이 닦고 ~ 점심 먹고 치카치카~
Pagkatapos kumain ng matamis
단 것 먹고 이 닦아, 저녁 먹고 치카치카~
At pagkatapos maghapunan Taas baba harap likod chika-chika-ie
아래 위로 구석구석 치카치카죠~

빠야타스에서의 연극 공연(왼쪽), 노래와 율동을 따라하는 현지 아이들(오른쪽)
ⓒ케어스틱 프로젝트

At ang iyong dila dila Dito at doon taas at baba chika-chika-ie
혓바닥도 문질문질 ~ 이쪽저쪽 구석구석 치카치카죠~
Tayo ng mag-sipilyo ng sama-sama
우리 모두 양치해~

아이들에게 양치질의 중요성을 열심히 가르치고 있는 한국 대학생들은 '케어스틱 프로젝트CARE STICK PROJECT' 팀의 구경완(국민대), 성소라(홍익대) 씨와 한동대학교 '아스파이어ASPIRE' 팀의 윤청지, 이영준, 제하람, 방보은, 윤유경 씨다.

케어스틱 프로젝트는 필리핀의 소외된 사람들이 쉽게 만들어 사용할 수 있는 칫솔을 보급하기 위해 구경완, 성소라 씨가 2011년에 시작한 적정기술 프로젝트다. 디자인을 공부하던 그들은 자신들의 재능으로 세상을 조금 더 아름답게 만들어 보고자 이 프로젝트를 시작하게 되었다고 한다.

성소라 "2011년 6월 지인들과 함께 필리핀 민다나오 섬의 딸란딕 Talaandig 부족 마을에 여행을 간 적이 있어요. 당시 공정여행, 희망여행, 가치여행 등에 관심을 가지고 있었는데, 마침 일행 중 한 분이 유학 시절에 만났던 친구들 중 딸란딕 부족 출신이 있어서 여행 문의를 했더니 흔쾌히 초청해 주시더군요.

떠날 때만 해도 조금 특별한 여행이라고는 생각했지만, 제 삶에 많은 변화를 가져다 줄 것이라고 생각하지는 않았어요. 하지만 이 여행을 통해서 인생의 가치관이 많이 바뀌었고, 새로운 비전을 찾게 되었습니다.

여행 기간 동안 주민들과 함께 머물면서 그들의 생활과 문화를 체험했어요. 그러던 중 그들이 치아 건강 문제로 고통 받고 있다는 것을 알게 되었죠. 사람들의 이가 대부분 심하게 썩어 있었거든요. 하루는 치통 때문에 얼굴이 팅팅 부은 13살 남자아이를 만났는데, 마을 분들이 저희에게 혹시 한국에서 가져온 진통제 같은 게 있냐고 묻더라고요. 진통제는 일시적으로 효과를 가질 수는 있지만 근본적인 해결책은 아닐 텐데 말이에요.

그때부터 줄곧 고민했어요. 디자이너로서, 그리고 이 세상의 구성원으로서 뭔가 해 줄 수 있는 일이 없을까……. 현지에서뿐만 아니라 한국으로 돌아온 뒤에도요."

'디자인적 사고'로 만든 케어스틱

7천여 개의 크고 작은 섬으로 이루어진 필리핀에서는 여러 부족들이 자신들의 전통과 문화를 지키며 살아가고 있다. 동남아시아에서 손꼽힐 정도로 높은 경제성장률을 보이는 나라지만, 부유층이나 대도시 거주자들이 아닌 소외된 지역 주민들 중엔 아직도 세상의 도움을 필요로 하는 사람들이 많다.

민다나오 섬의 딸란딕 부족도 그랬다. 3~4백 명의 주민들이 평화롭게 농사를 짓고 흙에서 뽑아 낸 물감으로 그림을 그리며 자연과 어우러져 살아가고 있었지만, 질병과 같은 문제 앞에서는 외부의 도움이 절실해 보였다. 그중엔 문명사회 기준에서 볼 때 정말 사소한 문제들도 많다. 양치질만 잘 하면 예방할 수 있는 치주질환처럼 말이다.

치통으로 고통 받는 딸란딕 부족을 떠올리며 고민하던 성소라 씨는 평소 적정기술에 관심이 많던 구경완 씨에게 의견을 물었다. 디자이너로서 우리가 할 수 있는 일이 없을까? 그렇게 해서 시작된 게 바로 케어스틱 프로젝트였다.

프로젝트를 시작하면서 두 사람이 가장 중점을 둔 것은 '디자인은 그들의 삶에서 시작한다'는 사실이었다.

구경완 "디자이너로서 저는 늘 새로운 트렌드trend와 인사이트Insight에 민감하고, 기존에 없던 새로운 제품을 만들고 싶은 욕구가 강해요. '소외된 90%를 위한 디자인'으로 불리는 적정기술을 처음 접했을 때도 내 손으로 직접 그런 제품을 디자인해 보고 싶다는 강렬한 욕구를 느꼈지요.
하지만 처음엔 아무런 생각도 아이디어도 떠오르지 않았습니다. 제품을 사용할 사람들을 본 적도 없고, 그들의 생활에 대해서도 전혀 몰랐기 때문이죠. 그런 한계를 극복하기 위해서 LG 글로벌 챌린저(팀원 : 홍혜진, 심유경, 류이든)를 기획하여 아프리카를 방문했던 거고요.
당시 주요활동 중 하나는 낙후된 지역의 마을을 돌아보는 것이었습니다. 그들의 삶을 모르면 그들을 위한 디자인을 할 수 없다는 생각으로 의식주를 관찰하고, 사용하는 기구들을 눈여겨봤지요.
만약 이런 경험이 없었다면, 저도 아마 케어스틱 프로젝트를 진행하면서 현지에서 사용하지 않는 플라스틱 제품, 또는 현지인들이 만들 수도 없고 구매할 수도 없는 제품들을 제안했을 거예요. 하지만 아프리카에서의 경험은 케어스틱을 디자인할 때 현지의 문화적, 경제적 요소들을 고려하게 해 주었고, '그들이 과연 이걸 잘 쓸 수 있을까'라는 한 가지 생각에 집중하게 만들어 주었습니다."

그들이 개발한 케어스틱은 단순하다. 대나무를 잘라 칫솔대를 만들고, 드릴이나 조각도로 동그란 구멍을 내고, 님나무Neem Tree를 잘라 껍질을 벗긴 조각을 구멍에 넣으면 하나의 칫솔이 완성된다. 재료가 저렴하여 쉽게 구할 수 있고, 누구나 쉽게 금방 만들 수 있으며, 치아 건강에도 매우 효과적이다.

님나무로 만든 케어스틱. 싸고 쉽고 유용한 데다 예쁘기까지 하다. ⓒ케어스틱 프로젝트

님나무는 우리에게는 낯설지만 인도를 비롯한 남아시아 전역에 퍼져 있고, 작은 가지를 꺾어 씹으면 섬유질로 변한 나무가 마찰을 일으키면서 칫솔 역할을 하여 옛날부터 칫솔 대용으로 널리 사용되어 왔다. 동자승 그림으로 유명한 원성 스님의 『시선』이라는 책에도 "아, 인도인의 청결하고 새하얀 이는 님나무 가지를 잘근잘근 씹어 이를 닦은 게 비결이었구나"라는 대목이 나온다.

두 사람은 님나무를 이용하여 쉽고 편하게 구강 관리를 할 수 있는 케어스틱을 만들고 싶었다. 또 현지인들에게 칫솔보다는 칫솔을 디자인하는 능력을 선사하고 싶었다. 그래서 재료부터 제작 방법, 사용 방법에 이르기까지 최대한 쉽고 간단한, 그러면서도 효과적인 제품을 만들기 위해 노력했다.

2012년 2월, 둘은 다시 필리핀으로 향했다. 이번엔 개인적 여행이 아니었다. '현대 하이스코 착한 기술과 디자인 공모전'의 수상자 자격이었다.

2011년 말에 개최된 이 공모전에는 개발도상국 사람들의 삶을 개선하기 위한 다양한 아이디어들이 모여들었다. 무거운 물건을 나르는 여성들을 위한 '착한 지게', 어린이들을 위해 폐현수막으로 만든 '다용도

쓰레기 매립지 빠야따스의 열악한 환경(왼쪽), 더 열악한 구강 위생(오른쪽) ⓒ케어스틱 프로젝트

가방', 신발이 없는 아이들을 위해 박스로 만든 '박스 신발', 개발도상국에 적합한 '펌프' 등 톡톡 튀는 아이디어들 중에서 케어스틱은 당당히 대상을 차지했다. 입상자들이 자신들의 작품을 직접 현장에 적용해 보기 위해 찾아간 곳은 필리핀의 빠야따스였다.

빠야따스는 대도시 마닐라의 쓰레기가 죄다 모여드는 쓰레기 매립 지역이다. 분리수거가 정착되지 않은 나라여서 쓰레기의 양이 엄청나고, 오염 또한 심각하다. '쓰레기 산'이라는 별명처럼 곳곳에 쓰레기가 산처럼 쌓여 있었고 사방에서 악취가 진동했다. 약 40만 명에 이르는 이 지역 주민들은 악취와 오염에 고통받으면서도 쓰레기 더미 속에서 재활용품을 수집해 하루하루를 살아간다. 이곳에서 두 사람이 직접 목격한 주민들의 구강질환 상태는 예상보다 훨씬 심각한 수준이었다.

사실 구강질환은 빠야따스만의 문제는 아니다. 세계보건기구WHO에 따르면 전 세계 어린이들의 60~90%, 중년층의 5~20%가 구강질환을 앓고 있으며, 1만 명 중 한 명이 구강암으로 사망하고 있다. 또 전 세계 사망자들 중 40~50%가 구강 질병에서 전이된 질병으로 인해 사망하고 있다고 한다.

동아시아 지역은 구강질환이 발생하기 쉬운 조건들을 두루 갖추고 있다. 식수가 부족하여 양치를 위한 물의 수급이 어렵고, 사회적 인식

부족으로 인해 어릴 때부터 마약과 담배에 중독되는 경우가 많으며, 당도가 높은 과일도 많기 때문이다. 특히 저개발 국가일수록 구강질환의 심각성에 대한 인식이 낮아 치료가 제대로 이루어지지 않고, 예방법에 대한 지식도 턱없이 부족한 형편이다.

성소라 "칫솔에 대해 모르는 사람이 많았어요. 어린 아이들에게 저희가 만든 케어스틱을 나눠 줬더니 장난감인 줄 아는 친구들이 많더라고요. 어른들에게 '이것이 칫솔tooth brush'이라고 말하면 자기네들도 칫솔이 있다고 해요. 이 지역에선 원래 구아바나무 이파리를 치아 관리에 사용하거든요. 저도 해 봤는데, 잎에서 민트향이 나기 때문에 한참 씹다가 뱉으면 입안이 개운한 것이 마치 양치를 한 것 같은 느낌이 들긴 해요. 하지만 치아 사이의 이물질은 전혀 제거되지 않아요.
저희가 만든 케어스틱은 그걸 제거할 수 있는 칫솔이라고 설명했지만 좀처럼 납득하질 못하더군요. 그게 제일 힘들었어요."

상황이 이렇다 보니 칫솔을 만들어 갔어도 보급하기는 쉽지 않았다. 구강관리에 대한 인식이 전혀 없는 상태에서 칫솔은 그들에게 아무 의미가 없는 물건이었다. 만약 단순히 케어스틱을 나눠 주는 것에 연연했다면 이 프로젝트는 그걸로 끝났을지도 모른다. 마치 몇 년 전 한국의 치과의사들이 빠야따스에 보급한 최고급 칫솔과 치약이 무더기로 버려진 것처럼, 혹은 기껏해야 바닥을 닦는 데 사용되고 있는 것처럼 말이다.

성소라 "기술을 개발하고 디자인하는 것뿐 아니라 교육이 굉장히 중요하다는 걸 새삼 깨달았어요. 혹시 다시 여길 방문할 기회가 생긴다면 교육 콘텐츠를 만들어 보급하는 게 먼저겠구나, 라고 생각했지요. 이거 정

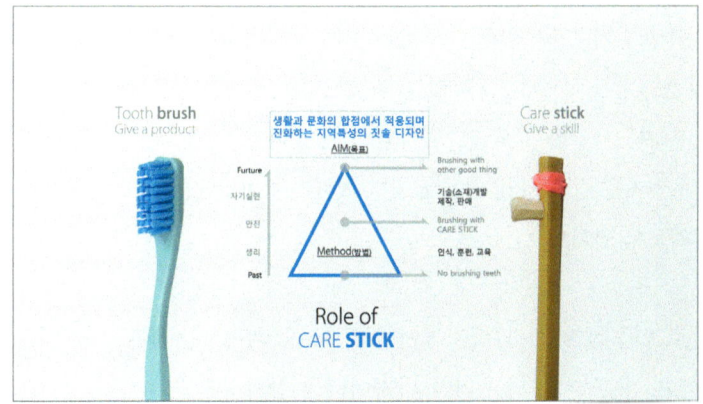

어떤것이 그들을 위한 디자인 일까요?

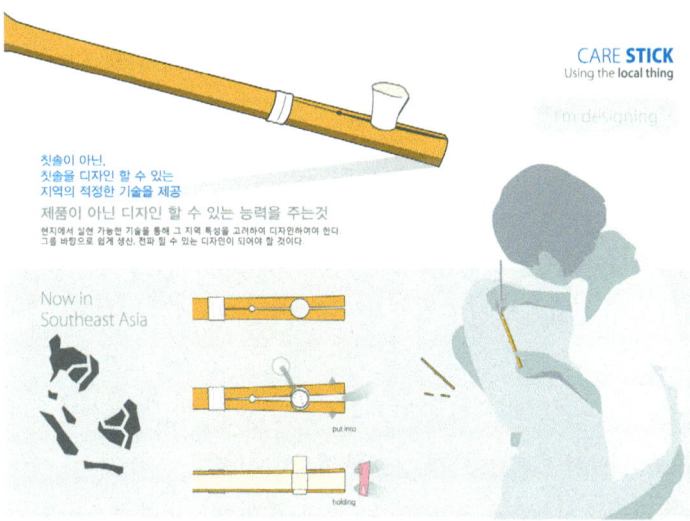

어떤 것이 그들을 위한 디자인일까? 케어스틱 프로젝트의 의미와 목표 ⓒ케어스틱 프로젝트

| 제4장 | 교육 Education |

말 좋은 거라고 백번 말하는 것보다 그들이 마음으로 필요성을 느끼는 게 더 중요하다는 생각도 했고요.
그런 시도가 전혀 없었던 건 아니에요. 예전에 현지에서 구강관리 교육을 했던 분들이 놓고 간 툴킷 같은 것도 그대로 남아 있었거든요. 하지만 활용하는 사람은 거의 없는 것 같더군요. 따갈로어로 되어 있어서 무슨 내용인지는 잘 모르겠지만, 글씨만 빽빽해서 한눈에도 별로 흥미로워 보이지는 않았어요."

바로 이 대목에서 과학자들이나 공학자들과는 다른 이들의 '디자인적 사고'가 드러난다. 우리가 디자이너를 창의적인 직업으로 생각하는 이유는, 어떤 사물이나 현상을 바라보는 시각이 일반인들과는 전혀 다르기 때문이다.

가령 어떤 문제가 있을 경우 곧바로 해결책을 찾기보다는 형태관찰 등을 통해 그 문제의 관련 요소들을 꼼꼼히 파악하고, 스토리를 만들고, 그런 다음에야 비로소 솔루션을 제공한다. 단순히 기술적인 솔루션만 만들어 내는 게 아니라, 어떻게 해야 이용자들이 좀 더 즐겁게 잘 사용할 수 있는지를 함께 생각하는 것이다. 자신들의 작품이 현지의 문화 속에서 향후 어떻게 발전해 나갈지도 동시에 고민한다.

구경완 "케어스틱의 생김새를 우리가 쓰는 칫솔 모양과 비슷하게 만든 데에는 이유가 있어요. 아직 칫솔을 접해 보지 않은 지역이나 국가에서 훗날 칫솔을 사용하게 될 때를 대비하여, 주민들이 미리 칫솔질에 적응할 수 있도록 한 거예요. 칫솔 없는 생활에서 칫솔 쓰는 생활로 나아가는 데 일종의 매개 역할을 하면서, 주민들의 구강보건 인식과 교육에도 큰 역할을 할 거라는 생각으로 디자인을 진행했지요.
칫솔대가 되는 나무에 그들의 전통 패턴이나 장식을 넣는 것도 생각했어요. 그러면 아무래도 만들 때 더 재미있고, 더 친숙하고, 나중에 수공예품으로 상품화해서 판매할 수도 있으니까요."

성소라 "막상 함께 만들어 보니까 그분들 손재주가 우리보다 훨씬 좋더라고요. 그래서 이 프로젝트가 정착되면 상품 가능성은 충분하다고 생각했어요. 예전에 저도 인도에 다녀온 친구에게 진공포장된 나뭇가지를 선물 받은 적이 있었는데, 생각해 보니까 그게 바로 님나무였어요. 거기에 디자인적 패턴만 가미된다면 가치가 훨씬 올라갈 것 같아요."

이런 고민과 시도의 귀결점은 당연히 개이스틱의 성공적 보급일 것 같지만 그렇지 않다. 자기들의 작품이 '성공' 하는 것보다 더 중요한 건 그들의 문화를 바꿔 내는 일이라는 게 이들의 생각이다.

구경완 "적정기술 제품을 개발할 때는 우리 제품이 최고라는 생각을 버려야 한다고 생각해요. 아프리카에 갔을 때 큐드럼을 만든 개발자와 마케터를 만난 적이 있는데, 자신들이 만든 제품의 결함을 공개하고 문제점들을 함께 고쳐 나가는 태도에 굉장히 감동을 받았어요. 제가 디자인하는 물건이 항상 옳거나 항상 최선일 수는 없다는 것, 그러므로 계속해서 함께 고민해야 한다는 것을 그분들을 보며 깨달았지요.
큐드럼이 기부 형태로만 보급되다 보니 모든 사람들이 제공받지 못하는 것에 대해서도 그분들은 안타까움을 토로했어요. 그 얘길 들으며 가뜩이나 가난한 지역에서 또다시 가진 자와 못 가진 자를 나누고 있는 건 아닌지 되돌아보게 되었고, 과연 우리는 올바른 디자인과 기술을 그들에게 제공하고 있는지도 다시 한번 생각하게 되었습니다. 적정기술 디자이너로서 저 자신의 위치에 대해서도 새삼 생각해 보게 되었고요. 공익과 이윤이라는 서로 다른 목적의 경계선상에서 뭘 우선적으로 생각해야 하는지 말이죠.

아프리카 탐방에서 얻은 교훈은 케어스틱을 진행할 때도 그들의 삶을 통해 디자인을 바라보게 해 주었습니다. 그들의 삶과 문화를 존중하며 거기에서 출발하는 것이 가장 중요하다는 사실도 알게 되었고요.

케어스틱은 치주질환 예방을 위한 도구들 중 하나일 뿐이에요. 중요한 건 저희 작품을 널리 보급하는 게 아니고, 현지에서 구강관리에 대한 인식을 확대시키는 것입니다. 우선 필요성부터 일깨워 주고, 그다음에 케어스틱을 비롯한 여러 제품들을 보여주고, 당사자들이 그중에서 가장 적정하다고 생각하는 걸 골라 사용하게 된다면 그것만으로도 저희의 활동은 충분히 가치가 있다고 생각합니다."

그들의 웃음을 찾기 위한 여행

2012년 7월, 두 사람은 한동대학교 학생들과 함께 다시 필리핀으로 향했다. 목적지는 마닐라시티와 빠야따스였다.

이번 방문은 지난 두 번의 방문과 달랐다. 현지 아이들과 주민들에게 구강관리의 중요성과 방법을 교육하기 위한 다양한 교육 콘텐츠들이 준비되어 있었다. 팀원들은 'with care stick'이라고 프린트된 티셔츠를 입었고, 쉽고 재미있는 '치카치카 송'을 만들었고, 아이들의 눈높이에 맞춘 연극을 준비했다.

결과는 성공적이었다. 부끄러워하던 아이들은 하나둘씩 '치카치카 송'을 따라 부르기 시작했고, 어느새 함께 춤을 추며 한목소리로 합창을 하고 있었다.

구경완 "무언극을 통해 충치 예방의 중요성과 구강관리의 필요성을 몸으로 보여줬어요. 박스와 풍선으로 만든 치아 모형을 이용하여 칫솔질에 대한 교육을 하고, 불소 도포도 해 줬지요. 치주질환 예방을 위한 가장 좋은 수단이 양치질이라는 걸 가르치고, '어떻게 하면 쉽게 할까요?'라는 질문을 던진 다음 '치카치카 송' 노래(권혁 제작)와 율동(한동대 팀 제작)을 가르쳤어요. 그밖에도 레크리에이션과 페이스 페인팅 등을 하면서 아이들과 즐거운 시간을 보냈어요.

리지Rizzie라는 현지인이 따갈로어로 교육 내용을 통역해 주셨지만, 언어적 교육보다 몸으로 대화하는 방식이 훨씬 호응이 좋았던 것 같아요. 주민들과의 효과적인 소통 방법을 배울 수 있었던 좋은 경험이었다고 생각합니다."

이번 방문의 또 하나의 목적은 필리핀에서 케어스틱의 발전 방향과

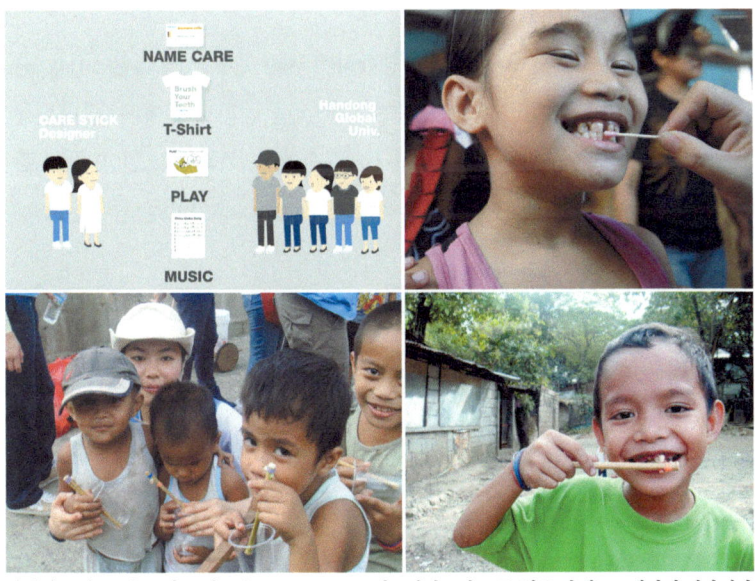

다양한 교육 콘텐츠(왼쪽 위), 불소 도포(오른쪽 위), 케어스틱 보급(왼쪽 아래), 노래처럼 치카치카 (오른쪽 아래) ⓒ케어스틱 프로젝트

브랜딩 가능성을 조사하는 것이었다. 일단 마카티Makati에서 치과를 운영하는 치과의사 가안Dr. Josette Gaan을 만나 필리핀 사람들, 특히 소외층의 구강보건 실태에 대해 들어 보았다. 또 마닐라의 아테네오 대학 Ateneo de Manila University을 방문하여 케어스틱의 홍보, 교육, 리서치 등 발전 방향에 대한 토의도 진행하였다.

구경완 "가장 유용했던 조언은 님나무 대신 구아바나무를 사용하라는 것이었어요. 필리핀에는 아직도 구아바나무를 으깨서 치주질환 예방에 사용하는 지역이 있거든요. 그곳 외에도 이 나라에선 양치질보다는 뭔가 씹는 것이 구강관리에 좋다는 인식이 널리 퍼져 있기 때문에, 칫솔질이 자칫 문화적 이질감을 심어 줄 수 있다는 조언도 해 주더군요. 양치질의 효능을 어떻게 알려 나가야 할지 좀 더 세심한 고민이 필요하다는 거지요."

성소라 "님나무는 인도에서는 구강관리에 사용하지만 필리핀에서는 주로 모기 퇴치제로 쓴다고 해요. 약간 주술적인 믿음도 있어서, 님나무를 우려낸 물로 몸을 씻으면 피부병을 고칠 수 있고 벽에 바르면 모기를 쫓을 수 있다고 생각한대요. 님나무 자체는 흔한 나무지만 현지인들의 사용법이 우리가 생각하던 것과 많이 달랐어요."

구아바나무를 활용한 케어스틱! 그건 현지 문화를 활용하면서 제품의 효능도 유지할 수 있는 최선의 조합이었다. 한국에서 고민했을 때에는 미처 떠올리지 못했던 것이 현지인의 조언으로 단번에 해결된 것이다.

여행지에서의 개인적 고민에서 출발하여 제품 개발로, 적정기술 디자인 공모전 대상 수상으로, 그리고 현지 교육 및 보급으로 이어진 케어스틱 프로젝트. 분명 성공적인 활동이었지만 구경완 씨의 마음속엔 여전히 지워지지 않는 의문부호가 있다. 그건 바로, 적정기술 디자이너로서의 올바른 마음가짐과 태도에 관한 것이다.

구경완 "필리핀에 있는 동안 우리의 제품이 그들에게 과연 필요한 것인지 끊임없이 자문했어요. 케어스틱을 소개하면서 '이것은 소외된 90%를 위해 제작된 것'이라고 말할 때면 늘 미안하고, 뭔가 불완전하다는 생각이 들더군요. 과연 누가 그들을 '소외된 사람'이라고 분류했는지도 고민스럽고, 어쩌면 그건 우리의 자만과 경계가 낳은 하나의 부산물이 아닌가 싶기도 했지요. 비록 물질적으로는 가난하지만, 늘 진심으로 사람을 대하는 그들이 어떤 의미에선 우리보다 훨씬 많은 걸 가진 사람들이라고 느꼈거든요.
어쩌면 우린 그들에게 '이 제품은 더 똑똑한 사람들이 더 나은 기술로 만든 것이니 무조건 쓰시오'라고 말할 뿐, 정작 중요한 그들의 이야기는 안 듣고 있는 게 아닐까 하는 생각이 여전히 들어요. 당사자들의 문제에 눈과 귀를 기울이지 않고 보급이나 판매에만 초점을 맞추는 건 아닌지……. 앞으로도 이런 고민이 늘 뒤따라 다니겠지요."

그의 말대로 고민은 앞으로도 사라지지 않을 것이다. 좋건 싫건 가슴에 담고 살아야 할 영원한 숙제인지도 모른다. 분명한 건, 그 고민의 깊이만큼 적정기술 디자이너로서 그의 삶 역시 깊어지리라는 점이다. 아프리카 방문 이후 그의 생각과 그의 작품이 확연히 달라졌던 것처럼.

2012년 필리핀 방문 프로젝트의 이름은 'Trip to find their smile'이다. 처음에 들었을 땐 케어스틱 팀이 현지인들의 웃음을 찾아 준다는 뜻이라고만 생각했다. 하지만 그들의 이야기를 다 듣고 나니 생각이 조금 달라진다. 어쩌면 그건, 그들의 웃음을 '함께' 찾아 나간다는 의미가 아니었을까. 지금 유튜브엔 그때의 활동 내용들을 생생히 담은 따뜻한 동영상이 올라와 있다. http://youtube.com/Hi3lgabsYRc

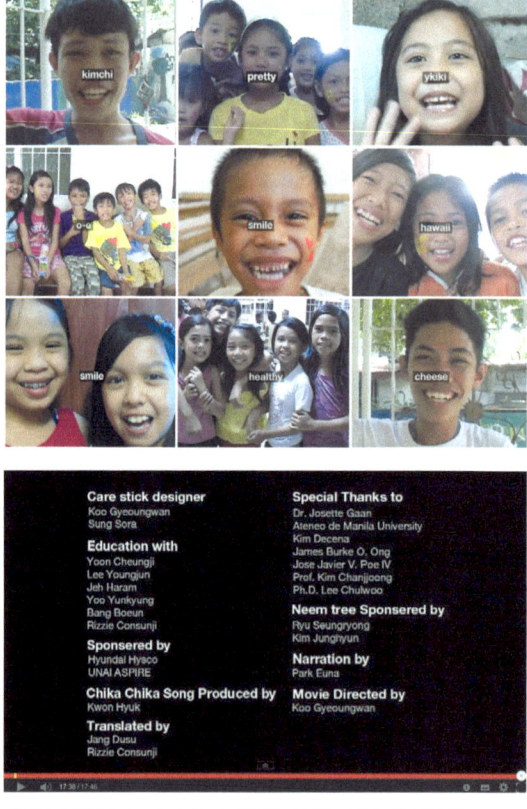

유튜브 동영상(Care Stick Project)에 등장하는 현지 아이들(위),
케어스틱 동영상 엔딩 크레딧(아래) ⓒ케어스틱 프로젝트

공학교육과 적정기술의 행복한 만남

한동대학교, 부산대학교, 연세대학교

한동대학교 ; "Why Not Change The World?"

한동대학교의 적정기술 활동은 "Why Not Change The World?"라는 인상적인 슬로건으로부터 시작된다. 이 학교가 여느 대학들보다 일찍 적정기술 관련 교육에 힘을 쏟은 건 학교의 설립 이념과 관련이 있다고 한윤식 교수는 말한다.

한윤식 교수 "한동대는 기독교 학교입니다. 만일 한동대가 다른 대학들과 똑같은 교육을 시킨다면 기독교 대학으로 존재할 이유가 없습니다. 기독교 대학의 설립 목적은 학생들로 하여금 기독교적인 봉사의 삶을 살도록 하는 것입니다. 적정기술은 이런 면에서 공학을 기독교적인 삶에 응용할 수 있는 분야였습니다."

　한동대학교 적정기술 활동의 시초는 GEP(Global Engineering Project)라는 이름의 전공 봉사활동이다. 2008년 12월부터 2009년 1월까지 3주간 공학교육혁신센터 사업의 일환으로 태국 북부 고산지역인 매해Mae Hae에 교수 4명과 학생 15명을 파견한 것이 GEP의 시작이었다.

　1기 GEP는 취사와 난방 및 온수가 가능한 화덕 시스템 설계, 황토를 이용한 온수온돌 시스템과 가옥구조 개선 연구, 식수 환경 개선 연구, 매해 센터의 IT화를 통한 지역개발 전략 수립 등 다양한 활동들을 진행했다. 그리고 2009년 6월엔 2기 GEP가 같은 지역에서 난방 및 온수 시스템 개선 설계, 감 자동선별기 설계, 매실 가공 사업의 비즈니스 모델 개발, 지역 보건위생 문제 진단 등의 활동을 벌였다. 그해 여름엔 제1회 '소외된 90%를 위한 공학설계 아카데미'가 열려 지금까지 이어지고 있다.

　2009년 11월엔 한윤식 교수를 중심으로 '그린적정기술 연구협력센터'를 설립하고 적정기술 관련 교육 및 사업을 본격적으로 추진하기 시작했다. 이 센터는 국내외 전문가 그룹, 연구소, NGO, 글로벌 기업간의 네트워킹을 통해 적정기술이 필요한 현지의 수요와 국내 기술 제공자를 연결함으로써 소외된 지역 주민들의 삶의 질을 향상시키는 것을 목표로 한다. 현재 해외 5개 권역에 거점 센터를 설치하고 상주 연구원을 파견하여, 주위 빈곤지역에서 필요로 하는 기술정보를 수집하고 현지 협력체계를 구축하고 있다.

　한윤식 교수 "공학교육에서 적정기술이 중요한 또 하나의 이유는 종합설계가 가능하기 때문입니다. 학생들은 적정기술을 통해 문제를 파악하고, 배경을 이해하고, 기술을 탐색하여 솔루션까지 제공할 수 있습니다.

공대 교수로 재직하는 동안 공대생들이 세상 물정을 모른 채 자기 전공에만 함몰되어 있는 모습을 많이 보았습니다. 하지만 세상이 원하는 엔지니어는 그런 사람이 아닙니다. 21세기의 기업과 사회가 요구하는 엔지니어는 종합적인 안목을 갖고 사회에 도움이 되는 일을 하는 사람입니다."

그린적정기술 연구협력센터를 중심으로 2010년 겨울부터는 학부생 글로벌 전공봉사활동Global Engagement & Mobilization, GEM을 시작했다. 공대생 중심이었던 기존의 GEP와 달리, GEM은 대상이 모든 전공으로 확대되었다는 점에서 큰 차이를 갖는다. 2013년 여름까지의 GEM 파견 횟수는 총 7회에 달한다. 4차례 파견되었던 GEP까지 합치면 지난 6년 동안 총 11회, 연 인원 320명의 학생들이 해외로 파견된 것이다.

이 프로그램은 단순 봉사활동의 차원을 넘어, 학생들이 지금까지 배운 학부 전공을 개발도상국에 실제로 적용할 기회를 제공하는 것을 목적으로 한다. 효율적인 프로젝트 진행을 위한 사전교육으로 국제개발 총론 및 이슈, 지역의 주제별 이해, 프로젝트 관리 및 실행 등을 진행하였고, 현지에서는 주택환경 개선사업, 수동식 흙벽돌 기계 제작, 화덕 온수난방 시스템, 현지 수질개선 등을 실시하였다.

태국에서 진행되었던 온수난방 프로젝트(2011) ⓒ한동대 GEM

한윤식 교수 "그 지역에 필요한 문제를 파악하고 해결하려면 한두 번 방문하는 것으로는 부족합니다. 적어도 5~6번은 방문해야 하고, 2~3년 정도는 지속적으로 방문해야 솔루션이 나옵니다. 하지만 같은 학생들이 3년 내내 이 프로젝트만 할 수는 없기 때문에, 하나의 프로젝트가 다른 팀에 연결이 되고 후배들에게도 연결이 됩니다.

학생들은 프로젝트를 지속적으로 진행하기 위해 자발적으로 'CRAIST 90%'라는 동아리를 설립했습니다. CRAIST는 학제적 연구팀이라는 뜻인데, 다양한 전공의 학생들이 모여서 개발도상국에 닥친 문제를 해결하기 위해 만든 일종의 학생연구소입니다."

'CRAIST 90%'는 적정기술을 통하여 소외된 90%의 삶의 질을 향상시키고 지역사회의 생산성 향상을 도모하는 것을 목적으로 총체적 지역개발 방안을 연구한다. 그리고 이를 뒷받침할 수 있는 프로젝트를 발굴하여 콘텐츠화한다.

지금까지 GEM 프로그램을 통해 한동대 학생들이 진행한 프로젝트는 다음과 같다.

연도	프로젝트명	지역
2010	흙건축 기술을 이용한 주택환경 개선 프로젝트 수동식 흙벽돌 기계 설계 프로젝트 가족 회복을 위한 심리사회적 접근 프로젝트 영어 교육 프로젝트 화덕 온수난방 시스템 프로젝트 감 선별기 생산자동화	태국 매해
	IT Infra Build & Education Program Project	중국 장춘
	CDW 문제해결을 위한 Miraflores 지역조사 프로젝트	페루 리마

	공동체 비즈니스 도입 및 총체적 개발역량을 위한 현지 교육 프로젝트	몽골 바가노르
	싸뚜 제작과정 효율증대 프로젝트 공동체 비즈니스 가능성 탐구 프로젝트 기업가정신 교육 프로젝트	인도 비하르
	차드 지역의 세계관 연구 프로젝트	차드 은자메나
2011	총체적 개발 및 공동체 비즈니스 실현 방안 연구 프로젝트	인도 비하르
	현지 민간 영어교사 양성 방안 연구 프로젝트	태국 매해
	자연양돈을 통한 자생적 순환 공생시스템 구축을 위한 가능성 조사 프로젝트	캄보디아 프놈펜
	중국 복지형 양로원 설립 프로젝트	중국 은천, 심양
	사랑의 집 자원봉사자 관리 시스템 구축 장애아동 개입 프로그램 개발 및 적용	중국 연길
	지역의 자생적 발전을 위한 커뮤니티 비즈니스 도입 프로젝트	몽골 쳉헤르만달
	지역마케팅 및 홍보 컨텐츠 제작 교육 프로젝트	몽골 자브황
	Global Open Source Engagement Mobilization Project	몽골 울란바토르
	적정기술을 통한 공동체 기업 창업 프로젝트	차드 은자메나
	복지형 양로원 설립을 위한 친환경 건축설계안 제시	중국 은천
	지역사회개발을 위한 돼지분양사업개발 프로젝트	캄보디아 타케오
	효율적인 프로젝트 진행을 위한 현지 스태프 역량강화사업모델 개발	네팔 카트만두
	수질개선을 위한 연구 프로젝트 싸뚜 생산 효율 증대 프로젝트 아동의 정신건강 회복을 위한 상담심리적 개입 프로젝트	인도 비하르
	지적 장애인의 사회성 향상을 위한 프로그램 실행 및 매뉴얼 제작 프로젝트	중국 연길

	영어교육 프로젝트	태국 매해
	흙건축 기술을 이용한 경로당 건립 프로젝트	
2012	기업가 정신 교육 및 커뮤니티 비즈니스 프로젝트	말라위 살리마
	낙타섬 수질 개선 프로젝트	인도 비하르
	아동 정신건강 회복을 위한 상담심리적 접근 프로젝트	
	Micro GIS 개발 프로젝트	
	청소년 기술학교 교육 프로그램 개발 프로젝트	탄자니아 가라투
	사탕수수 성형숯 프로젝트	차드 쿤둘, 파샤
	은천시 복지형 양로원 설립 프로젝트	중국 은천
	자연농업, 양돈을 통한 타케오 지역 개발 프로젝트	캄보디아 프놈펜

프로젝트가 집중적으로 이루어진 곳은 태국 매해 지역과 인도 비하르 지역 등이다. 이는 현지 한국인 선교사들과의 인연을 통해 가능했다.

한윤식 교수 "우리가 학생들을 실제로 보낼 수 있는 곳은 많지 않습니다. 이런 활동을 하려면 현지와의 협력이 필수적이고, 특히 현지인들과 살을

아프리카 차드에서 진행되었던 성형숯 기계 제작 프로젝트(2013) ⓒ한동대 GEM

맞대고 일하고 있는 분들의 도움이 반드시 필요하거든요. 학교나 교회나 고아원 같은 곳에는 사실 공학기술을 이용해 할 수 있는 일이 많이 없어요. 오히려 지역개발을 하고 계신 분들의 '전문성'이 필요하지요. 그렇게 태국 매해 지역의 선교사들과 연결되었고, 그다음으로 연결된 곳이 인도 비하르 지역입니다."

그의 말대로 적정기술 아이템을 개발하려면 현지와의 협력이 필수적이다. 현지인들의 일상생활을 관찰하면서 무엇이 필요한지 아는 것도 중요하지만, 그들과의 직접적인 토론을 통해서도 필요한 것들을 확인할 수 있다.

한윤식 교수 "인도에서 마을 청년들을 모아 놓고 워크숍을 하다가 '사뚜'에 대한 이야기가 나왔어요. 사뚜는 '짜나'라는 콩을 갈아 만든 가루로, 인도에서 여름철에 보양식으로 먹는 식품입니다. 우리나라의 미숫가루 같은 것이지요. 카스트 계급이 아주 낮은 사람들이 그걸 만드는데, 손으로 하다 보니까 생산율이 너무 낮아요. 그래서 그 작업을 기계화하는 프로젝트를 진행했지요."

처음에는 적정기술 개발에만 초점을 맞췄지만 그것을 사업화하는 것 또한 중요하다고 생각해서 최근에는 '기업가 정신 프로젝트'도 진행하고 있다.

한윤식 교수 "현지 주민들의 삶의 질 개선을 위해 절실하게 필요한 것은 기업가 정신입니다. 그래서 기업가 정신을 전파하고 창의적으로 문제를 해결하기 위한 워크숍을 조직했지요.
가령 현지 주민들과 함께 사업 아이템에 대해 토론하다가 호수에 생선이 많다는 얘기가 나왔다고 쳐요. 그러면 그 생선을 파는 것, 통조림을 만들어 파는 것, 통조림 공장을 세우는 것 등 다양한 아이디어들을 모아서 발전시키고, 사업계획을 짜고, 비즈니스 기회를 창출합니다. 이를 통해 그들에게 자립정신, 공동체 의식, 주인 의식을 가르칠 수 있습니다.
토론이나 계획에만 그치는 게 아닙니다. 좋은 아이템이 나오면 이를 실제로 실행하기 위한 기술 지원, 경영 지원, 재정 지원 등도 진행합니다."

그는 적정기술의 미래를 생산기술로 보고 있고, 따라서 기업가 정신이 어느 때보다 중요하다고 생각하고 있다.

한윤식 교수 "적정기술은 생산기술로 가야 하고 비즈니스로 연결되어야 합니다. 우리가 제공하는 기술이 설령 근본적인 문제를 해결해 줄 수 있다고 해도, 그걸 무한정 제공해 줄 수는 없으니까요. 하지만 지금 당장은 그들에게 구매력이 없으니 소비를 할 수가 없지요. 따라서 생산과 비즈니스를 통해 구매력을 차츰 향상시킬 필요가 있습니다.
이제 적정기술은 기술에 기술을 더하는 것이 아닌, 그다음 문제를 생각해야 합니다."

"진정한 실력은 필요의 현장에서 태어난다." - 이영길 선교사 인터뷰

그린적정기술 연구협력센터는 최근 몇 년간 인도 비하르 지역에서 GEM 프로젝트를 진행해 왔다. 그 과정에서 많은 도움을 준 이영길 선교사와의 이메일 인터뷰를 간추려 싣는다.

비하르 지역은 어떤 곳인가요?

"인도 북부지역에 위치해 있고, 네팔과 국경을 접하고 있는 곳입니다. 아소카 왕 시대에는 왕국의 수도로서 번성했지만 지금은 인도에서 가장 가난한 주州로 알려져 있습니다. 저개발과 문맹, 부패의 대명사로 꼽히는 지역이지요. 하지만 랄루 쁘라사드의 RJD 정권이 무너지고 니띠쉬 꾸말이 이끄는 JD(U)가 집권한 이래 인도에서 가장 경제성장률이 높은 지역으로 주목받기 시작했습니다. 워낙 가난해서인지 성장률도 무척 높게 나타나는 것 같습니다.

저희가 프로젝트를 진행하고 있는 낙타섬은 갠지스강의 중앙에 있는 중도인데, 우기 때는 섬의 상당 부분이 물에 잠기는 침수 지역입니다. '디어라'라고 불리는 이런 침수 지역이 비하르 전체 면적의 10%를 차지합니다. 비하르 주 개발에서 디어라가 차지하고 있는 비중이 굉장히 크다고 할 수 있지요.

낙타섬의 크기는 여의도의 18배, 인구는 20~30만 정도로 추정하고 있습니다. 여러 마을을 합하여 형성된 자치단체(판차얏)도 10여 개가 있습니다. 아직 전력이 공급되지 않고 섬의 절반 정도가 '디스코 정글'이라는 잡초로 우거져 있지만, 1월부터 몇 달 동안은 유채꽃이 만발한 아름다운 섬이기도 합니다. 저희는 이곳에서 오색도시의 비전을 꿈꾸고 있습니다. 저는 1997년 이곳에 왔습니다."

적정기술에 관심을 가지게 된 계기는 무엇인가요?

"초기에 종합개발원Centre for Integrated Development이라는 NGO를 설립했었는데, 사무실 아래층에 인도 정부의 생산위원회National Productive Council가 있었습니다. 거기 부위원장과 대화하다가 쓰레기가 에너지가 될 수 있고 자원도 될 수 있다는 얘길 듣고 매우 놀랐습니다. 그런 개발에 사용될 수 있는 기술에도 관심을 갖기 시작했고요. 비하르는 워낙 가난한 지역이기 때문에 적정기술이 절실히 필요하다고 생각했습니다.

당시 종합개발원에서 연구했던 것은 소의 분뇨와 지푸라기를 섞은 후 지렁이를 넣어 비료로 만드는 '지렁이 퇴비화vermicomposting'였습니다. 그 후 한동대와 연결되면서 학생들과 함께 적정기술 프로젝트를 본격적으로 진행하게 되었습니다."

학생들의 적정기술 활동에 대해 일각에선 전문성도 없이 현장에 가서 오히려 일을 방해하는 것 아니냐는 의구심을 갖기도 합니다. 학생들이 적정기술 개발에 참여할 때의 장점과 단점은 어떤 것이 있을까요?

"장점이 훨씬 많습니다. 학생들의 다양한 연구 프로젝트가 새로운 기회의 문을 열기도 합니다. 지역개발 연구를 통해 지역사회에 접근할 수 있게 되고, 수질 연구를 통해 현지 대학과 국제기구와의 연결점이 생겼습니다. 또한 화덕 연구를 하면서 정부의 소기업 지원기관과 연결되고, 지리정보시스템GIS 연구를 통해 정부의 리모트 센싱 센터와 관계를 맺게 됩니다.

기업가 정신 교육을 통해 오지 마을에서 사뚜라는 사업 아이템을 얻은 것도 놀라운 일이었습니다. 덕분에 아프리카 및 중동지역에 비하르에서 생산하는 구호식품을 제공하는 프로젝트를 시작할 수 있게 되었습니다. 인도의 지역개발계획인 PURA와 한국 가나안 농군학교의 개발 방식을 연결한 낙타섬 종합개발 프로젝트인 '오색도시 건설 프로젝트'는 다양한 전공의 학생들이 폭넓게 참여할 수 있는 좋은 기회입니다.

학생들에게 적정기술 봉사는 자신의 가치를 발견하는 계기가 되기도

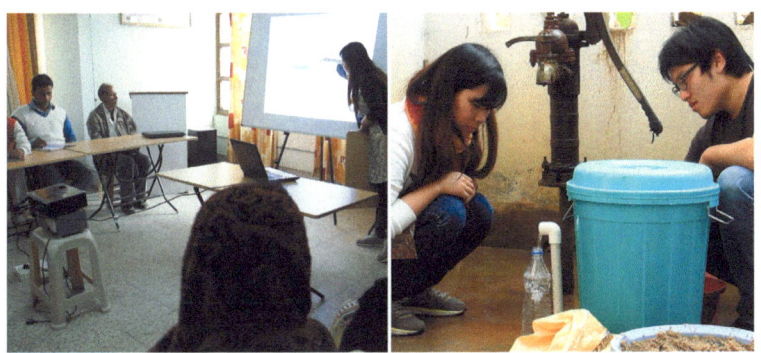

인도 낙타섬에서 진행되었던 수질 개선 프로젝트(2012) ⓒ한동대 GEM

합니다. 학생들의 전공 역량이 현실감을 지니게 되고, 자신의 전공을 더 계발해야겠다는 도전의식도 생깁니다. 이곳에 왔던 학생들은 대부분 자기가 공부해야 할 근본적인 이유를 찾아낸 뒤에 한국으로 돌아갑니다."

학생들이 적정기술을 개발하더라도 일회성에 그치는 것 아니냐는 지적도 있습니다. 학생들이 돌아간 후 그들이 개발한 적정기술은 어떻게 되었는지요? 그들의 개발이 실제 현장에 도움이 되었는지 궁금합니다.

"GEM은 일회성 프로그램이 아니라 가시적 결과를 얻을 때까지 지속적으로 이루어지는 선후배 연결 프로그램입니다. 학생들이 바뀌어도 연구 주제가 계속 유지되면서 새로운 학생들이 참여하지요. 한 번 왔던 학생들이 현지에 대한 기억과 애정을 지우지 못해 다시 방문하는 경우도 적지 않습니다.

저희는 이곳에 오는 학생들이 자신의 전공을 연구하도록 돕고, 전공으로 현장을 도울 수 있도록 돕습니다. 개중엔 단지 외국 문화를 접해 보기 위해 팀에 합류한 학생들도 더러 있지만 다수는 아닙니다. 그런 학생들은 어차피 치열한 연구 정신과 과학 정신이 부족하기 때문에 대부분 일회성에 그치고 말지요.

학생들이 개발한 적정기술은 그들이 돌아간 뒤에도 계속 다양한 과제들이 추가되며 개선점이 도출됩니다. 일회성으로 진행된 프로그램도 있고 지속되는 프로젝트도 있는데요. 지속의 예로는 현지인 상담교육, 수질 연구, GIS 개발, 다큐멘터리 영상 개발 등이 있습니다."

현지에서 향후 적정기술의 개발이 필요한 분야는 어떤 것들일까요? 그리고 학생들의 적정기술 활동이 어떻게 진행되었으면 하시는지요?

"비하르 지역에서는 향후 총체적 지역사회개발 영역에서 대학과 현지가 협력할 수 있으면 좋겠습니다. 대학은 문화의 못자리판이기 때문에 다양한 전공 자원이 있다는 건 커다란 장점입니다. 또한 적정기술 활동을 통해 아시아개발은행ADB를 비롯한 국제기구와도 연결되었으면 합니다.

적정기술 활동과 관련해서는, 지속적으로 현장에 접속하려는 학생들과 교수님들의 노력이 지식사회의 공감을 얻는 게 중요하다고 생각합니다. 적정기술을 우습고 하찮게 여기거나 자신의 성장에 도움이 되지 않는다고 생각하는 경향도 주의해야 합니다. 진정한 실력은 필요의 현장에서 태어납니다. 필요를 다룰 수 있는 능력이 곧 실력이라는 것을 이해한다면, 많은 지식인들이 현장을 중시하게 될 것입니다.

제가 보기에 저개발은 문제이기도 하지만 기회이기도 합니다. 적정기술로 과학기술 개발의 근육을 단련하면 그게 하이테크 성장의 저력이 됩니다. 근본적 통찰은 원시적인 환경에서 더 잘 얻어지는 법입니다."

부산대학교 ; 함께하는 공학봉사

　부산대 공학교육혁신센터는 2009년부터 지역사회 및 저개발국의 공공문제에 대해 공학기술을 기반으로 해결책을 제시하는 '공학봉사 Engineering Service'에 관심을 갖고 '공학봉사 설계 프로젝트' 교과목을 개설했다. 또한 '공학봉사 아이디어Engineering Service Idea 공모전'을 개최하여, 수상자들이 현지에서 직접 프로젝트를 진행할 수 있는 기회를 주었다. 2010년 겨울, 공모전을 통과한 학생들이 인도네시아 수라바야 지역으로 자신들이 만든 제품을 가지고 첫 공학봉사를 떠났다.

　다음 해인 2011년, 봉사단의 규모는 더욱 커졌다. 부산대에서 선발된 학생들과 부산대 거점센터에 참여하고 있는 13개 대학 학부생, 인도네시아 EEPIS(Electronic Engineering Polytechnic Institute of Surabaya) 대학 학생들이 모여 공학봉사단 ESC(Engineering Service Corps)를 출범시킨 것이다. 24명의 학생들로 이루어진 ESC는 부산대에서 일주일 동안 학습하며 팀을 재편성하고, 현지 문화와 역사를 주제로 한 강연을 듣고, 현지에 적정기술 제품들을 설치하기 위한 팀별 준비를 하는 등 다양한 사전교육을 받았다.

　1월 12일, 드디어 ESC 단원들이 인도네시아 수라바야 지역의 까뿌디 마을Keputih Tambak Rejo에 도착했다. 550여 가구가 거주하고 있지만 전기와 생활용수가 매우 부족한 곳이었다. 단원들은 자신들이 학교에서 개발한 지주식 솔라셀Solar Cell 가로등, 공동우물 정수 장치, 트랩 고정식 가로등, 이동식 전등을 마을 곳곳에 설치하였다.

　프로젝트는 점점 발전하여 2012년에는 인도네시아에서 사전 교육이 실시되었다. 공모전을 통해 선발된 단원들은 현지에서 인도네시아 학생들과 함께 제품 설계, 공학적 글쓰기와 말하기, 문화교류 등을 진행

제1기 ESC 단원들이 인도네시아 까뿌디 마을에서 벌인 다양한 봉사활동 ⓒESC

했다. EEPIS 인근의 다루살람Darussalam 고아원을 방문하여 자신들이 한국에서 제작해 간 장치들을 설치했고, 현지에 필요한 기술들을 찾아낸 다음 인도네시아 학생들과 함께 팀을 이뤄 새로운 제품을 설계·제작했다.

이장원(기계공학부 4학년) "저희가 공학봉사 설계 프로젝트에 지원했던 작품은 포터블 배터리였어요. 태양광을 이용해서 충전한 배터리에 USB 선풍기나 전등을 연결할 수 있는 USB 잭을 만들어서, 컴퓨터 없이도 다양한 제품들을 사용할 수 있게 했어요."

그의 팀은 고아원 원장에게 자신들이 만든 포터블 배터리와 우리나라의 USB용 제품들, 휴대용 스탠드, LED 전등을 전달하였다. 다른 팀들의 작품 중에는 자외선 램프로 모기를 유인한 후 팬으로 흡입하여 퇴

공학봉사 설계 프로젝트를 통해 제작된 포터블 태양광 배터리 ⓒESC

치하는 '모기 퇴치기'도 있었고, 솔라 셀을 이용한 환풍기나 방충망을 단 창문도 있었다.

하지만 본격적인 도전은 지금부터였다. 한국에서 몇 달간 고민해 가며 작품을 만드는 것도 어려운 일이었지만, 현지 고아원에 필요한 기술을 겨우 며칠 안에 파악해서 인도네시아 학생들과 함께 새로운 적정기술 제품을 만들어 내는 것은 단원들 모두에게 쉽지 않은 도전이었다.

이장원 "가장 큰 문제는 언어였어요. 영어 실력은 다들 비슷한데, 억양이 익숙하지 않으니까 아는 단어라도 알아듣는 데 시간이 걸리더군요. 하지만 2~3일 정도 이야기하다 보니까 차츰 익숙해졌어요. 팀워크 게임도 하고 고아원도 같이 방문하면서, 현지 학생들과 많이 친해질 수 있었어요."

직접 방문한 고아원엔 생각보다 문제가 많았다. 수라바야는 빈곤이 극심한 지역은 아니었지만 아직까지 발전의 손길이 미치지 않은 곳들이 여기저기 있었다. 고아원이 있는 마을 역시 그중 하나였다.

이장원 "고아원 건물 자체가 낡은 데다 시설도 불완전했어요. 계단은 위험해 보였고, 지붕이 완성되지 않아 실내로 물이 들어오기도 하고……. 더운 지방이라 그런지 실내도 완전히 막혀 있지 않고 천장 쪽 벽이 약간 뚫려 있는데, 그리로 비가 들이쳐요. 커튼이 없는 것도 불편했고, 화장실이나 부엌은 위생에 문제가 많아 보였어요.
가장 놀라웠던 건 옥상에 있는 물탱크였어요. 녹색 물이 나온다고 해서 올라가 봤더니 물탱크 안에 이끼가 잔뜩 끼어 있더라고요. 하지만 현지 분들은 물빛이 이상한 게 물탱크 때문인 줄을 모르는 눈치였어요. 물탱크를 보여 달라고 하니까 대체 왜 그걸 봐야 하느냐고 몇 번이나 다시 물어보시더군요.
그 고아원에서는 식수는 사서 마셔요. 그나마 다행이지요. 하지만 물탱크 물도 아이들이 몸을 씻을 때 사용하는데 더러우면 당연히 좋지 않겠죠. 그래서 저희는 이 문제를 개선하기 위한 프로젝트를 진행했어요."

그의 팀은 물탱크를 청소해 이끼를 없애고, 물탱크 뚜껑을 만들고, 물을 정수할 수 있는 간이 필터를 만들었다.

이장원 "우선 청소부터 했고, 딱 맞지는 않지만 거의 비슷한 사이즈의 뚜껑을 구해서 덮어 줬어요. 먹는 물이 아니니까 완벽하게 정수할 필요는 없고 큰 부유물이나 먼지만 걸러 내면 되기 때문에, 기존의 파이프 부품과 그물과 스펀지를 이용해서 필터를 만들었지요. 저희는 다시 한국으로 돌아와야 해서 지속적으로 확인하기 어렵지만, 같은 팀이었던 인도네시아 학생들의 학교가 고아원과 가까워서 지속적으로 확인해 주기로 했어요."

그밖에도 쓰레기 분리수거가 제대로 되고 있지 않다는 점에 착안하여 분리수거함을 만든 팀도 있고, 초인종이 없는 게 불편해 보여서 초인종을 만든 팀도 있고, 간이 정수기를 만든 팀도 있었다.

이장원 학생은 인도네시아에 다녀온 뒤 소외된 사람들을 위한 기술에 남다른 관심이 생겼다고 한다. 그래서 공학교육혁신센터 산하의 공학봉사 동아리인 '사랑공학회Love Engineering Lab'에 가입했고, 그때부터 본격적인 적정기술 관련 활동이 시작되었다.

이장원 "공학봉사 활동은 주로 2, 3학년들이 하는데, 다녀온 뒤에 곧바로 사회로 진출하기 때문에 자신들이 경험했던 프로젝트들이 후배들에게 잘 이어지질 않아요. 이런 단절이 생기지 않도록 선후배 간 경험을 공유하고, 수업이나 해외봉사와 무관하게 평소에도 적정기술 제품을 꾸준히 만들고, 그 제품을 후배들이 지속적으로 개량할 수 있도록 연결시켜 주는 게 사랑공학회의 주요 활동입니다."

사랑공학회의 활동은 국내외를 가리지 않았다. 개발도상국뿐 아니라 국내에서도 다양한 공학봉사 활동을 벌였고, 소외된 지역의 어린이들을 위한 과학교실도 운영했다. 2012년 5월에는 국내 취약지역인 거제도 장목면 구영리를 방문하여 설계교육 아카데미를 열고, 지역사회의 문제점을 관찰하며 설계 아이디어를 얻어 오기도 했다.

사랑공학회엔 공대 학생들만 참여하는 게 아니다. 의학도나 역사학도들도 함께 활동에 참여하면서 공학 기술의 범위를 조금씩 넓혀 왔고, 이젠 다각도에서 봉사활동을 펼치는 융합형 동아리로 나아가고 있다.

이장원 "제가 생각하기에 학교 프로젝트, 즉 수업시간에 배우는 공학적 지식이 100% 적용될 수 있는 현장은 없는 것 같아요. 자연현상은 공식대로 흘러가는 게 아니니까요. 바로 그런 이유 때문에 복합적 접근이 중요하다고 생각합니다. 공대생들만 모여 있으면 다들 하는 일이 비슷하고 사고도 비슷하고 문제 접근방식도 비슷하기 때문에 자꾸 한쪽 측면만 보게 돼요. 하지만 다른 학과 학생들은 우리가 못 보는 다른 측면을 볼 수 있고, 거기에서 좋은 아이디어가 나오는 것 같아요."

이렇듯 남다른 열정으로 소중한 공학봉사 경험을 쌓고 있지만, 그게 졸업 이후의 진로로 이어지기는 좀처럼 쉽지 않다. 이건 부산대뿐 아니라 적정기술에 관심을 갖고 있는 모든 한국 대학생들의 공통된 고민이기도 하다.

이장원 "졸업한 뒤에도 계속 이 분야에서 활동하면 좋겠는데, 우리나라엔 아직 적정기술과 관련된 직장이 거의 없고 가기도 힘들 것 같아요. 하지만 대학 시절에 정말 소중한 경험을 했고 여전히 관심이 있으니까, 또 뭔가를 만드는 것도 좋아하니까, 혼자서라도 적정기술 쪽으로 발명을 계속하면서 어떻게든 해 나갈 수 있다고 생각합니다."

부산대 ESC 프로그램의 가장 큰 특징은 다른 대학들이 함께한다는 것이다. 부산을 중심으로 13개 대학(부산대, 경남대, 경남과기대, 경상대, 경성대, 동명대, 동서대, 동아대, 동의대, 신라대, 인제대, 한국해양대, 한동대)이 참여하고 있고, 인도네시아 EEPIS 대학의 학생들 또한 이들과 함께하고 있다.

김양은(담당 연구원) "여러 학교들이 같이하니까 학생들 사이에서 대학 간 경쟁도 있고, 타 대학 학생들과 어울릴 기회도 제공해 주는 것 같습니다. 인도네시아 학생들의 경우 처음엔 좀 어려워하는 모습이 보였는데, 한국 학생들과 팀을 만들어 준 뒤엔 저희가 질투할 만큼 팀원들끼리 잘 챙겨 주더군요.

한국 학생들은 귀국 후에도 현지 학생들과 페이스북으로 계속 연락을 주고받아요. 함께 공부하고 함께 설계하다 보니까 '그들을 도와준다'는 생각보다 '그들과 함께한다'는 생각이 더 강한 것 같아요.

그쪽 학생들은 실무적인 것을 참 잘합니다. 여학생들도 뭐든 뚝딱뚝딱 잘 만들어 내고. 한국 학생들도 그런 점에서 인도네시아 학생들에게 많이 배웠다고들 하더군요."

현지 학생들과 더불어 서로의 장점을 주고받으며 모자란 점들을 함께 채워 나가는 부산대학교의 공학봉사는 2013년 현재 '창의 충전소'라는 이름으로 계속 이어지고 있다.

연세대학교 ; 글로벌 엔지니어의 산실

연세대학교 공학교육혁신센터는 2010년부터 GEP(Global Engineering Program)를 운영하며 학생들에게 공학기술을 통한 봉사 기회를 제공했다. GEP 프로그램은 2010년에는 필리핀에서, 2011년에는 베트남과 인도네시아에서, 그리고 2012년에는 인도네시아에서 진행되었다. 처음엔 공대 학생들에게 이웃을 생각하는 마음을 심어 주기 위해 소박하게 시작했지만, 파급력은 매우 놀라웠다.

한경희 교수 "첫 해에 학생들에게 참가 신청을 받았는데 경쟁률이 10대 1이었어요. 다들 깜짝 놀랐지요. 이런 프로그램에 이렇게 학생들의 관심이 많았나 싶어서요.

현지 활동을 마치고 한국으로 돌아온 뒤엔 학생들이 변해 가는 모습을 보며 또 한 번 깜짝 놀랐어요. 사실 요즘 학생들은 '스펙'에 도움이 되는 활동만 골라서 하는 이기적인 모습을 많이 보이는데, 적어도 우리 프로그램에 참가했던 학생들은 그런 모습이 많이 사라졌고 세상을 보는 눈도 한결 따뜻해졌다는 걸 느꼈습니다.

자기 자신밖에 모르던 학생들이 공동체를 생각하고, 자기 전공에만 관심 있던 학생들이 다른 분야 전공자들을 만나 의견을 교환하고 함께 일하는 걸 보면서, 누군가를 돕기 위해 시작한 GEP 프로그램이 참가자들에게도 큰 도움이 된다는 걸 확인했어요. 공학교육 차원에서도 아주 의미 있는 활동이라고 생각해서 지속적으로 추진하게 되었습니다."

GEP 프로그램은 대부분의 참가자들에게 긍정적 반응을 얻었고, 좋은 프로그램이라고 금세 교내에 소문이 났다. 우수한 학생들이 많이 몰리면서 2기 모집부터는 훨씬 치열한 경쟁이 벌어지기 시작했다.

현실적인 여건상 모든 학생들이 참여할 수는 없는 상황에서 공학으로 세상을 따뜻하게 만드는 방법을 좀 더 많은 학생들과 나누기 위해, 한경희 교수는 '미래설계공학'이라는 새로운 수업을 개설했다.

한경희 교수 "'미래설계공학'은 설계교육 수업인데, 특정 학과뿐 아니라 다양한 학생들이 들을 수 있는 수업입니다. 이 수업을 개설하면서 고민했던 것은, 공학을 통해 인류 공동체의 삶을 풍요롭게 하는 방법을 어떻게 하면 학생들에게 효과적으로 가르쳐 줄 수 있을까 하는 것이었습니다."

이 수업은 7개 조로 이루어진 학생들이 각각 동남아시아의 한 나라를 선택한 다음 한 학기 동안 그 나라에 대해 탐색하고, 그 나라에 필요한 기술을 개발해 선보이는 방식으로 진행되었다. 각 분야의 전문가들을 초청하여 현장의 생생한 이야기를 들으며 설계, 제작, 토론, 발표 등을 할 수 있는 융합적 수업이었다.

학기 말엔 교내에서 열리는 '창의 전시회'에 학생들의 작품을 전시하고, 모의투자 형태의 발표회를 열었다. 이를 통해 수업을 듣지 않은 학생들에게도 지구촌 다른 곳에 이런 기술을 필요로 하는 사람들이 있다는 것을 널리 알려 나갔다.

한경희 교수 "연세대학교 공학교육혁신센터에서 추진하는 사업의 가장 큰 특징은 수업과 봉사의 연계입니다. 단기 봉사 프로그램에만 주력하지 않고 이를 수업과 연계시켜 지속적으로 현지의 지역사회에 기여할 수 있는 방법을 도모한다는 것. 그것이 저희가 추구하는 모델이 아닐까 싶어요."

향후 GEP 프로그램과 미래공학설계 수업이 나아갈 방향에 대해, 그는 두 가지를 특히 강조한다. 전공 지식을 최대한 활용할 수 있어야 한다는 것, 그리고 현지 학생들과 함께할 수 있는 프로그램을 만들어야 한다는 것이다.

한경희 교수 "GEP의 경우 지금까지는 매번 다른 곳을 방문했는데, 앞으로는 한 곳에 집중적으로 갈까 해요. 여러 지역을 탐색하는 것도 물론 의미는 있지만, 방문 지역에 뭐가 필요한지 훤히 알고 난 뒤에도 다음번에 그걸 해결해 주지 못하는 게 굉장히 안타까웠거든요. 또한 지금까지는 도서관이나 교실을 만들어 주는 일을 주로 했는데, 앞으로는 최대한 전공을 살린 프로젝트를 진행하고 싶습니다.
미래설계공학 수업에서는 현지 대학생들과 함께할 수 있는 프로젝트를 생각하고 있어요. 이번에 GEP 프로그램의 일환으로 인도네시아를 방문하여 인도네시아 공과대학과 함께 활동을 진행할 예정인데요. 일단 현지 학생들과 교류를 하고 연세대처럼 그곳에서도 미래설계 교육을 진행한

연세대 GEP 프로그램에서 진행된 다양한 활동들(2010~2013) ⓒ연세대 GEP

후에, 우수한 팀들이 상대방 학교를 교환방문해서 발표도 하고, 적용도 하고, 네트워크도 넓힐 수 있는 기회를 만들어 보고 싶어요. 공동으로 공학설계가 가능한 팀도 만들고 싶고요.
이런 시도들을 통해서 미래공학설계 과목을 연세대 공대의 대표 공학설계 프로그램으로 키워 보고 싶습니다."

GEP 프로그램이 지향하는 것은 '글로벌 엔지니어'의 양성이다. 그렇다면 연세대가 생각하는 글로벌 엔지니어는 어떤 사람일까?

한경희 교수 "우리나라에서 지금까지 해 왔던 글로벌 엔지니어 교육은 '언어'에 집중되어 있었어요. 영어를 잘하면 세계 어느 나라에 가서도 의사소통을 할 수 있으니까 글로벌하다고 생각했던 거지요. 그러나 언어만 습득한다고 글로벌 엔지니어가 되는 건 결코 아닙니다. 중요한 건 다른 사람과 다른 집단의 문화를 이해하면서 소통할 수 있는 능력입니다. 이보다 중요한 건 없습니다.

공과대학의 경우 오랫동안 남학생이 대부분이었고 여학생은 20%가 채 안 되며, 몇몇 학과엔 여학생이 1명뿐인 경우도 있습니다. 지금은 많이 달라졌습니다만, 만약 공학이 남자들끼리만 소통할 수 있는 학문에 머무른다면 세상에 좋은 영향을 미칠 수 없을 것입니다. 우리 사회엔 여성, 노인, 장애인, 외국인 등 다양한 집단들이 공존하고 있으니까요. 유능한 엔지니어가 되려면 그 집단들에 대해 제대로 이해하고 그들과 소통해야 합니다. 글로벌 엔지니어 또한 마찬가지입니다.

저희 프로그램은 준비 과정에서부터 글로벌 엔지니어를 양성하고 있다고 생각합니다. 전공과 학년이 제각각인 친구들이 같이 모여 소통하고, 현장에 가서는 그 지역의 요구를 사회적·문화적으로 이해하고 경험할 수 있습니다.

문화적 이해 및 소통 능력과 함께 글로벌 엔지니어에게 필요한 것 하나를 더 꼽는다면, 다름 아닌 관리 능력입니다. 여기엔 자기관리와 조직관리가 모두 포함됩니다. 특히 조직을 효과적으로 관리하는 것은, 많은 사람들과 함께 협력해서 일해야 하는 엔지니어가 반드시 갖추어야 할 필수 조건입니다."

"염산 없는 깨끗한 물을" - 길형배(화학공학부 4학년)

연세대학교 공과대학 화학공학부 4학년 학생들은 미래공학설계 수업에서 필리핀 현지의 코코넛 숯을 활용하여 석회수에 오염된 물을 정화할 수 있는 코코넛 정수기를 개발하였다. 다음은 그중 한 명인 길형배 학생과의 인터뷰 내용이다.

코코넛 정수기 개발 동기는 무엇인가요?

"미래공학설계 수업에서 제시된 나라들 중 필리핀을 프로젝트 대상국으로 정하고 현지에 대해 조사하다가 충격적인 사진 한 장을 보게 되었어요. 어린 아이가 우물에 염산을 집어넣는 모습이었지요. 왜 우물에 독극물을 넣느냐고 하겠지만, 놀랍게도 그 아이는 살기 위해 그런 행동을 하고 있었습니다.

필리핀의 가장 심각한 문제들 중 하나는 석회질에 오염된 물이에요. 염산을 약간 넣으면 중화반응이 일어나서 석회질이 제거되기 때문에, 필리핀에서는 다들 그런 식으로 물을 먹는다고 해요. 하지만 너무 위험하기 때문에 다른 방법이 없을까 고민하다가 레몬 같은 걸 넣어 봤어요. 똑같은 산acid이니까요. 기대와는 달리 별다른 효과가 없더군요.

그래서 생각해 낸 게 숯을 이용한 흡착이었어요. 숯은 석회물질을 제거하는 효과가 있고, 다행히 필리핀에서는 코코넛 숯을 쉽게 구할 수 있다고 하더라고요.

저희가 만든 제품의 원리는 간단해요. 위쪽 물통에 오염수와 숯을 같이 넣고 구멍이 많은 세라믹 용기에 통과시키는 거예요. 그러면 숯이

'살기 위해서' 염산 넣은 물을 마셔야 하는 필리핀 아이들

걸러지고 정수된 물만 나오게 되는 거지요."

제작하면서 어려웠던 점은 무엇인가요?

"원리는 간단하지만 실제로 만드는 건 쉽지 않았어요. 필리핀에서는 흔하다고 하지만 우리나라에서는 코코넛 숯을 구하지 못해 다른 숯을 대신 사용했는데, 세라믹 용기를 통과해서 물이 나오는 데 시간이 오래 걸렸어요. 그게 제일 큰 단점이지요. 앞으로 많은 개량이 필요하다고 생각하고 있습니다."

처음부터 적정기술에 관심이 있었나요? 이 수업을 통해서 느낀 것은?

"아니요. 솔직히 이 수업은 관심이 있어서 들은 게 아니었어요. 그냥 설계 학점을 채우기 위한 선택과목의 하나였죠. 하지만 수업에 참여하면서 생각이 많이 달라졌어요. 우리보다 안 좋은 환경에서 사는 사람들이 굉장히 많다는 걸 알았고, 어떻게 하면 개선이 가능할지 고민하는 계기가 되었습니다.

처음에는 의욕적이고 야심차게 설계를 시작했는데, 시간과 돈의 제약 때문에 생각했던 만큼의 결과물을 만들진 못한 것 같아요. 좀 더 필리핀에 도움이 되는 제품을 만들고 싶었는데 많이 아쉬워요.

수업에서는 지역 조사를 좀 더 많이 하면 좋겠다는 생각이 들었어요. 지역의 전반적 환경이나 역사도 물론 중요하지만, 현지인들의 실제 생활에 대해 알 수 있는 기회가 많이 주어진다면 제품 설계와 제작에 훨씬 도움이 될 것 같습니다."

적정기술과 청소년 과학 교육

적정기술 교사연구회

〈2012학년도 수능 언어영역 3번 문제〉

3. 다음은 대담의 일부를 들려드립니다. 잘 듣고 물음에 답하십시오.

여 : 이 시간에는 과학기술평론가 박 선생님을 모시고 적정기술에 대해 알아보겠습니다. 선생님, 안녕하세요?

남 : 네, 안녕하십니까?

여 : 먼저, 적정기술이 무엇인지 간략히 소개해 주시겠습니까?

남 : 네, 적정기술은 첨단기술로부터 소외된 다수를 위한 기술입니다. 주로 가난한 나라나 저소득층 사람들의 삶의 질을 향상시키기 위한 것이지요. 그 지역의 환경과 문화, 경제적인 상황을

고려하여 필요한 물건을 만드는 기술이라고 보시면 됩니다.
여 : 예를 하나 들어 주시면 이해하기 쉬울 것 같은데요.
남 : 큐드럼(Q-Drum)이라는 물통이 있습니다. 식수를 얻기 위해 매일 수 킬로미터를 걸어야 하는 아프리카의 시골 주민들을 위해 개발한 것이죠. 지름이 50cm 정도 되는 플라스틱 드럼통을 떠올려 보세요. 두루마리 화장지처럼 가운데 구멍이 뚫려 있고, 그 사이를 관통하여 줄이 걸려 있습니다. 물통을 손에 들거나 머리에 이는 대신 줄을 이용해 굴리면서 끌고 갈 수 있기 때문에 힘이 약한 여성이나 어린이도 손쉽게 운반할 수 있죠.
여 : 기술이라고 말하기엔 참 소박하군요. 또 다른 예가 있을까요?
남 : 네, 지세이버G-saver라는 것도 있습니다. 몽골은 겨울철 기온이 낮아 난방이 중요한데요, 지세이버는 기존 난로 위에 부착하는 소형기기로 열을 오래 지속시켜 난방효율을 높일 수 있습니다. 시설을 크게 바꾸지 않고도 연료 소모량을 40% 정도 줄일 수 있고 더불어 오염물질 배출도 줄일 수 있습니다.(중략)
여 : 네, 지금까지 하신 말씀을 듣고 보니 적정기술은 _____.

(물음) 여자의 마지막 말에 이어질 내용으로 가장 적절한 것은?
① 지역의 생활 여건을 고려하여 삶의 질을 높이는 기술이군요.
② 첨단과학과 참신한 아이디어를 결합한 고급 기술이군요.
③ 감성을 자극해서 인간성을 회복하고자 하는 기술이군요.
④ 환경보전을 주요 목적으로 하는 친환경 기술이군요.
⑤ 전 세계인이 동일한 혜택을 누리게 하는 기술이군요.

대한민국 고등학생들의 최대 관심사 중 하나인 대입 수학능력시험에 적정기술 관련 문제가 처음으로 출제되었다. 이를 계기로 적정기술에 대한 인식이 일반인과 대학생을 넘어 청소년들에게까지 빠르게 확산되고 있다.

물론 아직까지는 수능 기출문제에 나오는 하나의 개념일 뿐이지만, 위 문제의 예시에 나와 있는 것처럼 누군가의 삶의 질을 높이기 위해 실제로 적정기술을 연구하는 고등학생들도 있다. 적정기술 동아리라는 이름 아래 함께 모여 공부하며 기술 개발에 힘쓰고 있는 대전 괴정고등학교의 'Appro-Sci', 대전구봉고등학교의 '큐드림', 대전여자고등학교의 'BeTA' 회원들처럼.

이들이 일찌감치 적정기술에 눈을 뜰 수 있었던 건 이 분야에 남다른 관심을 가진 선생님들이 있었기 때문이다. 대전 지역을 중심으로 한 과학교사 모임인 '적정기술 교사연구회'에서는 고등학교 과학교육과 적정기술을 연계하는 다양한 활동을 통해 '될성부른' 꿈나무들을 키워내고 있다.

적정기술과 STEAM 교육

현재 우리나라 고등학교 과학교육의 주된 흐름은 STEAM(Science, Technology, Engineering, Art & Mathematics) 교육을 통한 융합형 인재 양성이다. 바로 여기에서 과학교육과 적정기술의 접점이 도출된다.

STEAM 교육에는 과학 외에도 우리 사회의 여러 문제들을 해결하기 위한 다양한 융합적 지식이 필요하다. 세상 곳곳에 존재하는 문제점들을 과학을 비롯한 여러 분야의 결합을 통해 해결해 나가는 적정기술은 STEAM 교육의 취지에 정확히 부합한다고 할 수 있다. '적정기술 교사

연구회'의 설립 또한 이런 판단에서 비롯되었다고 한다.

염주연 교사(적정기술 교사연구회 회장, 대전 괴정고) "STEAM 파이오니어*에 다녀온 동료 교사로부터 한밭대학교 홍성욱 교수님의 적정기술 강의 내용을 전해 들었는데, 그것을 과학교육과 과학 동아리 활동에 활용하면 좋을 것 같아서 관심을 갖게 되었습니다.
STEAM 교육의 맥락에서 볼 때 적정기술은 융합인재 육성이라는 교육목표에 부합되며, 기술 구현 과정에서 요구되는 창의성은 과학적 문제해결 방법과 맥락을 같이하므로 교육적 의미가 무척 크다고 생각합니다. 또한 지역과 사람에 대한 이해라는 측면에서 인성교육과 국제이해교육 및 환경교육과도 관련이 있습니다. 과학적 탐구과정, 기술적 제작능력, 그리고 보급을 위한 경영 비즈니스까지 다각도에서 활용할 수 있는 훌륭한 교육 수단이지요."

그는 뜻이 맞는 몇몇 교사들과 함께 '적정기술 교사연구회'를 만들어 본격적으로 적정기술에 대해 공부했고, 학생들을 위한 교육 프로그램을 개발하기 시작했다. 하지만 그 과정은 생각보다 어려웠다고 한다. 업무시간 외에 별도로 시간을 내어 공부하는 것도 쉽지 않았고, 적정기술에 대해 배울 수 있는 곳도 마땅히 없었다. 회원들은 주말마다 서울까지 올라가 적정기술 아카데미**에 참여하면서 인식의 폭을 넓혔고, STEAM 교육에 적용할 수 있는 방안도 여러모로 고민하였다.
적정기술 아카데미를 수료한 뒤, 회원들은 그간 공부했던 내용들을

---

* 최신 과학교육의 트렌드인 융합인재교육STEAM의 확산을 위한 교사 연수
** '적정기술 미래포럼Appropriate Technology Future Forum'에서 2011년부터 진행하고 있는 적정기술 교육 과정. 포럼 대표이자 한밭대학교 적정기술연구소장인 홍성욱 교수가 주 강사이며, 2013년 5~6월에 6기 교육이 진행되었다.

적정기술 교사연구회 회원들의 다양한 활동들 ⓒ적정기술 교사연구회

토대로 적정기술과 STEAM 교육을 연계할 수 있는 수업모델들을 개발했다. 가령 '항아리 냉장고Pot-in-Pot Cooker'는 고등학교 물리 교과과정 중 '물의 증발열, 물의 상태변화'에 관한 단원과 연계시켰다. 또 '태양광 살균 시스템SODIS, Solar Water Disinfection'은 화학과 생물 교과과정 중 물과 관련된 내용 및 자외선, 살균, 미생물 번식에 관련된 내용과 연계시켰다. 이런 방식으로 다양한 수업모델을 개발하고 구체적인 교수학습 과정도 개발하였다.

개발된 학습자료들은 동아리 활동에 우선적으로 적용되었다. '적정기술 교사연구회' 교사들을 중심으로 각 학교에 적정기술 동아리가 만들어졌고, 교사들은 학생들에게 적정기술에 대해 교육하면서 한편으론 학생들과 함께 연구를 시작했다.

염주연 교사가 재직하고 있는 대전 괴정고에는 2012년에 적정기술 동아리 'Appro-Sci'가 생겨 현재 46명의 학생들이 활동하고 있다. 이들은 적정기술에 대한 교육을 받고, 새로운 적정기술을 스스로 제안한 다음 그에 맞는 탐구활동을 진행하고, 과학실험 봉사활동 등을 통해 적정기술 체험부스를 운영하는 등 다양한 활동을 해 왔다.

2013년에는 한국과학창의재단에서 주최하는 '전국 청소년 과학탐구대회'의 과학토론 부문 주제가 '적정기술'로 제시되었고, Appro-Sci 회원들은 대전지역 대표로 참가하여 우수한 성적을 거두었다. 동아리 창립회원으로서 현재 3학년인 장혁주, 윤상호, 김홍철 군이 기존의 유명한 적정기술 제품을 개량하여 당당히 동상을 수상한 것이다. 낮에만 사용이 가능한 'A Liter of Light'*의 한계를 극복하기 위해 소형 태양광 발전기와 LED 전구를 장착하여 밤에도 불을 밝힐 수 있도록 한 'All Day Light'가 그들의 작품이었다.

이와 같은 적정기술 활동은 과학교육으로서 의미가 클 뿐 아니라 학생들 개개인에게도 많은 변화를 불러일으켰다고 교사들은 입을 모은다.

염주연 교사 "대부분의 학생들이 처음엔 다른 나라에 대한 호기심 때문에 적정기술에 관심을 갖습니다. 개발도상국의 열악한 상황을 구체적으로 알고 난 뒤엔 동정심에 사로잡혀 '그들을 돕겠다'는 태도를 보이게 되지요.

하지만 적정기술 활동을 해 나가는 과정에서 그런 태도는 눈에 띄게 바뀝니다. 그들에 대해 무조건 동정만 하는 게 아니라 그렇게 될 수밖에 없는 상황을 파악하고, 그들의 삶에 공감하면서 '사람'에 대해 이해하려는 자세를 갖게 되거든요. 바로 이게 적정기술 교육이 가져온 가장 크고 의

---

*페트병을 이용해서 실내를 밝히는 적정기술 제품. 이 책 86쪽 참조

미 있는 변화입니다.

동아리의 모든 활동은 4~6명 단위의 팀별로 진행됩니다. 그 과정에서 사회성과 협동심을 키울 수 있고, 다른 사람을 더 많이 이해하게 되지요. 그런 면에서도 교육적 의미가 무척 크다고 생각합니다.

적정기술 교육을 통해 학생들은 자기의 주위를 돌아보고, 문제를 찾고, 그것을 개선하려는 태도를 갖게 됩니다. 그 연장선상에서 각종 과학대회에 적극적으로 참여하다 보니 수상 실적도 좋아졌습니다. 대회 결과와는 별개로 관련 내용에 대해 계속 공부하면서 진로를 모색하거나 사업화를 구상하는 학생도 있고요. 이렇게 창의적이고 자기주도적인 태도로 각자의 재능을 펼쳐 나가는 모습을 볼 수 있다는 것이 교사로서 너무나 즐겁고 행복합니다."

손희창 교사(대전여고) "프로젝트를 진행할수록 확연히 드러나는 것들이 있습니다. 학생들이 사람에 대해 진정한 배려를 하려고 애쓴다는 점, 기술의 공익성을 추구한다는 점, 그리고 긍정적인 사고와 발상을 하게 된다는 점입니다."

학생들 또한 스스로의 변화를 깨닫고 있다. 적정기술 동아리 활동을 하면서 그들은 나뿐만 아니라 이웃에 대해 한 번 더 생각해 보게 되었고, 나만을 위한 미래가 아닌 우리 모두를 위한 미래를 함께 그리게 되었다. 의사를 꿈꾸는 학생도, 약사를 꿈꾸는 학생도, 과학자를 꿈꾸는 학생도 하나같이 소외되고 약한 사람을 위해 일하겠다고 다짐한다. 그러면서 적정기술에 대한 자기들만의 정의를 만들어 나간다.

윤상호(대전 과정고 3) "제가 생각하는 적정기술은 꼭 다른 나라 사람만이 아니라, 우리나라의 저소득 계층까지 포괄적으로 도울 수 있는 기술을 의

각종 캠프, 과학대회, 공모전 등을 누비고 있는 적정기술 꿈나무들 ⓒ적정기술 교사연구회

미합니다. 더 많은 사람들이 더 편리한 삶을 누릴 수 있도록 하는 게 적정기술의 핵심이라고 생각합니다."

설권수(대전 괴정고 3) "우리가 당연하게 사용하고 있는 사소한 기술이 지구상의 어떤 곳에서는 혁신이 될 수도 있고 삶을 변화시키는 계기가 될 수도 있다는 것을 적정기술 연구 과정에서 깨달았습니다. 적정기술은 이러한 생각을 실체화시키는 힘의 작용점 같은 위치입니다."

김명성(대전 괴정고 2) "적정기술이란 사람들의 생활에 도움을 주면서도 자연환경을 해치거나 사람들을 소외시키지 않는 작은 기술입니다."

이예진(대전 괴정고 2) "적정기술은 최첨단기술이 아닌 중간기술로서, 사회공동체가 의사소통을 할 수 있게 함으로써 진정한 공동체를 형성시켜 주는 기술입니다."

김진경(대전 괴정고 2) "적정기술에 대해 공부하면서 생각보다 더 많은 사람들이 생각보다 더 큰 고통을 받으며 살아가고 있다는 것을 알게 되었습니다. 원래 과학은 사람을 위한 것인데, 갈수록 편리함과 이익에만 치우치는 현실에서 누군가의 삶을 크게 변화시킬 수 있다는 게 적정기술의 가장 중요한 가치라고 생각합니다."

이화은(대전 괴정고 2) "적정기술은 만드는 사람보다 직접 사용하는 사람에게 편리하고 유용해야 하는 것입니다."

적정기술 교육이 학생들에게 긍정적인 영향을 미치는 것은 분명하지만, 입시 중심인 인문계 고등학교에서 학생들이 적정기술을 깊이 공부하기엔 현실적으로 어려운 점이 많다. 또한 적정기술을 가르치고 있는 교사가 이 분야의 전문가가 아니라는 것도 한계점으로 작용하고 있다.

박은주 교사(대전 복수고) "창의-인성교육의 패러다임에서 본다면 적정기술은 두 가지를 모두 만족시킬 수 있는 교육입니다. 하지만 아직까지는 동아리 활동에만 국한되어 진행된다는 제약이 있지요. 고등학교에선 동아리 활동을 할 시간적 여유가 많지 않기 때문에, 적정기술 소개나 안내로 끝나는 경우가 많은 것 같습니다."

염주연 교사 "적정기술 개발에 대한 교사들의 직접적인 경험이 부족하여 학생 교육이 이론에 그치고 만다는 점, 문제해결 방법을 구상해도 그걸 기술적으로 충분히 구현할 만큼 전문적이지 못하다는 점이 제일 큰 고충입니다."

고등학교에서의 적정기술 교육은 이렇듯 뚜렷한 의의와 뚜렷한 한계를 동시에 지니고 있다. 중요한 건 한계를 하나하나 극복해 갈 수 있는 '적정한' 솔루션일 터이다. 이를 위해 '적정기술 교사연구회'는 교사들의 역량 강화와 적정기술 교육의 확산이라는 장기적인 해결책을 준비하고 있다.

염주연 교사 "적정기술 교사연구회는 앞으로 지속적인 교사 연수를 통해 역량강화를 이루어 학생 지도의 전문성을 갖추려고 합니다. 현재 적정기술과 교과 내용을 연계하여 과학 동아리 활동에 활용할 수 있는 교사용 지도서를 개발하고 있으며, 교사와 학생을 대상으로 한 워크숍과 학생 캠프를 통해 적정기술 교육의 확산을 꾀하고 있습니다. 또한 직접적인 경험 체득을 위해 개발도상국 현지에서 적정기술 관련 교육 및 봉사에 참여한다는 장기적 계획도 갖고 있습니다."

머지않아 더 훌륭한 태양열 조리기가 이들의 손에 의해 개발될지도 모른다.
ⓒ적정기술 교사연구회

토크콘서트
— 21세기형 적정기술을 이야기하다

이 대담은 〈국경없는과학기술자회〉에서 주최한
제2회 적정기술 국제 컨퍼런스(2012. 11)에서 진행되었던
토크콘서트 내용을 정리한 것입니다.

(진행 및 정리 : 신신경 교수)

대한민국 적정기술의 오늘과 내일

사회 : 신선경 교수(한국기술교육대)
토론 : 안성훈 교수(서울대 기계항공공학부)
　　　이중식 교수(서울대 융합과학기술대학원)
　　　김장생 박사(가나안 세계지도자교육원)
　　　박상욱 교수(숭실대 행정학부)
　　　윤석원 과장(굿네이버스)
　　　김정현 대표(사회적기업 '딜라이트')

사회자 과학기술의 사회적 의미와 역할에 대한 관심과 함께 적정기술에 대한 관심이 점점 높아지고 있습니다. 구매력이 있는 10%에 관심을 기울이던 과학기술이 구매력 없는 소외된 90%로 관심을 돌리게 되었습니다. 수요demand보다는 필요need에 반응하는 과학기술, 빈곤 문제를 해결하여 지구촌의 균형 발전을 이루고 세계를 살기 좋은 곳으로 변화시키는 과학기술의 의미가 그 어느 때보다 강조되고 있습니다.

우리나라에서도 4~5년 전부터 몇몇 대학과 비영리단체를 중심으로 적정기술에 대한 연구와 현장 활동이 시작되었으며, 현장 활동을 통한 실제적 경험이 축적되면서 좀 더 구체적이고 실제적인 개념 정립의 필요성이 제기되고 있습니다. 이러한 요구에 발맞추어, 적정기술에서 가장 중요하게 다루어야 할 요소는 무엇이며 빠르게 변화하는 과학기술과 현지 사정을 고려하여 좀 더 강조되어야 할 부분은 무엇인지 생각해 볼 때입니다.
이제까지 적정기술은 "한 사회의 환경, 윤리, 문화, 사회, 환경적인 측면을 모두 고려하여 특별히 고안된 기술로, 현지에서 생산되는 재료를 활용하여 적은 자원으로 제작하고 유지 관리가 쉬우며 환경친화적인 기술"이라고 정의되어 왔습니다. 하지만 현장에서 활동을 하다 보면 그러한 조건들을 모두 충족시키는 기술을 개발하고 구현한다는 게 보통 어려운 일이 아닙니다. 오늘 토크콘서트에서는 다양한 현장 활동 경험을 가진 여러분들을 모시고 이에 대해 논의해 보고자 합니다.
일단, 각자 생각하는 적정기술은 어떤 것인지 현장 사례들을 통해 들어 봤으면 합니다.

김장생 박사 본격적 논의를 시작하기 전에 저는 직정기술의 역시적 맥락을 짚어 보고 싶습니다. 그리스인들은 기술, 즉 테크놀로지technology의 원형을 테크네techne라고 썼는데 이는 인간의 자유의 이념을 성취, 구현한 것을 의미합니다. 그러니까 기술의 원형적 의미는 인간을 자유롭게 하고, 인간을 자연의 구속으로부터 해방시키며, 인간의 자유를 구현한다는 뜻이 됩니다. 하지만 산업혁명을 거치면서 그 의미가 퇴색되었고, 현대사회에 와서는 인간의 자유를 위한 기술이 아니라 오히려 인간을 억압하는 기술이 되어 버렸죠.
역사적 맥락을 살펴보면 선진국의 저개발국 지원사업인 ODA를 두고 두 가지 입장이 팽팽히 맞서 왔습니다. 시장 강화와 정부 강화가 그것인데요. 시장 강화를 중요시하는 사람들은 시장이 먼저 강화되어야 시민들의 자발적이고 주체적인 개입이 가능하다는 입장이고, 정부를 통한 원조사업이 강화되어야 한다는 사람들은 국가주도형으로 가야 실제적 성과를 거둘 수 있다는 입장입니다.
제가 볼 때 적정기술은 이 두 가지 모두와 관련이 되는 것 같습니다. 정부의 재정적·행정적 지원 없이는 개도국에서 활동을 시작하는 것 자체가 매우 어렵습니다. 따라서 어느 정도의 정부 지원이 반드시 필요하지요. 하지만 적정기술이 실제로 활용되고 정착되려면, 즉 지속가능성과 파급력을 가지려면 시장 확장을 통한 제품 보급이 필요하다는 것 또한 엄연한 사실입니다. 시민사회는 개개인의 힘이 작용하는 사회이므로 물 펌프를 개발하는 사람, 만드는 사람, 사는 사람 등 여러 개인들이 개입될 수밖에 없고, 이들의 욕구가 채워지지 않으면 어떤 기술도 지속가능할 수 없습니다. 그러므로 기본적으로는 시장주도형으로 가야 되지 않나 싶습니다.

제가 몸담고 있는 가나안 세계지도자교육원에서 개도국의 마을 지도자들에게 토착 미생물을 이용한 농업기술을 가르쳤는데요. 우간다에 가니까 몇몇 사람들이 그걸 제품화해서 판매하고 있더군요. 인근 지역에서 비료나 살충제를 구입하는 대신 미생물을 활용해서 좋은 효과를 보고 있는 겁니다. 물론 저희는 거저 가르쳐 준 것이지만 그 기술을 이용해서 생산자는 수익을 창출하고, 소비자는 싸고 친환경적인 제품을 구매하게 됩니다. 이런 과정을 통해 지속가능한 발전을 하는 것이죠.

사회자 적정기술의 기반 마련을 위해서는 공공 차원의 접근이 중요하지만 그 기술의 파급 효과를 위해서는 시장성 확보를 통한 개개인의 소득 창출이 필요하다고 말씀해 주셨는데요. 공학을 전공하시는 분들의 입장에서는 또 어떤 면이 적정기술에 대해 고려되어야 한다고 생각하십니까? 안성훈 교수님부터 말씀해 주시겠어요?

안성훈 교수 저도 김장생 박사님의 말씀에 전적으로 공감합니다. 적정기술의 개발 단계에서는 무엇보다도 정부 차원의 지원이 필요하다는 것을 말씀드리고 싶습니다. 저희 팀도 교육부의 ODA 지원 과제를 신청해서 예산을 확보함으로써 첫 활동을 시작할 수 있었습니다. 정부 지원이 아니었다면 자비를 들이거나 모금 활동을 해야만 했을 텐데, 아직까지 우리나라에선 이런 방법으로 자금을 마련하는 게 굉장히 어렵거든요.

이와 별도로 저는 적정기술이 현지 노동력과 현지 재료를 활용해야 한다는, 이른바 '현지성'의 원칙에 대해 이야기하고 싶습니다. 사실 그런 기준에서 보면 저희가 하는 활동은 적정기술이 아닙니다. 저희는 네팔 오지 지역에 태양광 패널을 설치하고 이를 이용해 조명을 밝히는 활동을 하고 있는데, 태양광 시설은 상당히 비싸기 때문에 그걸 활용하는 것은 적정기술이 아니라고 생각할 수 있거든요.

하지만 저는 적정기술의 범위를 좀 더 넓게 이해할 필요가 있다고 생각합니다. 현지성의 기준을 재료의 출처나 가격에만 국한시킬 게 아니라, 그 기술이 현지에 얼마나 필요한가에 대해서도 따져 볼 필요가 있다는 뜻입니다. 21세기인 현재의 상황은 적정기술 개념이 처음 생겨났던 20세기와는 굉장히 다릅니다. 지금은 통신기술이 매우 발달하여, 전 세계적으로 약 20억 명이 전기는 없지만 통신은 가능한 지역에 살고 있습니다. 전등은 못 켜도 전화는 된다는 거죠. 우리가 활동했던 네팔 지역도 전기가 없어서 태양광 패널을 사용하지만, 그 패널에 문제가 생겨 전기 공급이 끊어지면 곧바로 전화가 옵니다. 인도 같은 나라에도 화장실은 없지만 휴대전화는 사용하는 사람들이 많다고 합니다.

바로 이런 게 우리가 풀어야 할 문제들 중 하나입니다. 현지에서 나는 재료로 만든 저렴한 제품이라는 조건도 중요하지만, 정보통신 기술의 급속한 발달과 보급이 이루어지고 있는 현 상황에서는 그 기술을 사용하는 데 필요한 에너지의 확보 또한 매우 중요합니다. 이런 차원에서 저희 팀은 신재생에너지와 관련된 적정기술의 개발이 중요하다고 생각했고, 현재 태양광 발전과 관련된 기술을 개발 중입니다. 2013년부터는 태양광과 수력 하이브리드 기술에 대해서도 연구해 볼 계획입니다.*

이전까지는 이런 신재생에너지의 발전 단가가 매우 비싸다는 것이 문제였는데, 2012년 10월 데이터를 보면 와트당 0.55달러로 1/10 가까이 떨어져 단가가 매우 싸졌습니다. 신기술 에너지의 비용이 점점 내려가고 있기 때문에, 대량으로 생산하고 상용화가 되면 이 분야의 기술도 적정기술이라고 말할 수 있게 되는 겁니다.

기술 수준에 대해서도 마찬가지입니다. '적정기술은 낮은 기술low technology'이라는 편견을 버리고, 이미 선진국에서 이룩한 첨단기술을 각 지역에 맞게 활용하는 것도 적정기술 범위에 포함시켜야 한다는 게 저의 생각입니다. 미국 버클리 대학UCB에서 물속 세균을 볼 수 있도록 휴대전화 렌즈를 장착한 현미경을 만들고, 아프리카 현지에서 물속 박테리아 사진을 찍어 보내면 실시간으로 해결 방안을 마련하여 전송할 수 있도록 한 것이 대표적인 사례가 될 것입니다.

적정기술이 꼭 값싼 기술이어야 하는지도 다시 생각해 볼 필요가 있습니다. 가령 네팔에 설치한 LED의 경우 저희가 개당 1만8천 원에 사 가는데, 가격으로만 따지면 백열등의 수십 배입니다. 그게 도대체 말이 되는 비용이냐고, 왜 그렇게 비싼 걸 사용하느냐고, 그런 건 적정기술이 아니라고 비판하는 분들도 있습니다. 하지만 발전량을 생각하고 현지까지의 운반비를 생각하고 설치 이후 유지·보수하는 비용을 생각하면, 결국에는 LED를 쓰는 게 정답이라는 결론에 도달하게 됩니다.

결국 흐름의 문제이고 선택의 문제입니다. 적정기술을 너무 이념적으로만 해석하다 보면 자칫 수박 겉핥기 식이 될 수 있습니다. 활용 가능한 여러 기술들을 책꽂이에 꽂아 놓고, 그걸 종합해서 시대의 흐름에 맞는 최적의 해결책을 제본해 주는 것이 적정기술자로서 올바른 태도라고 생각합니다.

＊안성훈 교수가 이끄는 네팔솔라봉사단은 2013년 2월에 20kW급 소수력 발전기와 3kW 풍력 발전기, 2kW 태양광 발전을 동시에 사용하는 하이브리드 발전 시스템을 네팔 최초로 설치했다. 이 책 2장 첫 번째 글 참조.

사회자 적정기술의 '현지성'은 무엇보다도 현지의 필요라는 측면에서 이해하는 것이 좋겠다는 말씀과, 적정기술은 낮은 기술이라는 편견을 버리고 현재까지 개발된 기술적 진보를 최대한 활용하여 최적의 해법을 낼 필요가 있다는 말씀을 해 주셨습니다. 21세기에 맞는 적정기술의 새로운 정의가 필요함을 새삼 느끼게 됩니다.

다음은 현지화와 지속가능성에 대해 이야기를 나누어 보겠습니다. 현지인에 의해 생산·관리되는 자립적이고 지속가능한 기술이어야 한다는 것은 적정기술의 핵심요소들 중 하나인데요. 생산관리의 현지화, 그리고 적정기술 보급 후 적절한 시기에 손을 떼는 출구전략도 매우 중요할 것 같습니다. 윤석원 과장님은 NGO 입장에서 적정기술의 보급 및 정착과 출구전략에 대해 어떻게 생각하시는지요?

윤석원 과장 적정기술은 결국 사람을 돕는 일이므로 어떤 기술, 어떤 방식으로든 현지인들을 도와주면 된다고 생각합니다. 중요한 건 유지·보수가 가능해야 한다는 것, 그리고 사업성을 확보해야 한다는 것이죠. 그래야만 지속가능한 기술이 될 수 있으니까요.

저희는 몽골에 '지세이버G-Saver'라는 난방용 축열기를 보급했습니다. 함석판 용접을 통해 열熱 가스가 지그재그로 흘러가도록 해서 난방효과를 키운 제품인데, 현장에서 프로토 타입prototype(시제품)을 만들었습니다. 이런 제품을 한국에서 만들면 모양도 매끈하고 대량생산도 얼마든지 가능합니다. 예쁘게 만들어서 몽골 지역에 예쁘게 전달하면 모든 것이 쉽고도 아름답게 이루어지겠지요.

그런데 그 기술이 지속가능한 것이 되려면 제품을 생산하고 유지·보수할 수 있는 현지 기술자가 필요하고, 이를 통해 고용이 창출되어 경제적 이익을 얻을 수 있어야 합니다. 그래서 현지에 제조공장을 만드는 것을 검토하게 되었습니다.

한국에서 만들면 제품의 안정성이 확보되고 위험부담이 줄어드는 반면, 비싼 인건비와 운송비 때문에 제품 가격이 높아지게 됩니다. 몽골에서 만들면 현지인들의 일자리가 생기고 가격도 내려가지만, 그 대신 법인 설립 문제를 비롯하여 풀어야 할 문제들이 굉장히 많아집니다. 그래도 적정기술의 가치를 실현하려면 기술의 현지 이전이 필요하다고 생각해서 제조 공장을 설립했고, 결과는 매우 긍정적이었습니다. 몽골 사람들이 생산, 유통, AS 등 모든 영역에서 역할을 충실히 해내고 있습니다.

만약 이 제품을 한국에서 만들었다면 기부를 통해 일정량을 현지인들에게 나눠 주는 이벤트로 끝났을 수도 있습니다. 하지만 현지 법인을 세운 덕분에 영업활동이나 새로운 아이템 개발 등이 가능해졌고, 지금은 아주 파급력 있게 사업이 진행됩니다. 현재 약 8천 가구 정도가 제품을 구입해서 사용하고 있습니다.

한국에서 개발된 적정기술이 현지에서 생명력을 가지려면 기술 외에도 여러 가지가 필요합니다. 경영도 필요하고 디자인도 필요하고 섬세한 인문사회적 접근도 필요하지요. 그런 것들이 종합적으로 클러스터처럼 뭉쳐진 연구 단위가 꾸려지고 펀드가 마련되면 좋겠습니다. 나아가 적정기술의 상품화와 경영, 교육에 대한 컨설팅을 맡아 줄 기관도 있으면 좋겠습니다.

사회자 여러분들의 말씀을 들어 보면 우간다, 네팔, 몽골 등 지역의 다양성만큼이나 각 지역의 사회적 또는 자연적 사정이 매우 다르다는 것을 알 수 있습니다. 그러므로 적정기술 개념을 이해하는 것이나 적용하는 것 모두 다양한 시각에서 접근할 수밖에 없다는 것을 느끼게 됩니다. 당장 생존을 위한 의식주 해결이 시급한 지역이 있는가 하면, 고용 창출과 가계수입 증대를 통한 생활수준 향상이 절실한 지역도 있습니다. 사회과학적 측면에서 적정기술에 대해 연구하신 박상욱 교수님께서는 미래를 위한 적정기술의 바람직한 모델을 어떻게 설정하고 계시는지요?

박상욱 교수 우선 개념부터 짚고 넘어가야 할 것 같습니다. 다양한 지역에, 기술 수준이 각각 다르고, 기술을 제공하는 주체 또한 다양한 상황에서 적정기술을 한마디로 정의한다는 것 자체가 불가능한 일이라고 봅니다. 이와 관련하여 모두가 동의할 수 있는 단 하나의 명제는 "적정기술의 정의는 다양할 수밖에 없다"는 것입니다.

하이테크도 당연히 적정기술이 될 수 있습니다. 완제품의 디자인 혹은 판매 기법도 적정기술입니다. 시장 형성도 적정기술로 볼 수 있으며, 현대산업문명에 대한 저항과 대안적 기술도 적정기술로 볼 수 있습니다. 더 나아가서 지속가능한 삶의 방식과 과학기술의 사회적 책임도 적정기술의 개념에 포함됩니다. 한때 방글라데시에서 붐이 일었던 사회적기업 또한 적정기술 논의에 포함됩니다.

21세기 들어 적정기술에 대한 관심이 커지는 이유들 중 하나는 지속가능성에 대한 고민입니다. 자원을 효율적으로 쓰려면 어떻게 해야 하는지, 인류가 너무 과도하게 자원을 낭비하고 있는 것은 아닌지 고민하는 과정에서 적정기술이 하나의 유력한 대안으로 떠오르고 있는 것입니다.

적정기술은 시대적 요구에 부합하면서 진화적으로 바뀌어 온 개념으로서 아직도 변화의 한복판에 있습니다. 우리나라의 교육 과정, 사회봉사, 정부기관의 대응, 공학교육 차원에서의 대응 등 다양한 분야에서의 논의를 종합해 볼 때, 위로부터의 '탑 다운TOP-DOWN' 방식보다는 활동가들을 중심으로 지역사회의 주민들이 중심이 되는 풀뿌리 방식으로 진행되는 게 바람직하지 않을까 생각합니다.

사회자 지금까지 수용자 입장에서 적정기술의 개념들을 살펴봤습니다만, 이제는 다시 개발자 혹은 공여자 입장에서의 지속가능성도 생각해 봐야 할 것 같습니다. 이중식 교수님은 이 점에 대해 어떻게 생각하시는지요?

이중식 교수 저는 인도 콜카타에서 ICT를 전수하는 프로젝트를 하고 있는데, 그곳은 아프리카나 동남아 저개발국과는 달리 먹고사는 문제는 어느 정도 해결된 지역입니다. 그보다는 과학기술 인프라를 수용하는 것에 큰 관심을 갖고 있는 지역이지요. 저희가 3년째 다녀왔고 4년차 활동을 준비하고 있는데 어려운 점이 두 가지가 있습니다. 첫째는 문서화 작업에 대한 것이고, 두 번째는 활동의 연속성에 대한 것입니다.

적정기술이 발전하려면 현지에서의 활동 내용이 외부에 정확히 공개되어야 합니다. 남들이 들여다보기 힘들게 블랙박스화하면 안 됩니다. 저희 팀은 최대한 투명하게 작업하고 최대한 정확한 기록을 남긴다는 원칙을 갖고 있습니다. 지속가능한 활동을 위해서는 한 팀의 활동 결과가 다른 팀의 활동에 도움이 될 만한 자료로 정리되어야 하는데, 그러려면 문서 작업이 매우 중요합니다. 현지 활동 후에 문서를 작성하면 시점과 공간이 활동 당시와 동떨어지게 되고, 아무리 잘 정리를 해 와도 맥락을 다시 잡는 데에 어려움을 겪게 됩니다.

지금 청중들 중에도 적정기술 활동에 참여하는 학생들이 많이 있을 텐데, 매년 지속적으로 참가할 수 있는 사람은 거의 없을 겁니다. 참가 주체가 계속 바뀌는 상황에서 활동의 연속성을 확보하려면 선행활동의 내용이 충실하게 정리되어 있어야 합니다. 미디어 기술도 있고 비디오도 있고 정리도 하고 요약도 하고, 여러 가지 방법을 동원해 최대한 정확히 기록하려고 노력하지만 쉬운 작업은 아닙니다. 적정기술의 개발과 적용 과정을 정확하게 문서화할 수 있는 방법론이 개발될 필요가 있다고 생각합니다.

활동의 연속성 측면에서 보면, 저는 제가 과연 이 활동을 계속할 수 있을지 늘 고민합니다. 학생들 역시 마찬가지입니다. 제가 매년 10명 이상의 학생들을 현지에 데려가는데, 다음 해에는 참여하지 못하는 학생들이 몇 명씩 생깁니다. 이전 참여자의 성과가 다음 참여자에게 충분히 공유되고, 앞서 활동한 팀의 성과가 후속 팀에게 제대로 전수될 수 있도록 하는 방법론적 연구가 필요하다고 생각됩니다. 기술적 측면뿐 아니라 현지 사용자들에 대한 정보 공유, 현지 활동가들과의 지속적 네트워킹 등 좀 더 포괄적인 의미에서 말이지요.

사회자 적정기술 활동을 지속적으로 발전시키기 위해서는 기록과 기술의 투명성을 유지하는 것이 매우 중요하며, 정확한 문서화와 활동의 연속성을 위한 방법론이 필요하다는 말씀을 해 주셨습니다. 사회적기업의 입장에선 적정기술의 핵심을 어떻게 파악하고 있을까요? 저가의 보청기를 개발, 보급하고 있는 김정현 대표에게 의견을 듣고 싶습니다.

김정현 대표 말씀하신 대로 저는 한국에서 저소득층을 위한 저가의 보청기 보급을 시작했고, 다른 나라에도 보급을 확장해 가고 있습니다. 제가 보기엔, 이론적 논의도 중요하지만 가장 중요한 것은 문제해결을 위한 의지가 아닐까 합니다.
세상엔 난청 인구가 많고, 그걸 해결하려면 보청기가 필요합니다. 하지만 유통 구조가 아주 복잡한 데다, 기존의 다국적기업들이 자기들 사업하기에 편한 구조로 틀을 고착화시켜서 가격이 매우 비싸졌지요. 저는 공학도가 아니지만 여기저기 찾아다니며 묻고 조언을 구한 끝에 문제를 해결할 수 있는 방법을 찾았습니다. 문제를 발견하는 것도 중요하지만 더 중요한 건 그 문제를 어떻게 해결하느냐 하는 것입니다.
저의 경우, 초점은 아주 분명했습니다. 산업구조를 변화시키든 기술개발을 통해 단가를 낮추든, 아무튼 저렴한 가격으로 필요한 사람에게 보청기를 보급하는 게 중요했지요. 그것만 보장된다면 회사를 만들거나 정부의 돈을 받거나 그 어떤 방법도 문제가 되지 않는다고 생각합니다. 저는 사회적기업을 만들었지만, 특정한 문제를 어떻게 지속가능한 방식으로 해결할지에 대해 늘 고민하고 있습니다.

활동과정에서 대두되는 이런저런 문제들을 해결하려면 좀 더 깊이, 그리고 끈질기게 생각을 하고 아이디어를 내고 현지인들과 접촉해야 합니다. 물론 많은 분들이 그렇게 하고 계시지만, 가끔은 너무 겉핥기 식으로 끝나는 경우도 많다는 생각이 듭니다.

사회자 이론적 논의나 문제의 발견도 중요하지만 무엇보다 중요한 것은 문제 해결에 집중하는 것이라는 말씀이군요.
이제 슬슬 마무리를 해야 할 시간인데요. 지금 과학기술을 공부하는 학생들을 포함하여 적정기술에 관심을 갖고 참여하고 싶어 하는 차세대 활동가들을 위해 어떤 여건이 필요한지, 적정기술자 양성 방안에 대해 한 말씀씩 부탁드립니다.

김장생 박사 중고등학교 과학 시간이나 기술 시간에 과학은 그저 과학으로, 기술은 기술 자체로만 배웁니다. 하지만 과학이 진정한 과학이 되려면 과학의 틀을 깨야 하고, 기술 역시 기술의 틀을 깨야 진정한 기술이 된다고 생각합니다. 중고등학교 교육과정에서 1년에 한 시간만이라도 적정기술에 관한 내용이 들어간다면 과학의 근본적 의미에 대해, 인간의 자유와 아름다움에 대해 좀 더 깊은 생각을 할 수 있으리라 믿습니다.
현재 각 대학에서 진행되고 있는 개도국에서의 적정기술 체험은 학생들에게 좋은 경험이 되긴 하지만, 현지인들 입장에서 보면 일회적 활동에 그치는 지금의 방식이 오히려 문제가 될 수 있습니다. 10년 내지 20년 단위로 대학별로, 지역별로, 프로젝트 시작에서부터 출구전략까지 장기적인 프로젝트를 세워서 1년차 조사, 2년차 개발, 3년차 보급 등과 같이 체계적으로 진행하면 좋을 것 같습니다.

안성훈 교수 적정기술에 대한 관심과 교육을 지속시킬 수 있는 방안은 여러 가지가 있습니다. 우선 각 학교, 각 랩Lab별로 하나의 지역을 지속적으로 방문하며 사업을 이어 가면 좋겠습니다. 그래야 노하우도 쌓이고, 현지인들의 삶을 깊게 이해할 수 있기 때문에 더 좋은 아이디어가 많이 생기게 될 것입니다. 저희도 네팔에 지속적으로 가고 있습니다. 저희 팀은 대학원생이 있는 것이 장점인데, 학위 과정을 마치고 졸업할 때까지 계속 활동할 수 있기 때문입니다.

수업 시간에 적정기술을 다뤄 보는 것도 좋습니다. 저는 2003년부터 제품 개발 수업에서 적정기술을 다루고 있습니다. 그전까지는 휴대전화 같은 첨단제품 위주로 하다 보니 감동이 없고 다 비슷비슷한 아이디어만 나왔지만, 적정기술을 다룬 뒤부터는 어려운 사람들 도와주는 거라면서 학생들이 신이 나서 열심히들 하더군요. 적정기술을 교육의 주제로 삼으면 일반적인 하이테크보다 동기부여 측면에서 훨씬 좋은 효과를 낼 수 있습니다.

적정기술의 가장 큰 장점은 원리를 적용하여 저비용으로 좋은 제품을 개발할 수 있다는 점이죠. 학생들에게 과제를 주면 나무나 흙, 이런 재료들을 주로 사용합니다. 10팀이 과제를 수행해도 비용이 별로 들지 않습니다.

또 저희는 외국인 유학생들이 많이 있어요. 저희 실험실의 반다리 군도 네팔 출신 유학생인데, 그 학생이 했던 고향 이야기로부터 저희 프로젝트가 시작되었습니다. 현지 활동을 할 때 도움이 많이 되었고, 학생 입장에서도 적정기술 개발을 테마로 학위를 하게 되면 본국에 돌아가서도 잘 활용할 수 있습니다.

이중식 교수 적정기술에 대해 관심을 갖는 사람들이 점점 많아지는 걸 보면 차세대 양성은 크게 걱정을 안 해도 될 것 같습니다. 제가 보기엔, 지금은 양적 성장보다 깊이에 대해서 생각해 봐야 할 시점입니다.

현장 활동을 통해 학생들은 많은 것을 배우게 됩니다. 현장에 가서 적용을 하다 보면 연구실에서 자기가 찾은 해결책이 실제 상황에서는 또 다른 문제를 만든다는 것을 알게 되지요. 이런 단계들을 하나씩 거치다 보면 문제를 좀 더 깊이 있게 다루면서 적절한 해결책을 찾아낼 수 있는 능력이 생깁니다.

아직 우리나라 적정기술의 역사는 짧습니다. 적정기술 역사가 긴 나라들은 문제점을 찾는 것부터 시작해서 적어도 세 사이클 정도 돌면서 쓸 만한 기술을 만들어 낸 겁니다. 우리도 좀 더 꾸준하게 깊이를 더해서, 외적 보상뿐 아니라 내적 만족감도 얻을 수 있는 새로운 단계로 나아가야 할 것입니다.

김정현 대표 문제가 있으니 해결을 하자는 식으로 멋도 모르고 뛰어들고 보니, 지속성에 대한 부분이 아직도 문제로 남습니다. 적정기술에 관심을 갖고 있는 청년들은 대부분 비슷할 겁니다. 공부도 해야 하고 취직도 해야 하는데 돈이 되지 않는 일을 계속해야 하는지, 뭔가 돈 되는 일을 해서 돈 안 되는 일을 메꿔야 할지 고민들을 많이 합니다.

하지만 제품을 그냥 무상으로 보급한다 해도 충분히 경제적 효과를 낼 수 있습니다. 회사의 인지도가 높아지는 것, 계속 시도하고 더 나은 것을 고민하는 과정에서 얻어지는 보이지 않는 이익들이 많이 있기 때문이죠. 실제로도 그런 방식으로 해결책을 찾아 나가는 사람들이 많이 있습니다. 예를 들어 MIT D-lab 친구들은 제품을 개발한 뒤에도 유통을 시킬 수가 없어서 고민하다가 아예 유통회사를 직접 만들었지요.

대기업과 제휴를 통해 지속성을 확보하는 경우도 있습니다. 인도에서 대기업과 NGO가 협업을 통해 작은 포장의 비누를 판매하면서 위생 문제를 해결했던 것처럼요. NGO로서는 당연히 큰 성과이고, 기업 역시 새로운 시장을 개척하게 되어 양쪽 모두 만족스런 결과를 얻게 되었습니다. 이런 식으로, 특정 문제에 대한 대안을 사회에서 보편적으로 인정하는 자본과 결합시킴으로써 그 문제를 효과적으로 해결하는 모델이 많이 개발되어야 한다고 생각합니다.

사회자 마지막 질문을 드리겠습니다. 적정기술이 지속가능한 것이 되려면 전문적인 과학기술자들 외에 일반인들도 개발과 보급, 경영 등에 폭넓게 참여할 수 있어야 한다고 생각합니다. 그 방안에 대해 말씀해 주시겠습니까?

윤석원 과장 NGO 활동을 하는 입장에서 매우 중요한 질문입니다. 우리나라에서 적정기술에 대한 담론이 형성되는 공간은 크게 두 곳입니다. 교육계와 현장이지요. 이 자리에서도 드러나듯 교육 분야에서의 인식 확산은 굉장히 빠르고 풍부하게 이루어지고 있는데, 과연 현장에 있는 사람들은 이렇게 활발한 논의에 대해 알고 있을지 의문입니다.

현장에는 욕구들이 많고 해결해야 할 문제들도 많지만, 막상 현장에서 보면 실제로 용기를 내서 해 보겠다고 하는 사람은 많지 않습니다. 학교와 현장의 연계, 그리고 현장에서의 연속성 있는 활동이 절실합니다.

박상욱 교수 안성훈 교수님이나 이중식 교수님의 활동 사례는 매우 성공적이지만 사실 제3자 입장에서 보면 모멘텀monentum이 좋았던 것 같습니다. 학생들이 열의를 갖고 따르고 있긴 해도, 지속가능한 것이 되려면 이것이 대학 차원에서 그치면 안 된다고 생각합니다.

영국의 코벤트리 대학Coventry University은 자동차 디자인으로 유명했지만 제조업 몰락과 함께 몰락해 버렸습니다. 그 옆의 워릭 대학Warwick University에도 적정기술 프로그램이 있었는데, 막상 책임자 인터뷰를 해 보니 중단된 지 오래라고 합니다. 대학에서는 이렇듯 지속가능성이 늘 외부 요인들에 의해 위협을 받을 수밖에 없습니다. 교수나 연구원의 경우 평가에 의해서 인정받을 수 있는 것이 아니면 연구비를 충당하기 어렵고. 대학원생도 자신의 진로와 일치하거나 남달리 희생정신이 강한 경우가 아니고서는 적정기술에 대한 열의가 식을 가능성이 높습니다.

결론적으로 말씀드리면, 대학에서부터 시작은 하되 장기적 지속가능성을 확보하기 위해서는 적정기술을 본업으로 하는 계층이 형성되어야 합니다. 대학은 인력 양성을 담당하고 국가 차원에서는 비즈니스 생태계를 구축하여 일반인들에 의해 산업으로 형성되어 가도록 하는 것이 바람직합니다. 지금은 대학에서의 활동이 비즈니스로 발전하지 못하고 있는데, 이걸 지속가능하게 만들 수 있는 주체는 적정기술을 업으로 삼는 분들, 즉 사회적기업가들입니다. 문제는 투자인데, 이것이 돈이 많이 드는 일이 아니므로 정부 지원을 통해 기반을 구축하는 것이 좋다고 생각합니다.

사회적기업을 인터뷰하면 대부분 돈 되는 일 따로 하고 좋은 일 따로 한다고 얘기합니다. 그것보다는 차라리 정부 지원을 받아 적정기술에 집중해서 매출을 내는 방향으로 전환하는 게 바람직합니다. 영국의 경우 프랙티컬 액션Practical Action*, NPO(비영리기구), DFA** 등에서 적정기술 관련 과제들을 마치 에이전시처럼 수행하고 있습니다. 정부에서 돈을 주고 운영을 맡기면 다시 개도국 현지 NGO에게 재위탁 용역을 주고, 관리 평가와 모니터링을 함께하는 민관 파트너십이 형성되어 있는 것입니다. 사회적기업과 NPO들이 월급을 충분히 받으면서 생업으로 하는 거죠. 일종의 삼각관계라고 할 수 있습니다.

이런 시스템이 가능하려면 사회적기업이 활성화되어야 하는데, 현재 우리나라에서는 적정기술 분야 사회적기업에 대한 정부 지원이 전무한 상태입니다. 한국사회적기업진흥원이 있긴 하지만 일자리 창출만 우대를 받고, 적정기술이나 해외 활동 등은 지원 대상이 되지 않습니다. 외국 사람들까

---

* '적정기술'이라는 개념을 최초로 제시했던 영국 경제학자 E. F. 슈마허가 자신의 철학을 입증하고자 1966년에 설립한 사회적기업. 원래의 명칭은 '중간기술 개발 집단(Intermediate Technology Development Group)'이었다. 원조 지위에 걸맞게 '가난에 맞서는 가장 체계화된 조직'으로 불린다.
** Diagnostics For All, 빈곤 국가의 질병 퇴치와 보건의료 증진을 위해 활동하는 비영리기업

지 신경 쓸 겨를이 없다는 겁니다. 세재 해택도 없고 교육 훈련에 대한 지원도 받을 수 없는 사각지대에 적정기술이 놓여 있습니다.

가장 시급한 것은 사회적기업이 적정기술 비즈니스 생태계의 주체가 될 수 있도록 법적 제도적 장치를 마련하는 것입니다. ODA 사업을 이런 기업에 위탁하는 시스템이 가동되어야 합니다. 그리고 대학에서는 그것을 위한 인력을 양성하고 연구개발을 지원하는 거죠. 이렇게 이원화된 체제로 간다면 지속가능성이 충분히 확보될 수 있다고 생각합니다.

사회자 오랜 시간 여러분들의 유익한 말씀 감사합니다.

부록

적정기술 관련 도서

『적정기술 : 현대문명에 길을 묻다』 김찬중, 허원미디어, 2013
『적정기술 그리고 하루 1달러 생활에서 벗어나는 법』 폴 폴락, 새잎, 2012
『적정기술이란 무엇인가 : 세상을 바꾸는 희망의 기술』 김정태 · 홍성욱, 살림, 2011
『인간 중심의 적정기술과의 만남』 김정태 외, 에이지21, 2012
『적정기술 : 36.5도의 과학기술』 나눔과기술, 허원미디어, 2013
『소외된 90%와 함께하는 디자인 : 도시 편』 스미소니언 연구소, 에딧더월드, 2012
『소외된 90%를 위한 디자인』 스미소니언 연구소, 에딧더월드, 2010
『빗물과 당신』 한무영 · 강창래, 알마, 2011
『멈출 수 없는 사람들』 이용주, 가이드 포스트, 2008
『빈곤의 종말』 제프리 삭스, 21세기북스, 2006
『작은 것이 아름답다 : 인간 중심의 경제를 위하여』 에른스트 슈마허, 문예출판사, 2002
『왜 세계의 절반은 굶주리는가』 장 지글러, 갈라파고스, 2007
『인간을 위한 디자인』 빅터 파파넥, 미진사, 2009
『녹색위기』 빅터 파파넥, 서울하우스, 2011
『적정기술, 모두를 위해 지속가능해질까?』 섬광, 내인생의책, 2013
『소녀, 적정기술을 탐하다』 조승연, 뜨인돌, 2013

적정기술 관련 국내 단체

— NGO 및 포럼

국경 없는 과학기술자회 www.sewb.org
나눔과기술 www.stiweb.org
굿네이버스 www.goodneighbors.kr
팀앤팀 http://www.teamandteam.org
적정기술미래포럼 atforum.tistory.com
가나안 농군학교 www.kor-canaan.or.kr
크리스천 과학기술포럼 www.cfse.kr

— 사회적기업
　대안기술센터 http://www.atcenter.org
　에너지팜 http://cafe.daum.net/energyfarm
　섬광

— 대학
　한동대학교 그린적정기술연구협력센터
　부산대학교 공학교육혁신센터 picee.pusan.ac.kr
　한밭대학교 적정기술연구소
　연세대학교 공학교육혁신센터 www.yonsei.ac.kr:8888/abeek
　한양대학교 적정기술 연구회

— 기타
　LG전자 친환경적정기술 연구회
　과학기술나눔공동체 scost.kofst.or.kr/index.jsp
　적정기술 교사연구회
　SK 적정기술 사회적기업 페스티벌 www.se-sang.com
　개도국 물적정기술 연구회